宁夏大学"口述档案"丛书编委会

主　任：李　星　何建国
副主任：王宏伟　王玉炯　谢应忠　周运生　郎　伟
　　　　李建设　刘炎胜　周　震　史金龙　何风隽
　　　　张立杰　韩惠丽（女）
委　员：（按姓氏笔画为序）
　　　　马正亮　王海文　王智勇　井惠敏（女）
　　　　牛建军　车　进　冯秀芳（女）　祁泽平
　　　　朱学军　刘双萍（女）　孙建军　李正东
　　　　李世举　李学斌　李思源　李嗣丞　闫　蓉（女）
　　　　杨振东　张　桓　张守荣　邵淑宁（女）　罗进德
　　　　贺生斌　高永兴　高桂英（女）　郭少新　曹　兵

《贺兰山下种树人——宁夏大学口述实录》编委会

主　编：郎　伟
副主编：王海文　马海龙　张　惠
执行编辑：翟　伟　王　翔　马　健　杜维民

贺兰山下种树人

宁夏大学口述实录（第一辑）

主编 郎 伟
副主编 王海文 马海龙 张 惠

黄河出版传媒集团
阳光出版社

图书在版编目（CIP）数据

贺兰山下种树人：宁夏大学口述实录. 第一辑 / 郎伟主编. -- 银川：阳光出版社，2020.12
ISBN 978-7-5525-5713-8

Ⅰ.①贺… Ⅱ.①郎… Ⅲ.①宁夏大学－校史－史料 Ⅳ.①G649.284.31

中国版本图书馆CIP数据核字(2020)第240863号

贺兰山下种树人——宁夏大学口述实录（第一辑）

郎　伟　主　编
王海文　马海龙　张　惠　副主编

责任编辑　贾　莉　李媛媛
封面设计　晨　皓
责任印制　岳建宁

黄河出版传媒集团　阳光出版社　出版发行

出 版 人	薛文斌
地　　址	宁夏银川市北京东路139号出版大厦（750001）
网　　址	http://www.ygchbs.com
网上书店	http://shop129132959.taobao.com
电子信箱	yangguangchubanshe@163.com
邮购电话	0951-5014139
经　　销	全国新华书店
印刷装订	宁夏凤鸣彩印广告有限公司
印刷委托书号	（宁）0019219

开　　本	700 mm×1000 mm　1/16
印　　张	20.5
字　　数	300千字
版　　次	2020年12月第1版
印　　次	2020年12月第1次印刷
书　　号	ISBN 978-7-5525-5713-8
定　　价	56.00元

版权所有　翻印必究

	1	
2	3	
4	5	

1. 三院初建时师生自己动手脱土坯建宿舍
2. 1958年9月15日，三院成立大会暨开学典礼
3. 1958年9月16日，《宁夏日报》关于三所高等学校开学的报道
4. 1958年，宁夏农学院旧址
5. 宁夏大学历史的见证——老沙枣树（现位于银川市西夏区怀远校区）

1. 1961年，政史系1958级学生在上课
2. 1962年6月20日，宁夏师范学院中文系首届毕业生留念
3. 1962年，大学生交流学习心得
4. 1962年9月30日，宁夏大学成立大会

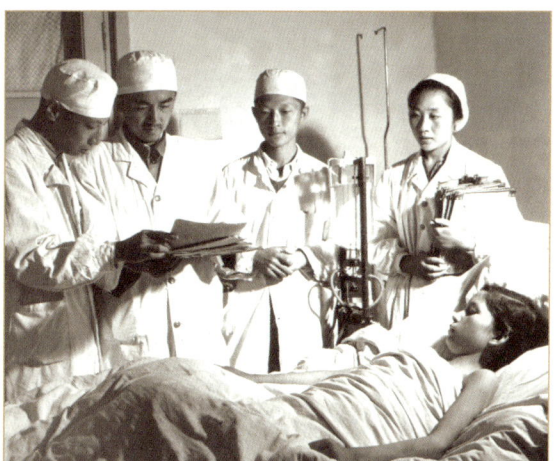

1. 1962年，宁夏大学医学系
2. 1962年，宁夏大学医学系学生临床实习
3. 1962年，宁夏大学师生排练文艺节目
4. 原宁夏师范学院旧址

1. 1964年的宁夏大学全貌
2. 20世纪60年代初期，宁夏大学师生在大红楼前平沙丘
3. 1964年，宁夏大学师生背土建设校园
4. 1964年的宁夏大学校门前
5. 1964年12月，中国共产党宁夏大学党员大会

1	
2	3
4	
5	

1. 1965年，宁夏大学教学主楼
2. 1965年10月2日，宁夏大学第二届运动会
3. 1966年5月，农学院"半农半读"班在农场平整秧田
4. 1980年，宁夏银川师范校门
5. 拐角楼——宁夏大学发展的见证

1 | 2
3 | 4
5

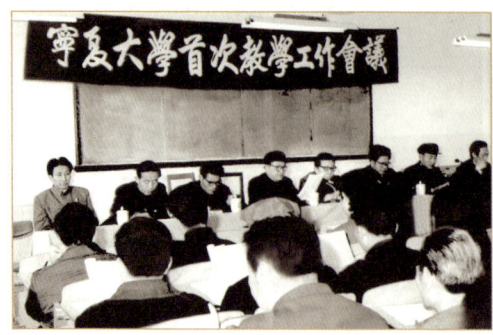

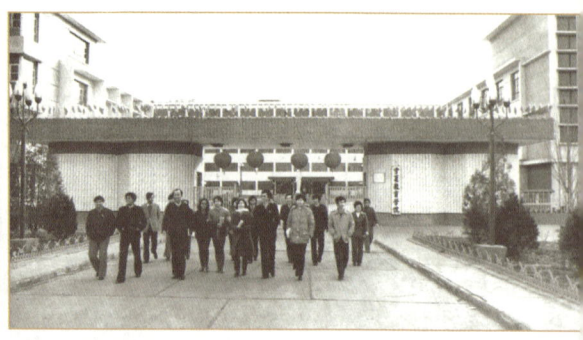

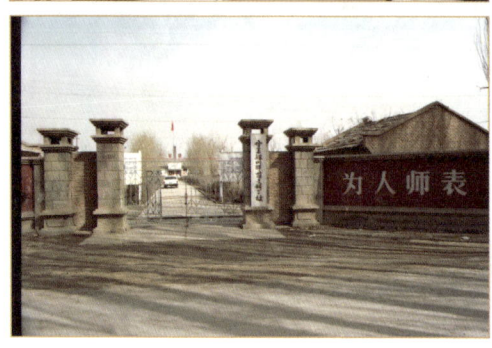

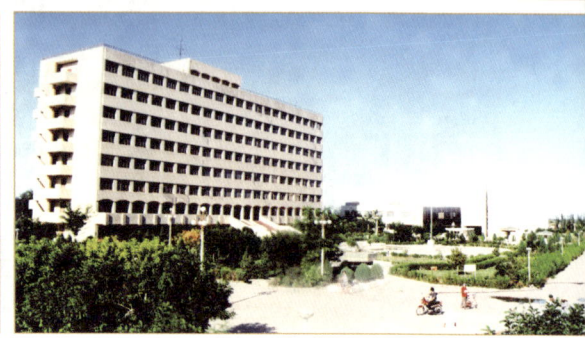

1. 1986年，宁夏大学召开首次教学工作会议

2. 1988年，原宁夏教育学院北大门

3. 原银川师专校门

4. 原宁夏工学院校景

5. 1997年12月26日，宁夏大学成立大会

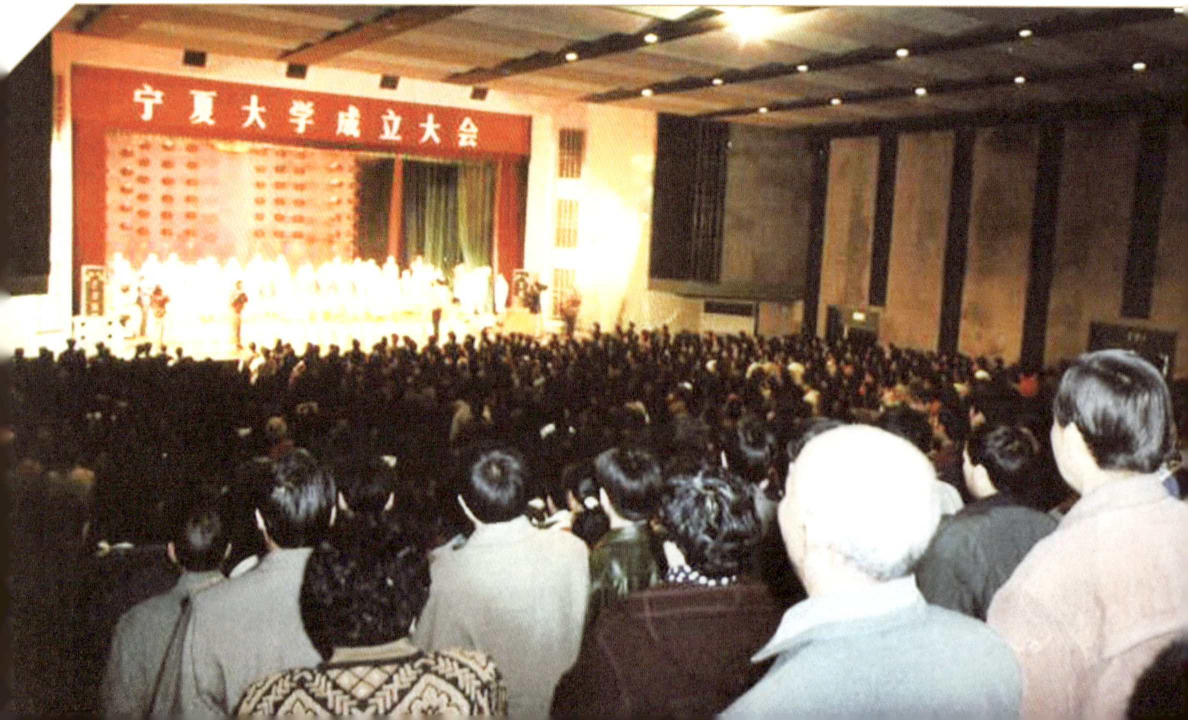

总　序

1958年10月25日，经党中央、国务院批准，宁夏回族自治区成立。同年金秋，宁夏大学正式创建。

1958—1962年，一批接一批刚刚走出大学校门的青年学子，或参加工作不久的热血青年，积极响应党和政府"到边疆去，到西北去，到祖国最需要的地方去"的号召，怀着为祖国建功立业的崇高理想，毅然告别家乡和亲人，分别从北京、上海、天津、成都、广州、沈阳等繁华都市，义无反顾地奔赴偏僻遥远的大西北宁夏，进入初创的宁夏大学（含宁夏师范学院、宁夏农学院、宁夏医学院），从而结束了宁夏没有大学的历史，翻开了宁夏高等教育崭新的一页。

1958—1978年，经历了初创的万般艰辛，年轻的宁夏大学和第一代"宁大人"，在极其艰难的条件下负重前行，在诸多因素困扰几近停办的情况下，初心不改，矢志不移，广大师生员工用坚定的信念、坚强的意志、勇于自我牺牲的情怀以及敢于努力争先的勇气，在一片荒漠戈壁滩上，书写了一篇白手起家、共克时艰、螺旋式上升、曲折中前进的传奇，谱写了一曲坚韧不拔的生命之歌，同时也培育出了"不畏风寒、不怕困难、根深叶茂、本固枝荣"的宁大"沙枣树"精神，并传之后世，影响至今。

党的十一届三中全会至今，宁夏大学步入良性发展的快车道，学校几经分合，也先后迎来了宁夏工学院、宁夏教育学院（含银川师专）的并入和宁夏农学院的回归，完成了由单一师范教育为主、向多学科发展的综合性大学的华丽转身。2004年，宁夏大学成为自治区政府与教育部"省部共建高校"；2008年，迈进国家"211工程"重点建设高校行列；2012年，成为"中西部高校综合实力提升工程"入选高校；2017年，跨入国家一流学科建设高校行列；2018年，跻身教育部与自治区人民政府"部区合建"高校行列。

在此期间，一代又一代"宁大人"，人心思齐、人心思进，抢抓机遇、砥砺前行，无论是苦心孤诣创办专业、凝练教学科研特色内涵的专家学者，还是殚精竭虑引领广大师生"跳出宁大看宁大""跳起来摘苹果"的一届届校领导，他们在社会大发展的关键节点上，立足地域优势和自身特色，创新进取、开拓前进，突破瓶颈、衔命疾进，使这个西部小省区名不见经传的地方高校一步步成长壮大。

高校应该是宁静的育人家园、活跃的学术社区和典雅的文化高地；大学以育人为本、尊重学者、崇尚学术为理念。回首宁夏大学六十多年的奋斗历程，我们感念于第一代"宁大人"付出的巨大牺牲和无私奉献，感念于此后一代代"宁大人"薪火相传的责任心和使命感。从这个意义上说，《贺兰山下种树人——宁夏大学口述实录》（第一辑）的结集出版，一方面使我们有幸聆听老领导、老教师讲述的精彩故事和不同的心路历程；另一方面，也有益于让后来的"宁大人"知道，宁夏大学的前辈们，他们如何用理想信念、文化传承来抵御生活的艰难和生存的困扰，如何用文化的火种照亮后来者前行的道路，又是如何努力用健康和谐的团体生活、心无旁骛的学术追求，来激励自己，培养合格的社会主义建设者和接班人。广大读者可以通过本书的阅读，欣赏到可歌可敬的老领导老教师的群像：真诚践行尊师重教的老校长刘继曾，为教师优先解决住房、为改善宁大办学条件奔走呐喊的法学家校长吴家麟，大学毕业便怀着一腔热血从北京师范大学奔赴宁夏扎根银川、"西行铺路五十年"的李增林（原宁夏回族自治区政协副主席）、张奎校长、刘世俊副校长，几十年如一日把教学科研搬到田间地头的李玉鼎教授（原宁夏农学院院长）、陈如熙教授，勇于开拓、敢于担当的张秀林（原宁夏教育学院院长）、杨圣诠（原宁夏工学院院长），以及抢抓机遇、目光深远，把宁夏大学带进"211工程"建设行列的陈育宁书记、校长（宁夏回族自治区政协原副主席），等等，他们的口述质朴亲切，他们的故事令人起敬。他们和所有创建初期的"宁大人"一样，是指路的明灯，是铺路的基石，也是燃烧的蜡烛，涅槃的凤凰，他们的牺牲和奉献，历史不会忘记，宁夏大学会永远铭记。

2019年夏日，站在新的起跑线上，宁夏大学适时召开了第七次党代会，明确提出了"到2025年，把宁夏大学建成区域特色鲜明、服务地方能力突出的西部一流大学"的一个战略目标，"立德树人"和"双一流建设"两条工作主线，"建设高效能现代大学治理体系"等七项重点任务。这是面向未来，学校各项事业的顶层设计和发展愿景，凝聚了全校师生的智慧，体现了全校师生的共同愿望。

自古至今，人才是第一生产力，是宝贵的财富，优秀的教育工作者，是助推学校不断发展壮大的力量源泉。当打开这本书的时候，你一定会从这些德高望重的老前辈身上，聆听到他们不一样的人生经历，学习到他们宝贵的治学育人经验，从而引发深思，深受裨益。我们有理由相信，目前已处于历史上发展势头最好的宁夏大学，必将涌现更多的有益于学校发展和社会建设的优秀人才。

铭记历史，这本书无疑是"宁大人"树立标杆、自我认知的一扇窗口，是贺兰山下种树人难忘的集体记忆。

开拓未来，宁夏大学新的发展蓝图已经绘就，新一届学校党委正与时俱进，牢牢把握"部区合建"和"双一流"建设叠加的重大历史机遇，不断增强忧患意识、创新发展理念、完善体制机制、优化治理结构，以更高远的历史站位、更宽广的国际视野、更深邃的战略眼光，加快推进综合改革，为学校发展作出长远谋划、注入永续动力，引领全校师生员工，承前启后、继往开来，丰富并更新着宁夏大学的光荣传统和"沙枣树"精神的时代内涵。

校史档案工作是学校文化建设的重要组成部分，抢救性采集口述校史，是一项非常有意义的工作，由此，我们在感谢编者付出辛勤劳动的同时，也对这本书的付梓，充满热忱的期待。

宁夏大学党委书记 李星
二〇二〇年七月二十七日

贺兰山下种树人·序

作为地处祖国西北地区的一所地方性高校，宁夏大学始建至今，已经走过了62年的峥嵘岁月。62年当中，几代人为这所地方高校的建设和发展贡献了青春和热血、汗水和智慧；也见证了这所大学由1958年创建时的"三土"学校（土教师、土教室、土学生）成长为今天的"211"大学和"部区合建"大学的不平凡历程。

从人类发展的广漠悠长时空而言，62年的时间不算漫长，这一段岁月在历史的长河里所激起的应有"浪花"也并非巨大无比。然而，对于所有曾经和正在生活、工作、战斗和学习在这座校园里的人而言，62年又是多么漫长而又充满了人生的丰富意味和内心情韵的时光。许多人以满怀激情和梦想的青春年纪来到宁夏大学，一直到花甲之年带着依依不舍的深情离开洒过汗水和泪水的校园。他们的一生与宁夏大学相伴相随，其生命车轮里已经无可避免地留下了"宁大岁月"所带来的深刻记忆。他们青春年少的时候，共和国也正年轻。于是，他们高唱着"革命人永远是年轻"的时代之歌，感应着"大风起兮云飞扬"的时代召唤，从祖国的四面八方，来到当时甚为荒寒的宁夏，开始了宁夏高等教育历史的第一次美丽书写和描画。当他们即将进入壮年的时刻，这片土地的上空忽然间阴云密布、寒流阵阵。西北风比往日要凛冽了许多，讲台上的讲授也带着些滞重和迟疑。好在，飘流于天空中的疑云终于被时代的长风吹散吹跑，改革开放的灿烂阳光一时间洒满原本荒凉的西北之地。正是在春风浩荡、壮怀激烈的20世纪80年代，那些经历了岁月淬炼、命运磨砺的"归来者"们和在新时期以后逐渐加入到宁夏大学教职员工行列的更年轻的奋斗者们,在新的历史条件下,开始了宁夏大学的又一次崭新创业之旅。在时代风潮的强劲推动之下,这一次的创业显然异乎寻常,这一次的建设和发展也完全超出许多人的想象。当时间进入21世纪,坐落于黄河之滨、贺兰山下的这座西部高校,已经不再是面貌模糊、神情黯淡的旧有状态。相反,激情四溢、从容挥洒倒成为宁夏大学的崭新气质。这显然是新的创业年代所给予的精神馈赠,更是工作和学习于这座校园当中的所有师生用不倦的奋斗和永不停止的追求所塑造的精神性格。

我从1984年北京大学中文系毕业后被分配到宁夏大学中文系任教,迄今已经36年。这36年当中,除去在宁夏师范学院任教四年外,我一直在宁夏大学工作,是这座西部高校近四十年来建设和发展的参加者和见证者。1984年7月当我怀着新奇而又忐忑的心情第一次进入这座校园时,我还只是一个22岁的毛头小伙子。如今,经历了岁月风霜的吹打,早已经到了韩愈老先生所谓的"发苍苍、视茫茫"的年岁。这样的年龄,自然会对往昔有回顾、有眷恋,也会对曾经接触过的宁夏大学的创业老人们和耳闻目睹的"老故事"有兴致、有深情。2019年春末,我从宁夏师范学院奉调回到宁夏大学。不久,宁大档案馆馆长王海文来汇报工作,谈话中言及口述实录档案一事。我和海文虽是学中文出身,但老话所谓的"文、史、哲,不分家",我们的历史感大概比一般人要略强一些。遂商议决定趁宁夏大学的创建老人们还有许多人处于身康体健状态,进行口述档案的抢救式挖掘和记录。目的只有一个:用真实的记录,为宁夏大学的创建史和发展史留一份沉甸甸的历史资料。当然,也希望在日益喧嚣和功利主义成为流行意识的年代,宁夏大学的年轻教师和莘莘学子能够从这一份份口述实录档案中,从并不遥远的故事、人物和旧年事迹当中,深深体会共和国早期历史上的那一份理想主义和集体主义情怀,认真感悟前辈们不畏艰险、不怕困难、矢志不移、发愤图强的硬骨头精神和"舍小家顾大家"的无私、忘我的精神境界。体会和感悟不是为了发"思古之幽情",而是为了从历史深处和前辈们的奋斗精神当中汲取应有的精神营养和进取的力量,以强大的心脏去迎接未来的挑战。因为,我始终固执地相信:历史是明天的太阳。

是为序。

宁夏大学副校长　郎　伟
二〇二〇年十月二十八日

目 录

陈如熙　王晞昖 / 001
　　口述视频文字 / 002
　　往事回顾 / 006
　　千里携手塞外行　桃李满园赤子心
　　　　——记陈如熙、王晞昖夫妇 / 010

陈若希 / 015
　　口述视频文字 / 016
　　小红帽老爷爷
　　　　——忆父亲陈若希 / 018
　　一片丹心　教书育人
　　　　——记陈若希副教授 / 022

陈育宁 / 026
　　口述视频文字 / 027
　　陈育宁：政坛·杏坛·书案 / 033
　　陈育宁：立足实际办实事 / 039
　　陈育宁：路在自己脚下 / 045

付森根 / 055
　　口述视频文字 / 056
　　付森根：西部拓荒的北大学子 / 059

郝德欣 / 062

口述视频文字 / 063

郝德欣：一个热爱发明的人 / 066

华世献 / 073

口述视频文字 / 074

漫漫人生 / 076

我的父亲 / 078

纪生荣 / 081

口述视频文字 / 082

未曾凋谢的韶华

——致敬我的爷爷纪生荣 / 085

纪生荣：舍小梦圆大梦 / 090

蒋振邦 / 094

口述视频文字 / 095

父亲蒋振邦的那些事儿 / 098

蒋振邦的笔墨人生 / 102

蒋振国 / 107

口述视频文字 / 108

蒋振国：一身本领西北练，也能武来也能文 / 111

李玉鼎 / 116

口述视频文字 / 117

李玉鼎：永远在需要的地方 / 120

李增林 / 125

口述视频文字 / 126

见证创建宁夏大学的往昔岁月 / 130

亲爱的党，下命令吧！

——大学毕业献诗 / 138

我们的誓言 / 144

塞上江南开遍鲜花

　　——喜庆宁夏大学成立 / 149

我对增林师的感激和愧疚 / 154

李占松 / 158

口述视频文字 / 159

桃李不言　下自成蹊

　　——记李占松老师 / 162

刘慧英　马友谅 / 166

口述视频文字 / 167

我愿成为太阳

　　——记宁夏大学化学系原系主任刘慧英 / 170

马友谅：扎根宁夏　奉献宁大 / 176

刘世俊　郭雪六 / 181

口述视频文字 / 182

刘世俊：六十二载无悔从教初心 / 187

口述视频文字 / 196

生命的高原 / 201

教育战线一颗永不生锈的螺丝钉

　　——郭雪六教授访谈 / 206

刘雅轩 / 210

口述视频文字 / 211

忆父亲 / 214

干一行爱一行，绵延不绝宁大情

　　——记宁夏大学实验工厂原厂长刘雅轩 / 217

马玉树　孙　静 / 222

口述视频文字 / 223

青青马兰花 / 226

奉献了青春献终身，献了青春献子孙
——访谈马玉树、孙静夫妇 / 229

乔治华 / 233

口述视频文字 / 234

我是一棵沙枣树 / 237

乔治华：讲台育人才　赤诚写春秋 / 242

秦文忠 / 246

口述视频文字 / 247

体坛勤耕耘　成果满凤城
——记宁夏大学民族体育学专家秦文忠教授 / 252

孙占科 / 256

口述视频文字 / 257

自豪，我是宁大人 / 263

孙占科：为学校建设出力而自豪的宁大人 / 268

王力行 / 272

口述视频文字 / 273

父亲往事点滴 / 275

无言付出，贵在力行 / 279

王庆同 / 284

口述视频文字 / 285

新闻专业的创办与我的教书生涯 / 289

感激与祝福 / 299

后　记 / 303

陈如熙　王晞昁

陈如熙

1934年出生于江苏省镇江市，中共党员，教授。宁夏农学院生物系（2002年合并于宁夏大学生命科学学院）副主任。1958年从北京师范大学生物系毕业后来到宁夏，曾任职于宁夏回族自治区筹备委员会文教处，参与宁夏农学院、宁夏医学院、宁夏师范学院的创建。后在宁夏农学院畜牧系从事人体及动物生理学教学工作。2018年，获宁夏大学"创校荣誉纪念奖"。

王晞昁

女，1936年3月出生于上海，中共党员，教授。1958年毕业于北京师范大学生物系，同年到宁夏农学院畜牧系人体及动物生理学教研组，此后长期担任教研组组长。曾参与西北地区高校教材《家畜生理学》的编审工作，其参与的课题枸杞营养成分分析和出口检验标准制定获经贸部三等奖。2018年，获宁夏大学"创校荣誉纪念奖"。

记者：请你们介绍一下自己，另外，请谈谈您在宁夏大学工作期间，对哪些工作印象较为深刻。

陈如熙（以下简称陈）：我叫陈如熙，1934年9月5日出生，江苏镇江市人。

王晞晧（以下简称王）：我叫王晞晧，1936年3月份生的，上海人。1958年从北京师范大学生物系毕业，同年就到了宁夏，在农学院畜牧系人体及动物生理学教研组担任教研组组长。

陈：1958年9月，在开学两个月以后，开展了一场教育"大革命"，大字报贴满墙，冲击了整个教学。他们认为课堂教学使理论教学脱离实际，要大办牧场、大办农场，那么大家就停课了，大办农场，大办牧场，她（王晞晧）就参加牧场建设，我也参加牧场建设。

1959年年初，王晞晧随被邀请到宁夏农学院代课的北京农业大学教师杨传仁再度邀请赴北农大进修，我则是到银川市红花人民公社参加整社。1959年6月我回到学校。经过8年的建设，实验室已初具规模。正要起步大搞科研，那时"文化大革命"开始了，实验室被撤销了。1969年，根据"一号通令"，农学院与永宁农校、银川市农业机械化学校合并，成立宁夏大学第一分校。1972年全国教育工作会议确定恢复宁夏农学院，并开始招收工农兵学员。

1976年，当时有一个口号，就是"把大学办到农村去，把大学办到农民的炕头上去，把大学办到蒙古包里去"。那我就带领学生到蒙古包里去，而且到最远最远的内蒙古阿拉善左旗塔木素格布拉格公社。塔木素格布拉格公社在哪儿呢？在巴丹吉林沙漠的边缘，离中蒙边界仅有50公里。

当时我们进左旗需要护照，前往边界地区，每个人都有护照，叫作前往边界地区护照，在那里我放骆驼放了半年。我曾经写过一篇文章《开门办学在大漠》，登在宁夏大学50年校庆的校史纪念册上。在塔木素公社待了半年，干什么？一边放骆驼一边教同学做实验、讲课，

1962年，陈如熙（右二）、王晞昕（左二）介绍生物实验室

在里面挺好，摆脱了一些事情的干扰，挺开心的。

记者：请您二老讲一下三个院校成立的过程。

陈：我们是1958年7月毕业，但是等到8月中旬才正式确定分配到西北，我们是服从组织分配，到西北来、到宁夏来，为建设宁夏而作贡献的。1958年8月16日，一列火车往西北前进，火车上装载着五个大队，一个陕西大队，一个甘肃大队，一个青海大队，一个宁夏大队和一个新疆大队。共装有近600名北京师范大学1958年的毕业生，到了陕西以后，陕西大队下车了，火车继续前进；到了兰州，甘肃大队就下车了；青海大队往西走，新疆大队也往西走，宁夏大队向北走。我们是宁夏大队的人，宁夏大队呢，北京师范大学毕业生一共是70余名，坐火车往北走，当时包兰铁路正在建设当中，火车到了中卫以后，停下来不能走了，我们等了几个小时以后，火车铁轨接通了，火车继续北行，第二天，到了银川车站，一瞅哪是车站，根本没有房子。下车以后，宁夏回族自治区筹备委员会文教处的处长陈杰同志（迎接我们），卡车把我们70多人一直运到中山公园旁边的银川师范学校。到了8月底就分配了，王晞晗分配到宁夏农学院，我被分配在宁夏回族自治区筹备委员会文教处，筹备三个大学的成立。本来我们两个人也应该分配到师范学院的，因为师范学院没有生物系，所以她分在农学院，我分在文教处筹备三个大学。筹备三个学校的成立，主要是邀请领导、邀请嘉宾、三个院校的师生。宁夏医学院和宁夏师范学院都有学生，就是农学院没有学生，那怎么办呢？没有学生你怎么成立这个学校？和农业厅商量，把永宁农校应届的畜牧专业、农学专业等待分配的毕业生，动员他们继续在宁夏农学院深造，不愿意继续学习的，就给分配工作，这样就解决了宁夏农学院的生源。我当时联系这三个院校的师生参加大会，大会成立的地址是在什么地方呢？大会成立的地址是在银川卫校的礼堂，就是现在的银川商城西面。当时三个院校成立的日期被定为1958年9月15日上午九时，在银川卫校礼堂举行，当时我记得主持会议的是李景林（时任宁夏回族自治区筹备委员会副主任委员），作报告的是甘春雷（时任宁夏回族自治区筹备委员会副主任委员），还有太多嘉宾，我也记不住了，各大厅局的都有。当时还没有成立宁夏回族自治区呢，是宁夏回族自治区筹备委员会参加的，所以这三个大学的成立是由宁夏回族自治区筹备委员会文教处主持的，这是当时建校的基本概况。学校成立之后，我又参加"大炼钢铁"，一个月之后，我便从文教处调到农学院工作。

记者：陈老师，请讲一下您当时主要的科研工作。

陈：我们主要的科研工作是开展滩羊多胎主基因研究，这是国家自然科学基金的课题。经过几年的研究以后，最后评奖了，评奖初步评为一等奖，到自治区科委经过专家评审以后，定为了三等奖。

记者：请你们谈一下创建"草原乐队"的背景及"宁农一号"西红柿的有关情况。

陈："草原乐队"怎么来的？当时畜牧系的几个老师爱好器乐，平时大家凑在一起演奏一些歌曲，后来就组成一个乐队了，起名"草原乐队"，全是管乐。乐队从1972年就开始为大家服务了，举办的演出和舞会，全部由这个草原乐队伴奏，还到连湖农场等各大农场，演出好多节目，这样草原乐队就形成了。

王：当时陈秀夫教授培育的西红柿，哎呀真好吃。大家都帮着吃，然后把籽留下来给他种。那个西红柿不好看，但是很甜。

陈：很甜的那个西红柿叫"宁农一号"西红柿，很大，长得不好看，但是很好吃，非常甜。他（陈秀夫）准备再通过基因研究以后，改变这个外观形象的时候，被调走了。

记者：请问你们对学校未来的发展有什么期许？

王：宁夏大学变化很大，都有点不认识了，希望它越办越好。

陈：宁夏大学发展前景很广阔，希望宁夏大学能够办成西北一流的大学。不敢说全国嘛，起码要办到西北一流的大学。

往事回顾

陈如熙

六十多年了！虽然是六十年多前的往事，但值得回忆的事太多了。

一

1958年8月16日，一列满载着近600名北京师范大学毕业生的火车从北京出发，向西行进。这批毕业生共分五个大队，即陕西大队、甘肃大队、青海大队、宁夏大队、新疆大队。他们都是支援西北五省经济建设的。火车到了西安站，陕西大队离开了，前往西安报到。火车继续西行，到达兰州站终点站，这就意味着各大队要分别了。我们宁夏大队换乘北行的列车继续前进，次日到达中卫站，当时接到通知说，包兰铁路与银川接轨，还需要等待几个小时。经过铁路工人紧张施工，终于接通了通往银川的轨道，列车继续向北行驶。第二天到达银川站，我一看，这哪里是车站，就是一片大荒滩呀！前来迎接我们的是宁夏回族自治区筹备委员会文教处处长陈杰同志，他将我们一行70余人接到中山公园旁的银川师范学校校园内，安排住下，等待分配。根据宁夏回族自治区筹备委员会意见，准备成立三所大学，即宁夏师范学院、宁夏医学院、宁夏农学院。北京师范大学毕业生一部分被分到宁夏师范学院，另有一部分分配到各县市，由于宁夏师范学院不设生物系，我们生物系毕业生三人，一人分到宁夏农学院，一人分到银川九中，我被分到文教处工作。

二

我在徐世雄副处长领导下开展文教处工作，当时最主要的工作就是筹备三所大学的开学典礼。当时讨论三所大学成立大会有三项工作要做：一是邀请宁夏回族自治区筹备委员会领导和嘉宾，二是成立大会的时间，三是成立大会的会场。当时邀请出席会议的领导有宁夏回族自治区筹备委员会副主任甘春雷和李景林，成立时间定于9月15日，成立大会的会场设在银川卫生学校礼堂。银川卫生学校礼堂在现今银川商城西面。联系三院校的具体事务由我负责。成立大会那天，参加大会的人很多，有各级领导，有特邀嘉宾，有三所大学的师生等。李景林主持成立大会。甘春雷做报告，他在报告中指出，成立三所高校填补了宁夏高等教育的空白，对发展宁夏少数民族地区教育事业具有重要的意义。

会后不久，我就去南部山区参加大炼钢铁运动，一个月后，我又被调到宁夏农学院工作。

三

宁夏农学院旧址设在民族公学院内，就是现在的宁夏人民政府对面、银川军分区院内。由于宁夏农学院成立较晚，错过了高考的时间，生源成了问题，经筹委会农业处研究决定，将永宁农校两个毕业班即农学专业、畜牧专业待分配的学生转到宁夏农学院继续读书。在传达这个决定时，有的学生不愿意继续求学，就分配工作了。大多数学生

1962年，陈如熙（左一）指导学生做解剖实验

愿意继续求学，就直接转到宁夏农学院农学系、畜牧系，成为宁夏农学院第一届学生，就此解决了生源问题。

刚给学生开课时，主要是基础课和专业基础课，理论部分可以在课堂讲授，而最大的难题是实验部分，实验室几乎是"空白"，只有兄弟院校支援的少量仪器设备，没有实验台，就用砖砌成两个砖墩子，搁上床板，创造条件寻找代用品，应用简便仪器做实验。

四

宁夏农学院校址设在银川西门民族公学院内，没有实习场地，当时农业厅领导研究决定，在银川郊区芦花台荒滩上建校，设校本部和实验农场，农场就在校本部旁边。到1961年初校本部的一幢毛坯楼和一幢毛坯学生宿舍楼刚刚建起，师生轮流参加建校劳动，我当时是畜牧系1959级（1963届）班主任，1961年3月带领全班同学去芦花台参加建校劳动，就住在没有窗子的毛坯房子里，主要劳动是修大渠，为农场种地通水，必须在4月底修成。每天劳动都在7~8小时，大概一个月，近千米的大渠修好了。1961年，中央提出"调整、巩固、充实、提高"八字方针，经自治区党委研究三所院校合并成立宁夏大学。在1961年8月，宁夏农学院由民族公学迁往宁夏师范学院院内。宁夏医学院迁到民族公学院内。

五

1961年8月迁校合并成立宁夏大学，开始是各自管理自己的院校，真正合校是1962年9月30日，正式成立宁夏大学，原农学院的系改成宁夏大学农学系、畜牧系。由于种种原因，畜牧系从1962年开始停止招生，畜牧系教师仅完成现有学生的教学和实习任务，第一届1958级学生毕业前到张家口察北牧场实习，第二届1959级学生毕业前去东北安达萨日图牧场实习，第三届1960级学生毕业前去陕西西安草滩农场实习。1963年学校正式宣布畜牧系"下马"停办了，畜牧系教师开始分流，等待分配工作，那时我心情非常沉重，艰苦奋斗了五年，实验室建设初具规模，一下子"下马"了，那是什么滋味呀？！我和我爱人被分到自治区防疫站，在收拾行装、准备去报到时，李学良教授当时是系负责人之一，他来看我们时说：你俩暂时不要去报到，再等几天，有可能畜牧系重新"上马"。而自治区防疫站也并没有催促我俩去报到。不久后我们等来了好消息，畜牧系重新"上马"了，停办了两年，终于在1964年恢复招生，我俩又重新回到教学岗位上来。

1969年10月"1号通令"传达下来后，将宁夏大学农学系和畜牧系疏散到永宁，与永宁农校合并成立宁夏大学第一分校，直到1972年全国教育工作会议上，同意重新成立宁夏农学院后才从宁夏大学分出。

（供稿：贾国华）

千里携手塞外行　桃李满园赤子心
—— 记陈如熙、王晞昈夫妇

刘文妍

初到银川

1958年8月16日，一列载着北京师范大学应届毕业生的火车向西北前行。他们分为五个大队，分别到甘肃、陕西、青海、宁夏、新疆进行对口支援，属于宁夏大队的有70余人。陈如熙和王晞昈也在其中。

陈如熙和王晞昈在北京师范大学相识、相爱，1958年从生物系毕业，一起搭上前往银川的火车，他们立志要为支援边疆建设贡献自己的全部力量。

从北京到银川途经包兰线，当时包兰线正在建设当中，中卫以东的铁轨尚未接通。于是火车到了中卫停下，等了几个小时以后，铁轨接通，火车继续前行。

次日到达银川车站，陈如熙吃惊道："这哪是车站呀，连房子都没有。"

环境虽然艰苦，但并不影响刚刚毕业的北师大学生们建设祖国、发展宁夏教育事业的热情，他们暂时先住在了银川师范学校，热切地等待分配工作。

筹备建校

同年8月底,陈如熙被分配到宁夏回族自治区筹备委员会文教处,筹备三个大学的成立,王晞昕被分配到宁夏农学院。

陈如熙刚到文教处就遇到了难题:宁夏医学院、宁夏师范学院都有学生,就是农学院没有学生。没有学生怎么成立学校?

文教处只能与农业厅商量,动员永宁农校应届的畜牧专业、农学专业待分配的毕业生继续在宁夏农学院深造,这才有了宁夏农学院的第一批学生。

王晞昕是农学院第一个报到的教师。由于刚刚建校,专业开设不齐全,很多专业又难以找到对口专业的教师,生物系毕业的王晞昕只得被分配到植物专业。但是没过多久,兰州大学植物专业的大学生来到了农学院任教,王晞昕又被调到了动物专业。动物专业的课程还没开始上,复旦大学动物专业又来了支援边疆教师,王晞昕的岗位只能

1971年,王晞昕(左一)指导学生使用实验设备

再次调整。当时只剩下二年级的课程没有教师，教务处代理处长杨传仁（北农大下放到盐池的教师，农学院借用）便让王晞昕教家畜生理学，可王晞昕学的人体生理和家畜生理有很大的差别。杨传仁便提议王晞昕随他一起去北京农业大学进修一学期。

在这半年里王晞昕不仅在学术上有所进步，并且作为两校间交流的桥梁，推动了两校的合作交流。在1959年7月返回学校时，同她一起回宁夏的还有北农大支援的一批实验仪器。

1961年，宁夏农学院在银川市郊区的芦花台建立新校址。次年2月，陈如熙作为班主任带领学生到芦花台参与建校劳动。他带领学生修1000米的大渠，那时候主楼和学生宿舍楼刚刚盖起来，连窗子都没来得及安装，就是个四面通风的毛坯房，老师和同学们一起打地铺睡在里面，花了一个月时间终于修好了大渠，完成了学校分配的任务。

1961年的7月，为了贯彻中央"调整、巩固、充实、提高"的八字方针，宁夏医学院、宁夏师范学院、宁夏农学院三院校合并。1961年8月合校后于1962年9月成立了宁夏大学。

宁夏大学第一分校

1969年，为了战备需要，宁夏农学院农学系、畜牧系两个系被疏散到永宁农校。永宁农校后面有一排常年无人居住的窑洞，老师和学生们便住在那里。当时走的时候紧急，学校只允许带床，而窑洞里桌子板凳都没有，大家就蹲在地上吃饭。没有电，只有农校自备的发电设备自己发电，即便如此，每天晚上也只能供两个小时电，两个小时过后，师生们便就着煤油灯看书。

永宁农校有个实验农场，那个时候大家一边参加运动，一边劳动。1969年10月，银川农业机械化学校合并到永宁农校，这样，宁大农学系、畜牧系两系和永宁农校三校合并成立宁夏大学第一分校。

在宁夏大学第一分校成立近两年的时间里，陈如熙和王晞晖离开畜牧兽医系，进入宁夏大学微生物制品厂工作，生产赤霉素920，并对其开展田间试验，以提高农作物产量。

宁夏农学院

1972年春，在全国召开的教育工作会议上，决定成立宁夏农学院。1972年夏，宁夏农学院招收了第一届工农兵学员，第二年学员要上生理课，而学校没有精通生理实验方面的教师，畜牧兽医系的领导只能到微生物工厂请陈如熙和王晞晖教授生理教学实验课。两个人经过再三考虑，决定从工农兵学员的学习需求出发，以大局为重，于是回到学校重新开设生理实验课程。

由于"文化大革命"时期把实验都停掉了，仪器都被堆放在仓库里。两人回去后又收集仪器，重新筹备成立实验室。

虽然条件很艰难，但陈如熙和王晞晖最大程度发挥着他们身上的教育资源。在这门课中，工农兵学员做的实验比如今的本科生做的都多，实验需要的狗、兔子、老鼠等，学生需要多少学校就给提供多少，不管什么时候需要也都会立刻准备好。他们还制定了一套完整严谨的教学方案，安排好了学时、实验、参考书目，每学期开课前发给学生，方便学生掌握教学进度。

"当时高校间有一个口号：把大学办到农村去，把大学办到农民的炕头上去，把大学办到蒙古包里去。那我就带领学生到蒙古包里去，而且到最远最远的内蒙古阿拉善左旗塔木素格布拉格公社放牧。"陈如熙说。

塔木素格布拉格公社在巴丹吉林沙漠的边缘，离中蒙边境仅有50公里。

2019年7月29日,档案馆口述档案采访工作人员与陈如熙(中)、王晞昉(右二)合影

给祖国服务50年

"从北师大毕业时,我们就和母校表示要健健康康地给祖国服务50年,结果我们真正出成果的只有16年,即1981年,我们才开始真正参加农业部的重点科研项目,直到1997年退休,其他时间都没有什么成果。"没能为祖国工作更长的时间,这是陈如熙和王晞昉最大的遗憾。

不怕困难,不畏风寒;根深叶茂,本固枝荣。他们从南方携手而来,成长为深深扎根在西部戈壁上相依的两棵沙枣树。他们在风浪考验面前无所畏惧,在各种诱惑面前立场坚定,在艰苦工作中成就自己,他们在宁夏大学的历史上留下属于自己的一笔。

(供稿:贾国华)

陈若希

陈若希，1927年9月生，江西赣州人，中共党员，副教授。1960年6月分配到宁夏大学任教，1989年退休。历任宁夏大学总务科副科长、财务科副科长、宁夏大学心理学教研室主任等职务。在校工作期间，主要从事心理学方面的教学与科研活动，其中《管理心理学》获"优秀教材奖"。1989年获宁夏人民政府颁发的"教学工作三十周年纪念章"，2018年获宁夏大学"创校荣誉纪念奖"。

记者：请谈谈您学习和工作的主要经历。

陈若希（以下简称陈）：我叫陈若希，江西赣州人，1927年9月出生，在艰苦的条件下靠父老乡亲把我培养长大。

小时候家庭比较困难，考了三个学校，读不起中学，读了一个简易师范学校，毕业以后就参加援教家乡的服务。

我从15岁开始就教学，一直教到退休，所以我一生都是做教学、做教书育人的工作。

记者：您在宁夏大学教学、管理、服务师生等方面做出过许多贡献，请结合自身经历谈谈相关的背景和工作情况。

陈：参加完抗美援朝，回国后我又读书进修，毕业以后，响应党和毛主席号召支援大西北来了，所以我是这样来到宁夏和宁夏大学的。当时，宁夏教育厅分配我在宁夏大学当教师。宁夏大学从无到有，从小到大，从弱到强，发展到现在，目前属于这个大学的旺盛期，所以我很高兴。

我在宁夏大学起初做教学准备工作，准备资料或者材料，同时呢，我也（参与）办起了幼儿园，办起了宁夏大学附属小学。

宁夏大学初建，由三校合并，我参加了这个合并工作。目前它已是一个比较现代化的（大学），也是宁夏第一所大学。

以后我又做基建工作，规划我们宁夏大学要多大的规模，当时我就提出要准备3万学生学习的学校，先有个宏伟的蓝图，以后慢慢地发展。之后我又调到总务科当科长，后来又调到财务科，当财务科长。

记者：请谈谈您创办平罗高龙耕读小学的情况。

陈：根据宁夏大学安排，后来我又到农村以及山区参加了几年社教工作。

在下乡的时候，我在平罗姚伏高龙大队办了一个耕读小学。那里还是很穷的，没有学校，我就拿出了40块钱，跟他们牵头办了这座高龙耕读小学。我到山区，很关心教育办得怎么样，小学办得怎么样，幼儿园有没有办起来？大概我的经历就是这样的。

记者：请您谈谈您当时主要的教学工作。

陈： 我主要的工作就是教学，把课备好。我备课和教书都比较认真，备课我能备到晚上十一二点钟。那时候只有个星期天，我都不休息，在那儿备讲义，那些年我准备了很多的教育学和心理学的分支课程，我教了九年教育学。1979年以后，学校建立了心理学教研室，我的工作就忙起来了，曾经一周教过28课时。我教了青年心理学、社会心理学、管理心理学、人事心理学、商业心理学等课程。后来应妇联的要求，我还教了妇女心理学、老年心理学、心理学史心理学还有公关心理学。都说公关不好，我却觉得公关心理学、社会心理学是很重要的。

要提高国民的素质，心理素质是必不可少的，心理学不等于思想政治，心理学是一门介于自然科学和社会科学的中间学科，介于这两门科学之间的边缘科学就叫作心理学，所以心理学主要是提高人的心理素质，这是非常重要的。

记者：您对母校目前的工作有哪些建议？对学校未来的发展有什么期许？

陈： 我教学一直是从幼儿园教小学、教中学、教师范再到教大学，所以我感到很高兴，这就是党和国家政府对发展教育工作的重视，所以宁夏大学的教育工作做得很好。我希望我们宁夏大学的师生员工团结起来，拧成一股绳，好好地培养高素质的人才。

宁夏大学现在的成绩很辉煌，目前是国家"211工程"重点建设高校，要把宁夏大学办成西北一流大学，最好的办法就是要加强党的正确领导，师生员工一起团结起来艰苦奋斗，尽心尽职把自己的工作办好，我想这个愿望一定能够实现。

宁夏大学的校训是："尚德，勤学，求是，创新"，创新是（非常重要的）。培养人才，就是要创新，为公、为民、为祖国创新立业，把中国建成世界一流的国家，把宁夏大学建成一流的大学。

小红帽老爷爷

——忆父亲陈若希

陈韵翎

"三尺讲台,三寸舌;三十年树木,三十年风雨,三千桃李成栋梁。"这就是父亲一生眷恋的教育事业。

1949年9月,父亲考入中国人民解放军军政大学,1951—1955年抗美援朝,曾多次荣获奖章和朝鲜政府颁发的三次三等军功章,1956—1960年考入东北师范大学学习。1958年宁夏大学成立,父亲一毕业就响应国家支援大西北的号召,进入宁夏大学教书直至1996年离休。可以说,父亲是宁夏大学最早的创建者之一,2018年,他获得了宁夏大学"创校荣誉纪念奖",他把一生中最美好的时光都献给了他挚爱的教育事业。

听父亲说:当年他们是宁大第一批老师,大家都是每人一条扁担,扁担一头挑着书籍,一头挑着被褥来到宁夏大学报到的。当时学校周围还全都是沙漠荒地,只有一栋教学楼,而现在却已是占地面积2938亩、教学实验农场1890亩、校舍建筑面积87万平方米的景象了,并且已经成为面向26个省、自治区、直辖市招生的国家级"211工程"重点建设高校了。60年前他们自力更生在学校种树种草,平整校园,来改变学校荒凉的环境;现在的校园已楼宇林立、花木繁茂、环境幽雅,已成为一个读书治学的理想园地。每当说到大学，父亲都是一脸的骄傲。

天天备课，写教案到深夜，这就是父亲三十多年的写照。父亲对学生尤其关爱，融深情于教育，视学生如子侄，不但于学术诲人不倦，而且教以立身为人之道。记得在我中学的时候，有一天都深夜1点多了，父亲的小屋还亮着灯，床上桌子上放了好多书，他趴在地上画思维导图，后来我问他："教材上不是有图吗？为什么还要花费几天时间自己重画呢？多麻烦啊！"但他说："书上没有一套完整系统的图，我总结后画一幅大的完整的图，课上给学生理顺思路，有利于学生更好地理解，记忆也更容易，同时还能随时更新和增加最新的研究成果和科研趋势。"他经常说，农村孩子考上大学不容易，一定不能因老师陈旧的知识体系而耽误了学生未来的发展。20世纪80年代，父母的工资加起来也只有百十来块钱，还要养活一家5口人，真是捉襟见肘。但为了每年给学生讲更新的知识，更多地了解外面的世界，他总是自费从生活费中扣出钱来，买很多的书，订各种最新的心理教育领域的杂志，为的就是让学生的知识不断更新，毕业后也能马上融入到社会新的知识领域中，不至于一入社会就因学校知识的陈旧而陷入迷茫。而他常年的衣服就是那件洗了又洗的蓝色中山装和灰衬衫，这就是他对教学的热爱，对学生的认真负责，这种执着几近痴狂。

旅行是一种很好的阅读方式，可以让人变得胸怀世界，充满智慧。20世纪八九十年代，父亲每次在全国各大院校出差交流时，给我们带回最多的东西就是明信片。那时的信息交流很不发达，经济条件也很窘迫，不像现在可以到处旅游。对小孩子来说，最直观地了解全国各地知识风貌的途径，就是好看的明信片了。明信片上面有印着祖国大好河山的、有精美历史文物的、有各类高校的图片，通过各地的明信片，在我们小小的心灵里种下了探索外面大千世界的种子，从此，旅行在我们的心目中和生活中一直占据着非常重要的位置。

母亲为了给父亲头部御寒亲手做了一顶小红帽，而为了方便父亲年老的生活，母亲用她那双巧手和智慧为父亲做了各种各样的日常生活小物品，这些都是他们相濡以沫、相携白头的幸福生活的写照。父亲60多岁的时候眼睛就不大好了，这20多年来都是母亲在照顾他的生活起居，父亲总是说他能在学术中取得的一些成绩都是母亲的功劳。当2019年祖国70年大庆时，父亲荣获中共中央国务院中央军委颁发的"庆祝中华人民共和国成立70周年纪念章"后（这是一枚对祖国有特别杰出贡献的人才能拥有的奖章），将奖章送给母亲并说："这个奖章送给你当之无愧啊！"

随着年龄的增大，病痛时常伴随着父亲，每次住院他都叮嘱我们要配合医生，尽量不给医生护士添麻烦，每次有新实习小护士时，别的病人都怕她们技术不熟练，不让实习生给自己扎针，但父亲却总是鼓励实习小护士，说："不怕，我相信小天使（他自己对小护士的称呼）能做好。"但实际上他的血管比一般老人的血管都脆弱，扎针技术稍有一点偏差，就会因破裂出血而难愈合，并且至少要热敷两周左右，血管周围的淤血才能慢慢消散，而对于平常人只需两天就能恢复，所以每次遇到这种情况，我们都提心吊胆的，但父亲总是微笑着安慰小护士，从不发脾气，也不让我们提要求。他就是那种对别人总是很宽容，对自己很严格的人。他常常说要给年轻人机会，国家才有希望啊！

父亲是真正经历过战争洗礼的人，在朝鲜战场上，冬天冰天雪地，战士们的衣服都很单薄，在朝鲜有房子也不能住，因为敌方总是用飞机轰炸，而且不能生火做饭，天天吃的就是压缩饼干和白雪。正是因为经历过那个艰难年代，所以父亲特别珍惜和平的岁月，他总是一有机会就学习新知识。有一天我正在上班，他突然打电话问我："什么叫互联网金融？什么是数字货币？什么又是区块链？"我问他从哪里听来的？他说从广播电视上听到的，虽然眼睛看不到了，但有戴助听器，所以每天必听新闻。我开玩笑说您耳朵还挺尖的嘛，都90多岁了，还不好好休息。他开玩笑地说："我是90后呀，当然要与时俱进了，不能偷懒的呀。"这就是我"90后"的老爸，他身上真正体现了"活到老,学到老"不屈不挠的学习精神,有时真让我辈汗颜。

父亲的人生就是中华人民共和国的一部成长史,遇到困难和挫折时,父亲的原则就是挺过去,然后东山再起,再做。他常教育我们,首先不能两腿发软,一心想逃跑,那就真的会输得很惨,相反,如果你敢于面对困难说不,勇敢地面对,受到的伤害反而会少,生活也好,生病也好,无论什么事,畏畏缩缩就输定了。父亲就是靠自己的双手,去开创和打拼出自己的世界的,也是靠自己的双脚,坚定不移地去走自己的道路的。他有自己的信仰,靠自己的思维能力,去践行着自己的追求和愿望。

人活到极致,越简单就越快乐。心小了,所有的事就大了;心大了,所有的事就小了;看淡了沧桑,内心便安然无恙。父亲常跟我们谈心,说他的生活信条:生活本来就简单,世人却总是不断追逐所谓的金钱和权力,觉得那样就会快乐。其实,真正的快乐不是权倾朝野,也不是锦衣玉食,而是感受每一个当下,人生大部分的悲哀都是因为对物质要得太多,而总是求而不得,所以总是懊恼。人生在世,怀一颗"单纯"的心,于乱世中安然,于繁华中淡然,内心无恙,任谁都不能伤及分毫。"路漫漫其修远兮,吾将上下而求索"。当我面对书本"读欲"不振时,当我独望窗外无所事事时,当我遇到挫折困难,觉得压得自己都难以承受时,就会想起父亲的谆谆教诲,从而坚持不放弃。

时间犹如白驹过隙,一眨眼,几十年已经过去了。美好的未来还是由平凡人组成的。父亲是一个普普通通默默耕耘的平凡人,但他却是我们子女和他的学生们心中的一盏灯。

(供稿:翟伟)

作者简介

陈韵翎,女,1971年生,毕业于河北经贸大学,现任职于上海国际贸易有限公司。

一片丹心　教书育人
——记陈若希副教授

张彤彤

"既然我们都是党员，那我就称呼你为小张同志吧！"这是一位曾经参加过抗美援朝，又将自己的大半生投入了教育事业的老教授，在我们第一次见面时对我说的话。

瘦弱的身体，眼睛和耳朵都不大好，要凑到耳边讲话才能听见。初见时我们还很担心他的身体无法支撑长时间的采访活动，但在将近四个小时的采访中，陈若希老师没有喝过一口水。每当我们表示关切时，他总是说："我不喝，以前给学生讲课能讲一天，我习惯了。"四个小时的采访里，陈老师始终饱含热情，嗓音洪亮，逻辑清晰。他声情并茂的叙述就像一块久经岁月但饱含温度的石头，让人满怀温情和敬意地把这块石头揣进怀里，就像彝族人从启蒙开始背的是几代人的家谱一样，陈老的记忆就是宁大人的家谱。

15岁就开始从事教育工作的陈若希，在江西赣州考上了中国人民解放军第二野战军第四兵团军事政治大学，从那个时候起，他就是一名军人了。正是因为这样的经历，陈老师说他非常敬爱我们伟大的党。他一生热爱且坚定追随中国共产党的脚步，几次申请加入中国共产党，写过的每一份入党申请都有十多页，字字感人肺腑。抗美援朝战争结束后，陈老随部队回国前，还留下了自己的全部积蓄，用于朝鲜战后建设恢复工作。

之后，陈老当时所在的部队保送他进入东北师范大学教育系深造，毕业后的陈若希积极响应党中央的号召"支援大西北"，怀着一腔热忱来到了宁夏，将自己的大半生扎根在了这片黄土地上，并成为当时合并成立宁夏大学的筹备人之一。1958年以前，在宁夏这片黄土地上是没有大学的。1958年10月，宁夏回族自治区成立后，创建了宁夏农学院、宁夏医学院和宁夏师范学院三所院校。为了推动宁夏高等教育工作迈上新台阶，宁夏党委和教育厅决定合并三个院校为宁夏大学。陈老作为宁夏大学的首批拓荒者和建设者之一，见证了宁夏大学从无到有、从小到大、从弱到强的岁月变迁，并为此付出了自己的一片丹心和艰辛的汗水。

"知识能够改变命运，知识能够促进国家的发展。"正是坚定着这样的信念，这位92岁高龄的老人把他的一生都贡献给了宁夏的教育事业。来到学校后，他创办了宁夏大学幼儿园，在宁大附属小学当过校长，教过中学生，在大学更是奋斗了几十年，直到1989年退休。"教育的目的是给孩子们带来希望，给他们动力去追求创造更好的人生，是借老师的手，去真正地帮助孩子们。"陈老说。1964年陈若希调任平罗县去工作，贫困的农村没有一所学校，他就拿出自己的40块钱带头帮助平罗县的人们创建了"光荣耕读小学"。陈老说："一到山区我就关心教育办得怎么样，有没有小学，幼儿园有没有建起来。"他的一生扮演了不同的职业和角色，但他更愿意说自己是一名教师。

过去很长一段时间里，宁夏大学并没有开设教育学、心理学专业。1979年以后，宁夏大学成立了心理学教研室，陈老开启了心理教育研究室主任的职业生涯，将自己的全部精力投入心理学教育上。随着教研室的发展和学生规模的扩大，他每周的教学时间越来越长，起初是

2019年8月3日，档案馆口述档案采访工作人员与陈若希（右三）合影

3个小时，后来是6个小时，9个小时……陈老说最高纪录是他同时给七个系的学生讲授心理学，教学课时甚至达到一周28个课时。陈老教学严谨，备课更是毫不含糊，常常深夜还在伏案工作，即使周六周日也不休息。他准备了十几门心理学分支的课程，如青年心理学、社会心理学、管理心理学、人事心理学、人事管理心理学等，又应邀为校外相关单位讲授商业心理学、妇女心理学、老年心理学等。学校新闻专业开始招生后，他还准备了新闻心理学、公关心理学等新课程。在他眼里，心理学是建立于哲学科学和自然科学这两门科学之间的学科，主要用于帮助提高人们的心理素质。他说"对每一个人来说，从小到老都应该学习心理学。"陈老认为，通过学习心理学，人们学会坦诚真实地面对自己，并能为自己的选择承担责任，内心变得强大，从而使生命绽放绚烂的光彩。

在陈老看来，每个人都是一粒尘埃，在嘈杂的世界里浮浮沉沉。如果没有志向，便只是漫无目的地飘荡，没有力量，没有方向，终将掩埋于碌碌无为中。这位从小家庭条件艰苦，靠着兄弟姐妹抚养长大的老人，将自己的一生致力于贡献社会的发展。青年时代追随共产党的脚步保家卫国，和平年代教书育人，多少代青年才俊受益于他的课程走上社会，成为人中龙凤，成为建设祖国的栋梁之才。

采访期间陈老一直强调，"要把宁夏大学办成西北一流的大学，最好的办法就是师生员工团结起来一起艰苦奋斗，每个人都尽心尽职，把自己的工作做好，我想这个愿望一定能够实现。"星空之所以美丽，就是因为在无限的宇宙中，不管黑暗如何蔓延，都有星星的光芒去把它照亮。宁夏大学从无到有，从小到大，从弱到强，正是因为有像陈老这样的人奉献自己，用自己的心血去浇灌它成长。"他人平庸，你是人间星光；世事无常，你是人间太阳。"这是陈老对当代年轻人的期冀。当我们欣喜地看到宁夏大学健康快速发展的势头时，我心想，宁大的师生员工们一定不会辜负像陈老一样的老一代"宁大人"所望，带着美好的祈愿不懈努力，共创宁夏大学更加华美的篇章。

（供稿：王海文）

陈育宁

  陈育宁，1945年1月出生，1967年毕业于北京大学历史系，中共党员，教授，博士生导师。20世纪70年代曾在内蒙古鄂托克旗工作，任鄂托克旗旗委宣传部副部长。1980年后，曾先后任内蒙古社会科学院副院长，宁夏社会科学院副院长、院长，宁夏回族自治区政府副秘书长、办公厅主任，中共银川市委书记，宁夏回族自治区政协副主席，兼任宁夏大学党委书记、校长。享受国务院政府特殊津贴。长期从事少数民族历史、民族史学理论及民族问题研究，发表学术论文近200篇，主持完成国家社会科学基金等研究项目6项。研究成果获国家图书奖，中宣部"五个一工程"奖，中国高校人文社科优秀成果奖（排名一），宁夏回族自治区科技进步二等奖（排名一）和宁夏社科优秀成果一等奖（排名一）。

记者：您曾担任过宁夏大学党委书记、校长，您在专业设置、学科建设、管理队伍、服务师生等方面作出过重大贡献，请问您有哪些经验和体会？

陈育宁（以下简称陈）：非常感谢宁夏大学档案馆你们这个工作团队，能够以这样辛勤的工作给我们宁夏大学，留下一些当年的历史，这是一件极有意义的事情，我非常愿意、非常支持你们的工作。

我今年75岁了，还在为宁夏大学工作，这个工作是愉快的，给我带来了生命的动力。

我也经常做一些回忆，其中呢，在宁夏大学工作的这一段时间是我非常珍贵的回忆，我感到非常充实，也非常满意。

第一，我想说一下"信心"这个问题。我2001年春天到宁大工作的时候，宁夏大学刚刚进行了合校和扩招。从1997年年底开始，宁夏大学陆续和四所学校合并，学生从6000多人增加到1万人，合校以后扩张得很快，从1999年又开始扩招，根据国家的部署，扩招特别对我们边远的西部地区，给了很多贫困地区的子女、农村的子女、少数民族的子女上学的机会、改变命运的机会，尽管困难很多，但回过头来看，是一件好事。

我就是在合校以后这么一个形势下，踏入宁夏大学的，合校以后，自治区也给了宁夏大学一些支持，学校在机构人员、教学等各项工作上都加紧了合并整合，但是面临的困难也非常大。一个是自治区过去对高等教育的投入是欠缺的。我们宁夏是一个不发达的地区，长期以来教育侧重在义务教育，高等教育的投入也不是重点，所以说是面临的困难很多，基础设施差，教学的设备欠缺很多，更重要的是缺少人才，我们的教师队伍高学历的极少。面临这样的困难，给我的压力很大，怎么办？我就把《中华人民共和国高等教育法》拿过来，我一看里面有一条，是赋予了高等学校六七项自主权，这给了我一些信心。我说，国家让我们怎么管高校，原来给了高校很多自主权，高校可以

2001年，校党委书记、校长陈育宁在研讨会上讲话

根据自己的实际情况来规划实施自己的发展。

这样我到宁大以后呢，用了两个月时间下去做调查，我到教室、到实验室、到学生宿舍、到食堂、到锅炉房，天天就这样去各个校区摸底，两个月中间我没有开什么大会，没有做什么讲话，工作按部就班进行，我需要了解。大概到了7月初，我觉得我有了了解，跟班子其他成员做了反复的沟通，我对宁夏大学有了一些感性的认识，也有了一些理性的概括，我要跟大家见面了。

7月初我召开了全校包括副处级干部、副教授以上的工作骨干、教学骨干参加的一个大会，把我和学校领导班子研究的意见跟大家见面交流。

记得我大概主要讲了五个问题：第一，要有发展规划，要从实际出发。第二，要以教学为中心。第三，要抓队伍，就是教师队伍和管理队伍。第四、第五是做好管理和学生工作。这五个问题都是实实在在的学校的问题，没有多少虚的东西，这五件工作抓到手里，我觉得就是把学校的主要的东西抓住了，其实以后在学校工作的几年时间里，基本上没有离开这五个大问题。

记者：您亲历了两次教育部对学校的本科教学评估，请您谈谈这两次评估情况。另外，请您谈谈您提出的"跳起来摘苹果""落实就是发展，否则就是空谈"这两句口号的背景。

陈：那个时候教育部组织对高等学校的本科教学进行评估，评估就是设置了一系列的指标体系，一项一项地检查你这个学校的本科教育能不能达标。我记得有七大类30多项具体指标，一个一个要量化来检查。

我来到宁大任职的第二年，2002年六七月份就接到通知，说今年教育部要对宁夏大学组织统一的评估，大约在11月份，剩下就这么几个月时间。评估到底能解决什么问题？我研究它。人家有个口号叫"以评促建"，看来这个教学评估，还不光是一个评估排名次，是要促进你的建设、解决你的问题，让你知道你与别人的差距在哪里。后来我就提出，我们要积极地千方百计地组织力量迎接评估。

2002年的11月份，教育部组织的专家组对宁夏大学的各个方面都进行了检查，最后给我们评定了"良好"等次，就是还达不到"优秀"。在大会的反馈过程中，对我们肯定的还不少，说我们在发展方面还是积极的，有成效的。我理解实际我们的差距很大，暴露出来的问题很多，人家这样说，是对西部的一种同情，我能品出这个味来。我的这个想法，在小的范围反馈的时候验证了。有一些专家讲的意见和情况对我压力很大、刺激很大。有一个专家在会上说："我查了你们一个班的考试，百分之六七十都不及格，但是你们的老师竟敢把50多分的学生的卷子都改及格了，最后总的达到了及格的程度，达到70%~80%算过关了。你们这样的做法如果在清华、北大是必须严肃处理的，是误人子弟，你们却习以为常，无所谓，这样的现象有很多。"你想想，那些专家小范围反馈时，当面说话很尖锐，我都有点儿无地自容，感到问题的严重性。这是第一次评估。过去从来没有进行过全国统一标准的这种本科教学评估，第一次拿这样的标准来衡量我们学校，再加上人家的照顾，算勉勉强强"良好"，原来在全国我们是这么一个分量。

到了2004年，教育部又发了一个通知，要组织第二轮本科教学评估。我们虽然是地方高校，但是教育部也给了我们很大支持，同样按照全国的要求，派出专家组要继续评估研究，但这次通知我们的时间就比较充裕了。2004年通知我们要在2007年进行第二轮的评估，让我们早做准备，实际上给了我们一个机会，让我们抓不足、抓改进。

我算了算这个时候距离评估还有四年，我说这四年就是给了我们一个改进提高的时间。

经过调查以后，我说必须调动大家，让大家认识到这个事情的重要性和危机感，为此我提了一个口号："负重拼搏，再爬四年坡。"九牛爬坡，个个出力，再爬四年坡。用很简练的一个口号来调动大家，必须负重，看到我们的差距；必须拼搏，必须要上这个台阶。宁夏大学背水一战没有退路，你不能自甘落后，你这次再评不上你又让人家和我们拉开差距。四年时间我们一年一年地算，一年一个台阶一年一个台阶往上爬，目标很明确，然后呢，把教学评估的量化指标都分解开都分解下到各部门、各学院，一个月一个月地来检查。后来这句口号还成了那几年叫得最响的一个口号，也确实起到了动员组织的作用，大家都知道，要负重拼搏再爬四年坡。规划一出来目标很明确，我要达到什么目标，怎么达到，你要具体落实，纸上谈兵空谈误事，所以我又喊了一句口号："落实就是发展，否则就是空谈。"这个简单的口号也叫响了，目标是，再爬四年坡一定要达标，拿出措施，你就抓落实，定下来事情，一件一件检查，办下去就行了，不要说那么多，很务实。这样呢，我们又爬了四年坡。

2007年12月底，教育部派出了一个强有力的专家组，组长是中山大学的党委书记，他很有经验，对我们进行了详细的检查，最后充分肯定了我们这几年的努力。在那次见面会上我自己也很感动啊，我自己有个即兴的讲话，讲了几句话。这个考察组评价很好，我说我们宁夏大学对这个教学评估是欢迎的。因为那个时候也出了一些不同的舆论，说这个评估好像是走形式。我说可能有这种情况，但我认为宁夏大学是实实在在落实这个评估，我们认为这个评估是解决我们问题的一个途径，把我们原来在西部落后的这种情况，一下子推到全国高等教育的市场，按照国家的统一标准来衡量。刘姥姥进了大观园了，原来是这个样子，我们一衡量在全国的位置，我们的分量我们才知道了，原来"跳出宁大才能看宁大，站在全国才看到宁大"，才知道我们的（差距），这个话都是当时的切身感受。跳出宁大看宁大，我拿全国的标准一衡量，我们就知道我们的分量和位置了，我们知道要解决什么问题了。所以这几年，我们抓住自己的问题有针对性地（解决），那个时候做得很细，包括课堂的教学、实验室的教学、考试各个环节。我觉得高校真得抓这个，高校的班子如果不抓这个就失职了，抓了几年，人家评估，最后的评估结果是"优秀"等次，不仅优秀还对我们这种奋力拼搏的精神给予了肯定，给我们总结出了一个沙枣树精神。我还记得就是那次会上评估组专家提出：你们真是有这个西部建校的这种艰苦奋斗的"沙枣树精神"，不畏严寒、不畏甘苦，有顽强的生命力。

记者： 请您谈谈宁夏大学第五次党代会的情况，在这次党代会上，有没有提出什么具体的目标？

陈： 2004年9月，宁夏大学召开了第五次党代会。我很注意利用党组织的这个力量来调动大家，通过党代会确定目标，这个党代会在宁夏大学历史上不是走形式，确确实实要认真地调查、解决问题。

确定什么目标，要提出来，所以第五次党代会给我们宁大留下的印象还是很深刻的。这次提出来了我们的目标：第一个目标，就是教学评估达到优秀，就是再爬四年坡。第二个目标呢，是在教育部启动"211工程"建设中，我们要力争进入"211工程"建设行列。除了这两项以外，还有一个任务，就是我们一定要把博士学位授权点拿下来。那个时候我们宁大没有博士点。2003年我们争取到了博士点授权，2004年开党代会时提出，继续要把博士点建设搞好。2003年拿下博士点以后，我们就开始招生，2007年才有了我们宁大自己的第一届博士生毕业，这是我们宁夏自己培养的博士。所以，一个本科教学要达到国家要求的优秀标准的目标，我们实现了；另一个要有自己的博士学位授予权这个任务，我们也完成了。还有一样，我们要争取进入全国重点建设行列。

三大目标我形容好像是三座山一样，我们一座山一座山地去爬、去攀登，就把这个目标和教学评估结合了起来。那几年很明确这个目标，我自己也越来越感到有信心，我就怕这个目标抓不准，你过高了呢是空口号，过低了呢不能促进学校的发展，要切切实实，我把它叫"跳起来摘苹果"。经过大家的努力，跳起来能把这个苹果摘下来。2008年，"苹果"摘下来了，宁夏大学进入"211工程"行列了。

记者： 请问您对学校未来的发展有什么期许？

陈： 去年是我们宁夏大学建校60周年，我还写了一首小诗："桩打沙滩谋大厦，风击沙枣练芳华。细雨点点盈盈绿，甲子一过再出发。"我们宁夏大学那个桩是打在沙滩上，60年以前在西部沙滩打桩，谋什么呢？将来再建一个大厦，这是第一句；风击沙枣练芳华，当时的生活条件很差，但是我们有沙枣树那种风格练芳华，练就了一代人的青春年华；细雨点点盈盈绿，这么几十年来，教师的辛勤培养、国家的支持，一点一点的沙滩都变绿了；甲子六十年一过，我们回过头来一看，我们不留恋过去了，再出发，再向新的征途奔去。写了这样一首诗，表达了一个老宁大、老同志的这么一种愿望。

陈育宁：政坛·杏坛·书案

庄电一

他不再是银川市委书记了，不再是宁夏回族自治区政协副主席了，也不再是宁夏大学党委书记兼校长了。

在近10年里，他相继向自己担任过的官职一一告别，完成了由官到民的转换。年过七旬的他，没有颐养天年、含饴弄孙，也没有周游世界、尽享清闲。

他还保留着宁夏大学教授、博士生导师的职务，还在学会中发挥着作用，还经常参加各种学术活动，出现在许多重要场合，也不断有新的研究成果问世。

他就是陈育宁。

如果再往前追溯，陈育宁还担任过内蒙古社科院副院长、宁夏社科院院长、宁夏回族自治区人民政府副秘书长兼办公厅主任等要职。

政坛·杏坛·书案——陈育宁在这三者间转换自如。辗转内蒙古、宁夏两地，他从基层到高层，又由高层回到基层，从中学教师当到大学教师，乃至成为博士生导师。

1945年1月出生的陈育宁退而不休，继续奉献着自己的光和热。如此传奇经历，如此精彩人生，引起了记者探究的兴趣。

转换

最近，陈育宁主编的《中国民族史学理论新探索》由中国社会科学出版社出版。这个由他带领6名博士研究生完成的国家社科基金项目、宁夏大学"211工程"学科建设重点课题也就此圆满收官。

这是继1994年出版《中华民族凝聚力的历史探索》、2001年出版《民族史学概论》之后，陈育宁又一次的深入探索，进而完成了自己民族史学理论的"三部曲"。

为此，宁夏大学专门举行了座谈会，与会专家不仅对他的研究成果给予了高度评价，而且对陈育宁的学术思想和精彩人生表示了由衷的赞扬。大家对他在政界、学术界、教育界游刃有余地转换，在退出高位之后，还能在学术界有新的、重要的建树表示由衷的钦敬。

1962年，陈育宁以17岁的年龄和宁夏高考文科状元的成绩，穿着父亲脱下来的一件旧上衣跨入了北京大学的校门，成为历史系中一名品学兼优的学生。

因为很快赶上了"文化大革命"，陈育宁先是到内蒙古巴彦淖尔盟一个边远的部队农场"接受再教育"，随后才被分配到内蒙古伊克昭盟（现内蒙古鄂尔多斯市）鄂托克旗一所刚刚创办的中学任教。

当时眼前的这一切，并没有让陈育宁灰心失望。凭借扎实的知识功底和认真的工作态度，他很快就成为一名深受学生爱戴的好老师。

没过多久，陈育宁就因当地领导赏识而成为旗委宣传部的一名干部，随即又被任命为副部长，他也就此完成了自己职业生涯的第一次转换——从教育界进入政界。

其间，陈育宁利用自己的专业特长，以极大的热情投入到对当地历史、地理的考察和研究中，并于1986年在《中国社会科学》杂志上发表了考察成果——《鄂尔多斯地区沙漠化的形成与发展述论》，初步奠定了其在地方历史研究中的学术地位。

在鄂尔多斯工作10年后,陈育宁奉调内蒙古社科院,3年后被任命为副院长。在内蒙古社科院工作的7年,使他的学术功底进一步夯实扎牢。

2001年4月,陈育宁(左一)到宁夏大学任党委书记、校长

1987年,陈育宁调回出生地,在宁夏社科院先后担任副院长、院长。在家乡,他更是如鱼得水,主持、参与了许多重大科研课题并取得多项成果。其间,他独自完成《中华民族凝聚力的历史探索》,获得中宣部"五个一工程"奖。

如果不是工作变动,陈育宁完全可以在自己的研究领域一路高歌。出人预料的是,1993年,他完成再次转换,又从学术界转入政界,平调至宁夏回族自治区人民政府,出任副秘书长兼办公厅主任。

从社科学者又变成为行政官员,这对陈育宁来说,无疑是个不小的挑战。记者无从知晓他当时对这项任命的态度,却只看到他又以满腔的热情投入到新的工作之中。

仅仅过去两年,陈育宁就得到了进一步的重用:1995年5月,他被任命为宁夏回族自治区首府银川市的市委书记。一个历史学家出任市委书记,这是个不小的新闻。记者当即在《光明日报》上做出了报道。

到银川任职时,陈育宁刚好50岁,但他不是来镀金的,更不是过渡性人物。

陈育宁这一干就是6年。2001年,他在届中被增补为宁夏回族自治区政协副主席。这时,他已经56岁,似乎可以放松一下了,但就在出任政协副主席不久，他又接受了一项新的任命：宁夏大学党委书记兼校长。

如果说，几年前陈育宁被任命为银川市市委书记，曾让一些人感到意外的话，那么，这个任命就更让人感到吃惊，甚至连陈育宁本人也完全没有思想准备，感到了前所未有的压力。

从教育界起步，经历了许多周折，又回到教育界，但陈育宁的这次回归，意义却完全不同。

兼　得

宁夏大学的党委书记兼校长，可不是好当的。

此时的宁夏还没有一所"211大学"，宁夏大学义不容辞地承担起了这项历史使命。经过不懈努力，终于在建校50周年之际，跨入了"211大学"的行列，也消除了宁夏的这一空白。

此时的陈育宁已经离任，但他的独特贡献和突出表现有目共睹，也得到了如实评价：2002年，他获得北京大学杰出校友奖；2008年年初，即将从领导岗位上卸任的他荣获"中国十大教育英才"称号，而获此殊荣的，宁夏至今只有他一人。

在现实生活中，许多专家学者从政后就此脱离学术，曾经游刃有余、驾轻就熟的专业知识，日渐荒疏。

陈育宁是一个例外。

记者曾亲眼见到，在繁忙的行政事务之余，陈育宁亲自参加一些重要的学术活动，有时还要发表演讲、作学术报告。由他主持、担任主编或独立完成的许多学术成果，也在此间陆续出炉。

其中，《宁夏百科全书》《宁夏通史》《中国回族文物》《西夏艺术史》《鄂尔多斯学概论》等扛鼎之作，均在1998—2010年问世。当然，这里面更有他的爱人，也是他北京大学的同学、韬奋出版奖获得者汤晓芳编审的重要贡献。

陈育宁说，几十年来，我虽然一直担任领导职务，但我在思想上、时间上始终给学术研究保留着一定的位置，这一点从未动摇过。

陈育宁曾在《我的小书斋》中满怀温馨地描述着他学习、研究的状况——

"我和爱妻已经出版的几本著作和发表的论文，大都是在这个小书斋里写出来的。每当进行一个题目的时候，书桌上，旁边的茶几、沙发上，堆满了书、卡片及各种资料。白天去上班，这些东西依然摊开着，谁也不许动，晚上接着干，直到这个题目做完，才将书桌收拾干净。但不久，随着下一个题目的开展，又重新堆满了各种资料。有时候，和妻子分工使用小书斋，白天她用，晚上我用，各自的资料各自收拾，互不干扰。""小书斋也是我和妻子酝酿、讨论、构思论文的地方。我俩常合作写论文，题目确定后，各自去看书、思考，拟出提纲，打出腹稿，然后安排一个晚上，打开录音机，共同商讨，逐段推敲。经过一两个晚上的交流，论文的框架基本形成，然后妻子再依据录音整理成初稿，由我反复修改，一篇论文就诞生了。"

本　色

书是陈育宁最大的财富。家里除了几个"顶天立地"的大书架被书挤满外，就连吊柜、地面、写字台上也都堆满了各种各样的书籍。

这些纸质的"珍宝"，昭示着主人的身份：本色是学者，而不是官员。

在任何时候，陈育宁都没有疏远学术，都没有丢弃教书育人的职责。在告别官职之后，他如愿以偿地回归学术、重返讲坛，轻松而自然地成为宁夏大学的博士生导师，并在短短几年时间就培养出了6名博士研究生，并推出了一批重要研究成果。

《中国民族史学理论新探索》正是陈育宁近年来耗费心血最多的一部具有重要意义的著作，它2012年批准立项，2014年年底结题，2015年被全国社科规划办鉴定为优秀课题。

在座谈会上，陈育宁培育的博士研究生谢海涛副教授作为课题组的代表透露了成书的秘密——"这本厚重的著作，倾注了陈老师大量心血，也耗费了他大量精力，从整体构架的设计，到写作大纲的编订，再到重要资料的收集，再到统稿和审定，陈老师都亲力亲为，一丝不苟。从酝酿到杀青，整整经历了6年时间，其中陈老师亲自主持召开的课题组会议就有十多次，和我们面谈、电话、邮件交流做重要指示、提供参考资料则不计其数。其实，本书80%的内容在头两年就完成了，但陈老师并没有草草收兵，而是借鉴近年来涌现的新成果不断增添新内容。大样出来后，陈老师又用一年多的时间统稿，逐字逐句地修改。书中的学术创见，都是陈老师的个人成果，我们几个博士生只是协助导师收集整理了一些资料……"

宁夏社科联主席杨占武、宁夏大学西夏学研究院院长杜建录、宁夏大学教授王银春等人都对陈育宁始终不放弃学术研究表示钦佩，对他能在政坛、杏坛、书案之间潇洒转换表示赞赏，对他的为教之道和人格魅力表示敬仰，称"永远值得学习"。

这就是陈育宁：在有官职时兼顾学问，在无官职时专心学问。

（《光明日报》2016年5月5日10版）

作者简介

庄电一，1956年出生，高级记者，《光明日报》驻宁夏记者站站长。曾获全国"百佳新闻工作者"称号，享受国务院政府特殊津贴。

陈育宁：立足实际办实事

刘雪茹

鸟语花香、姹紫嫣红。这样的春日美景对于北风卷地白草折的大西北无疑是一种奢望，然而，对于坐落在大西北的宁夏大学而言，2001年的春天注定是要被记入学校发展史册的一个关键节点。这一年4月，陈育宁服从党组织的安排，以宁夏回族自治区政协副主席的身份，就任宁夏大学党委书记、校长。这对知天命之年的陈育宁来说是一次身份的巨大转变，而对于宁夏大学来说，则是跻身全国重点高校行列的一次重大机缘。

宁夏大学即将迎来自己的"春天"。

"关键是树立自信心"

春天到来之前，必定是寒风凛冽的冬天。

"扩招对于偏远地区的子女、农村的子女、少数民族的子女、贫困地区的子女来说，是一件好事，有了改变命运的机会"，面对镜头，陈育宁书记一边回忆，一边轻轻地点头微笑说道。他上任伊始，合校和扩招以后，寒门子弟的"春天"来了，宁夏大学却迎来了"冬天"。在校的学生从以前的6000多人快速增长到10000多人，与学生人数的快速增长相比，学校基础设施不健全、教学设备落后以及师资力量薄弱等问题成了阻碍宁夏大学发展的瓶颈。他就是在这样一个"冬天"踏入宁夏大学的。

顶着重重压力，陈育宁仔细阅读了《中华人民共和国高等教育法》，认真研究了法律赋予高校教育的七项自主权力，这使得他的信心倍增。客观上有了法律赋予的自主权，还必须充分发挥自己的能动性，"根据以往工作的经验，一切先从基层调查开始"，陈育宁说得掷地有声。

两个月的时间里，没有开过一次正式的会议，没有发表任何正式的讲话，陈育宁每天的工作就是一次又一次地来到各个校区的教室、实验室、食堂、学生宿舍乃至锅炉房，他渴望了解宁夏大学的每一寸土地，熟悉运行机制中的每一个环节。"调研中意识到宁夏大学的发展虽然取得了很大成就，但从全国看，差距依然很大，困难不少，但是我有信心。"在对宁夏大学有了深入了解之后，7月7日，陈育宁主持召开了"宁夏大学副教授、副处级以上人员大会"。会上他明确提出宁夏大学未来发展的五个关键点：一是要完善学校的发展规划，二是突出教学中心地位，三是摆正科研与教学的关系，四是建设优质教师队伍，五是扎实做好学生工作。如今看来，宁夏大学自此以后的发展都没有离开过这五个关键点。

"对于宁夏大学的发展，困难并不可怕，关键是树立自信心。"陈书记如是说。

"是机遇，也是挑战"

2002年6月，宁夏大学接到了教育部将组织专家评估组在11月对本科教学工作进行评估的通知。"评估到底能解决什么问题，我研究它。"这是接到通知后陈育宁的第一反应，研究的结论是"以评促建，积极迎接评估工作"。11月12—15日，教育部专家评估组莅临宁夏大学，全面深入开展本科教学评估工作。

此次教学评估，是宁夏大学建校40多年来第一次用国家统一的指标要求进行的全面、严格、科学、规范的教学评估。评估的指标体系中有7个一级指标，18个二级指标，38个观测点。每一级指标、每一个观测点都有量化的要求。严格的量化指标对宁夏大学来说是一次巨大的挑战，当然也是一次机遇。

经过评估，专家组将评估结果作了两次反馈。第一次是大会反馈，这个反馈意见从六个方面肯定了宁夏大学的办学指导思想、学校的定位以及教学工作、教学的中心地位等，总体上给了"良好"评价。陈育宁心里很清楚这个"良好"，有着专家组对西部落后地区高校关照、支持的因素。如果说第一次大会反馈是考试卷上的"良好"，那么第二次小会反馈则连"及格"都算不上。第二次小会，主要是每一位专家向校领导班子反馈对一些具体问题的意见，专家组提出了很多尖锐的问题。一个四五十人的班级，考试有一半以上的学生不及格。制度不严格，检查、督查跟不上，老师们把50多分的卷子都改及格了，及格率达到了70%~80%。"这个问题虽然是个别的，但这是责任心的问题，这是误人子弟！我当时真的是很无地自容，切切实实感受到了问题的严重性"，谈到这些问题时，陈育宁的声音变得严肃而低沉。

该怎么办？思考良久，他大胆提出"跳出宁大看宁大"的观点。陈育宁说，站在全国看宁大，用全国本科教学的标准衡量宁夏大学，就会看得更清楚。知道了自己的问题所在，接下来要做的就是补短板。以狠抓教学质量为抓手的教学质量年活动，就在这样的环境下开始了。

评估结束后，宁夏大学按照全国统一的本科教学评估标准在校内搞起了评估，把教学评估的指标都分解开，分配下去，一个学院一个学院地检查，一个项目一个项目地落实。同时，积极培养教师队伍，在经费有限的情况下，每年坚持拿出200万元送出100个年轻教师攻读硕士、博士学位。就在此时，宁夏大学再次接到通知，2007年教育部将组织进

2005年，陈育宁检查学生晚自习

行第二轮的本科教学评估。此时距离第二次评估到来，还有四年。

"'负重拼搏，再爬四年坡'，宁夏大学背水一战没有退路，四年时间，我们一年一个台阶往上爬"，陈育宁说得斩钉截铁，铿锵有力。后来，"负重拼搏，再爬四年坡"这句口号极大地调动了师生们的积极性，在艰苦爬坡的岁月里，成了大家的精神动力。但是，只有口号不去落实，一切都将是纸上谈兵。于是，陈书记提出的"落实就是发展，否则就是空谈"这个口号，在做好了科学的发展规划之后并付诸行动时，也被大家叫响了。

成绩是奋斗出来的。四年时光很快就过去了，2007年的12月，教育部派出以中山大学党委书记为组长的强有力的专家评估组，对宁夏大学本科教学工作进行了第二轮评估，此次评估，专家组给予了宁夏大学高度评价，评估结果达到了"优秀"等次。

宁夏大学一直不断努力，负重前行。在2003年，获得博士学位授予权，有了宁夏大学第一个博士点，实现了宁夏高校自主培养博士生"零"的突破。2008年，宁夏大学建校50周年前夕，学校步入"211工程"院校行列。同年，陈育宁无可争议地当选"2007年中国十大教育英才"。

这一荣誉，正是对他在宁夏高校教育战线上所取得成绩的最好褒奖。颁奖词是这样写的：

> 扎根西部，为民族地区教育事业倾注心血，正确处理规模与质量、教学与科研、加快发展与规范管理、全面提高与重点突破、发展目标与发展过程的关系，他是有区域特色、有较高水平、较高质量的大学的、确保学校可持续发展的民族史学专家。

"是磨难，更是财富"

"有一天中午，我去教室，发现角落坐着一个孩子，我问他为什么不去食堂吃饭，我看见他手里拿着一个干馒头。"这个画面深深地刺激到了陈育宁。为了了解宁夏大学还有多少像这样经济困难的大学生群体，他当即展开调研。据了解，当时全国在校大学生中，家庭经济困难学生约占25%，特别困难的学生约占9%。宁夏大学则要略高于这个平均水平，家庭经济困难学生约占28%，特别困难学生则超过10%。如何帮助这些学生度过困难期，成了当下学校面临的一大重要难题。

面对难题，学校成立了资助经济困难学生的专门工作机构，采取各种办法，争取社会的广泛支持，建立以"奖、贷、助、补、减、免"为主要手段的资助体系。几年来，宁夏大学经济困难学生能够得到的奖学金、助学金有24项，接受社会各界的捐助金300多万元，受助学生达到4200人（次）；学校政策性减免师范、农林类专业学生及获国家奖学金学生的学费达630余万元，受益学生达6000人（次）；筹措贷学金、助学贷款100多万元。2005年又进一步落实了国家助学贷款政策，更多的经济困难学生可以通过贷款完成学业。虽然这些工作保证了经济困难学生求学期间的基本生活费用，保证了他们能够安心学习，顺利完成学业，但是，其中也不乏一些同学，因为家庭贫困而造成心理上的自卑，产生了沉重的心理压力。

"如何解决好这些孩子的心理问题，也是我们面临的一大难题。"陈书记很清醒。

接下来的学生工作中，他带领校领导深入学生中间，做他们推心置腹的良师益友，鼓励他们树立自强、自立的信心。随后，安排辅导员住进公寓，更近地关心、照顾这些学生。春节时，陈育宁和学校相关部门负责人带着米、面、油等生活品到经济特别贫困的学生家中，看望他们及其家人，送上粮油米面，他又自掏腰包为学生发放了"压岁钱"。在他的建议下，逢年过节一些学生回不了家的时候，自治区的领导、学校领导都会来和他们一起包饺子，度过愉快而难忘的除夕之夜。就这样，物质精神两手抓，学生们也逐渐树立起自信心，朝着更高更远的目标出发。贫困生们坚信，人生正如陈书记所言：贫穷是对我们的磨难，但磨难也是一种财富。

家里几个被书挤满的"顶天立地"的大书柜赫然昭示着陈育宁的学者身份，书房、客厅多张获奖证书以及出席国内外各种重要学术会议的嘉宾证，记录着他在学术上的辉煌历程。2008年，63岁的陈育宁卸掉了身上所有的职务，不再担任宁夏大学党委书记、校长，他回归学术、重返讲坛，受聘于宁夏大学西夏学研究院，担任博士生导师，继续从事着他所热爱的民族历史专业的教学与科研工作。

陈育宁热爱宁夏大学，寄希望于宁夏大学。他曾在2018年9月宁夏大学建校60周年时赋诗《贺宁大甲子》："桩打荒滩谋大厦，风击沙枣炼方华。细雨点点茵茵绿，甲子一顾再出发。"今年75岁的陈育宁，仍然致力于宁夏大学的发展，宁大见证了他的努力与奉献，他的辛勤耕耘也为宁大书写了最亮丽的底色。

（供稿：王海文）

陈育宁：路在自己脚下

王春锋

陈育宁，男，1945年1月生，祖籍山西，汉族，中共党员。1962年进入北京大学历史系学习，获历史学学士学位。现任宁夏大学教授、博士研究生导师。兼任中国民族史学会副会长、鄂尔多斯学研究会专家委员会主任，上海交通大学、山东大学兼职教授。

1970—1980年，在内蒙古伊克昭盟鄂托克旗工作，曾担任中学教师、旗委宣传部副部长。1980—1987年，在内蒙古社会科学院工作，1983年担任副院长、中共内蒙古自治区委员会候补委员。1987—1993年，在宁夏社会科学院工作，历任副院长、院长。1993—1995年，任宁夏回族自治区政府副秘书长、办公厅党组书记、主任。1995年5月至2001年4月，任中共银川市市委书记、自治区党委委员。2001—2008年，任宁夏回族自治区政协副主席、党组成员，宁夏大学党委书记、校长。

陈育宁长期从事北方少数民族历史研究。出版的学术著作有《民族史学概论》《中华民族凝聚力的历史探索》《鄂尔多斯史论集》等，主编《宁夏通史》《宁夏百科全书》等。与爱人汤晓芳（北大校友）合著《北方民族史论丛》《中国回族文物》《西夏艺术史》等。其著作曾获国家图书奖、中宣部"五个一工程"奖、全国高校人文社科研究优秀成果奖、自治区社科优秀成果一等奖、自治区科技进步一等奖等。

2002年被评为北京大学优秀校友，2006年被英国南安普敦索伦大学授予荣誉博士学位，曾获2007年度"中国十大教育英才"称号。

艰苦磨炼　无怨无悔

1962年，17岁的陈育宁以宁夏高考文科第一名的成绩，进入北京大学历史系读书。在北大求学期间，德高望重、治学严谨的老师，朝夕相处、互相砥砺的同学，使他难以忘怀。北大自由的学术氛围、丰富的教学资源，更使他如鱼得水。埋头苦读、遨游书海成为他每天生活的"必修课"，也为其以后的工作奠定了扎实的基础。临近毕业，"文化大革命"开始，就业形势大变，作为学生干部，他参与了当时的毕业生分配工作，却选择了剩下的最后一个指标：奔赴当时仍比较落后的内蒙古。

从北京到呼和浩特，再到巴彦淖尔盟，再到边远的乌梁素海部队农场，他开始"接受再教育"：住在老乡家、步行军、修大坝、吃冷饭……一年半之后，他被再次分配到内蒙古最贫穷的伊克昭盟（后改为鄂尔多斯市），又被派往最偏远的鄂托克旗，最后到达黄河边一个移民公社的中学，开始了他的教书生涯。这里靠近荒漠，还有被大风卷入黄河的危险。他的新婚妻子、北大同班同学汤晓芳，毅然放弃了在家乡上海的工作，来到这里与他同艰苦、共命运。恶劣的自然环境和艰难的生活条件并没有使他沉寂，他没有灰心、没有失望，而是脚踏实地地从当前做起。大学里的知识储备以及儒雅的文人气质，使他的课程深受学生们喜欢。不久，他的学识和人格为领导所熟悉与赏识，一年后，他被调到旗委宣传部工作。40年后，他当年所教班级的38名学生特意从各地赶赴银川看望他，纷纷希望能再听他讲一次课。时至今日，在他众多的头衔中，"老师"依然是他最为喜欢和最有感情的。

他在鄂尔多斯市工作了十年。十年的基层磨炼，使他更为深刻地了解了人生、了解了社会、了解了中国最基层的民生。他钟情于鄂尔多斯这块古老而神奇的土地上的多民族历史文化。他收集资料、实地考察，为深入研究鄂尔多斯的民族与历史奠定了坚实的基础。回忆起这段非同寻常的经历，他说，这是他一生的财富，无怨无悔，"鄂尔多斯在我心中"。他的散文集《永远的牵挂》，就是这份情感的深情表达。

磨难也是财富

2001年4月，他出任宁夏大学党委书记、校长。宁夏大学地处西部不发达地区，全校家庭经济困难的学生约占28%，特别困难的学生超过10%，均高于全国高校平均水平，他特别强调要做好家庭贫困学生这一特殊群体的工作。在陈育宁看来，贫困大学生是当今高校中特殊的群体，如何帮助他们自尊自强、成长成才是大学教育中不可忽视的重要问题。成长不仅是增加知识、提高能力，更为重要的是心灵趋于完善、人格走向健全。青年人身心的健康成长，需要外界爱心的呵护。对于家庭经济困难的大学生来讲，勇于克服困难、经受磨难、自信自强、不甘平庸，是应有的人格和品德，是弥足珍贵的资源。为此，陈育宁非常注重与家庭经济困难学生的接触、交流。做好这一群体的工作，不能仅帮助他们解决生活困难问题，更重要的是帮助他们克服自卑、树立自信，坚强起来、笑对贫困。宁夏大学通过建立以"奖、贷、助、补、减、免"为主要手段的资助体系，基本解决了贫困学生的经济困难。同时，采取一系列"软"措施，通过思想激励、心理抚慰等方式帮助他们解决思想问题、观念问题，帮助他们树立自尊、自信、自强、自立的精神，激励他们在艰难中奋斗、在奋斗中前进、在前进中成长、在成长中奉献。担任校长期间，他每年除夕都与留校学生一起包饺子，给他们发红包，让他们感受到家一般的温暖。他以创造性的工作，把"不让一个大学生因家庭经济困难而辍学"的庄严承诺落实到每个家庭经济困难的大学生身上。宁夏大学的学生则向深受他们爱戴和尊敬的陈校长赠送亲手制作的独特小礼物。直至现在，每当行走于宁夏大学校园，学生们深情地喊他"陈老师"时，他的心里都会感到无比欣慰和喜悦。

《磨难也是财富——宁夏大学贫困学生的足迹》就在这样的探索和实践中诞生了。该书由他主政宁夏大学期间亲自创意、命名并主编，书中收集了宁夏大学106名贫困大学生撰写的经历、体会，陈育宁写了充满感情的序言。书中真实记录了贫苦大学生面对贫困时，正视磨难、坚持理想、历练人生的情怀，凝练出宁夏大学的学子品格：感恩，珍惜，坚强。这与陈育宁提出的"志存高远、脚踏实地"一并构成宁夏大学莘莘学子的精神追求。该书于2005年由宁夏人民出版社出版，2008年再版，在社会上产生了强烈的反响，成为广大青年学生的励志读物，被誉为"大学生自己编写出来的一本人生教科书"，现在已成为宁夏大学构建知识培养体系和人格培养体系的重要载体。2007年8月，在共青团中央举办的第九届共青团精神文明建设"五个一工程"奖评选活动中，《磨难也是财富——宁夏大学贫困学生的足迹》一书荣获优秀文化作品奖，成为宁夏回族自治区在本届评奖活动中唯一获奖的作品。

体验大学

陈育宁担任宁夏大学党委书记、校长期间，正是中国高等教育深刻变革和加快发展的关键期：高等教育资源调整重组，高校连续扩招；西部大开发战略实施，西部的教育、科技发展受到中央的高度重视和积极支持。各类型、各层次高校都在抢抓机遇、加快发展。作为西部地区的一所地方高校，宁夏大学经过两轮合校，规模扩大、校区分散，教育资源、内部管理、办学理念等均处于过渡融合阶段，加之学校办学历史较短、基础薄弱，学校发展困难重重。到任后，他深入基层调查研究以熟悉工作，两个月后即形成一份调查报告，这份调查报告紧紧抓住学校工作的重点和难点，对教学质量、人才培养、学科建设、师资建设、科学研究、发展规划、对外合作、党建思政等工作提出了一系列具有全局性的举措和要求。他还提出"跳出宁大看宁大，站在全国看宁大""跳起来摘苹果""借助外力求发展""落实就是发展，否则就是空谈"等一系列工作思路。在他的带领下，学校领导班子团结全校教职员工，齐心协力，迎难而上，仅用三年时间就在本科教学工作水平评估、重点实验室建设和博士学位点建设等方面取得了历史性突破。同时，以建设"211工程"为目标，负重拼搏、一年一步、步步落实。2008年，宁夏大学进入"211工程"建设行列。

2006年，陈育宁撰写的《体验大学》由宁夏人民出版社出版，该书收录了他2001—2006年在宁夏大学工作期间的70篇讲话稿和演讲稿，集中体现了他的办学思想和治校理念，真实反映了宁夏大学近年来快速发展的轨迹。书中，他这样注解自己与学生的关系：一是师生关系，要为学生创造良好的学习条件，实施严格的科学管理，使他们顺利完成学业，成为合格的大学生；二是朋友关系，要像朋友一样相互关心、相互帮助，要看到当代大学生的长处，向他们学习，相互促进；三是两代人的关系，要像疼爱自己的子女一样去关心、爱护学生。他主张，学校要给学生办好开学、毕业两个"节日"。每逢此时，他总以自己的亲身体验为学生演讲，让节日的收获永远伴随他们的成长。

2008年2月25日，即将卸任的陈育宁从北京捧回"2007年度中国十大教育英才"奖杯。该奖项由联合国教科文组织、全国政协教科文卫体委员会、《中华英才》杂志社等九家机构共同主办，从2004年开始每年在十大行业中各评选十位英才。该活动开展四年来，他是宁夏获此殊荣的第一人。组委会给他的颁奖词是："扎根西部，为民族地区教育事业倾注心血，正确处理规模与质量、教学与科研、加快发展与规范管理、全面提高与重点突破、发展目标与发展过程的关系,他是有区域特色、有较高水平、较高质量的大学的、确保学校可持续发展的民族史学专家。"在他领奖归来的欢迎会上,宁夏回族自治区党委常委、自治区副主席齐同生代表自治区政府这样评价他:"他以强烈的事业激情、成熟的领导才能、厚实的学术功底和优秀的人格魅力,带出了一个坚强有力的领导班子,造就了一支敢于创新、适应现代化大学发展的干部和教职工队伍。在短短几年时间,让这所西部民族地区的大学发生了巨大变化,同时也带动了宁夏高等教育事业的发展。"

主政宁夏大学七年后,他的内心有着怎样的心得和未竟的心愿?他说:"国家提倡教育优先发展战略、人才兴国战略,但真正落实在基层的学校还很难,由于各方面的限制,教育还没有从整体上达到优先发展的地位,在不少地方教育还处于弱势地位,它缺少权力。我希望看到更多的对教育的真心支持和实在帮助,少一些无谓的指责和批评。"

2008年,他先后卸任宁夏政协副主席、宁夏大学党委书记职位,但他退而未休,仍然担任大学教授、博士生导师,主动承担教书育人的任务,积极参加各类学术活动和社会活动,发挥光和热。

草原有约　学术无涯

他在内蒙古近二十年的工作,起步于鄂尔多斯;他的学术研究工作,开始于鄂尔多斯。他的青春、事业、朋友和感情,都与鄂尔多斯紧紧相连。因工作调动离开鄂尔多斯后,他曾感叹:"有一种放不下的牵挂,那就是对鄂尔多斯历史文化的探究。"调离内蒙古之后,他依然保持着对鄂尔多斯不可割舍的情怀。多年来,他从未放弃对鄂尔多斯历史文化的研究,先后出版了《鄂尔多斯史论集》《我与鄂尔多斯学》等著作和多篇学术论文。

2002年3月,他的蒙古族老朋友、曾任伊克昭盟副盟长的奇·朝鲁同志来信，邀请他参与"鄂尔多斯学研究会"的创立工作，他的心中激起波澜，十天后即把他撰写的《关于建立鄂尔多斯学的初步建议》寄出。

2006年5月，陈育宁（中）与少数民族史博士点博士生导师研讨

2002年9月，以"研究鄂尔多斯文化、弘扬鄂尔多斯精神"为宗旨的鄂尔多斯学研究会成立，他被聘为专家委员会主任。此后，他多次利用休息时间奔赴鄂尔多斯，围绕鄂尔多斯学的创立与当地专家学者共同开展各类学术活动，开展新时期鄂尔多斯建设发展的考察研究工作，参与《鄂尔多斯学概论》和《鄂尔多斯大辞典》的编写工作。

他和夫人汤晓芳长期从事少数民族历史文化研究，对少数民族有着深厚的感情。在宁夏回族自治区工作期间，他们花费数年时间收集、整理、研究全国回族文物资料。2008年，时值宁夏回族自治区成立50周年之际，他和夫人完成了《中国回族文物》一书的编著。该书是我国第一部全面展示全国回族文物遗存状况及分类研究成果的专著，被学术界誉为"中国回族文化的一座里程碑"。全国政协副主席、中国回族学会名誉会长白立忱在该书的序言中写道："他们二人不仅有长期从事少数民族历史文化研究的很好的基础，更主要的是，他们对少数民族是充满感情的。"陈育宁克服困难，组织宁夏的专家学者编写完成了《宁夏通史》《宁夏百科全书》等大型书籍，为少数民族地区的文化建设作出了自己的贡献。

志同道合的人生伴侣

陈育宁的夫人汤晓芳也是北大人,是他当年的同班同学。几十年来,不论在内蒙古还是在宁夏,他和夫人在边疆民族地区勤奋耕耘,不仅收获了人生和事业的果实,也收获了爱情和家庭的幸福。曾有人这样评价他们:"这对夫妇是令人钦羡的。他们彼此间既是生活的伙伴,又是事业的密侣。他们相依相助的和谐关系,犹如乐曲的两个声部。"

小书斋是他引以为豪的两人世界。"我和爱妻已经出版的几本著作和发表的论文,大都是在这个小书斋里写出来的。每当进行一个题目的时候,书桌上,旁边的茶几、沙发上,堆满了书、卡片及各种资料。白天去上班,这些东西依然摊开着,谁也不许动,晚上接着干,直到这个题目做完,才将书桌收拾干净。但不久,随着下一个题目的开展,又重新堆满了各种资料。有时候,和妻子分工使用小书斋,白天她用,晚上我用,各自的资料各自收拾,互不干扰。"

"小书斋也是我和妻子酝酿、讨论、构思论文的地方。我俩常合作写论文,题目确定后,各自去看书、思考,拟出提纲,打出腹稿,然后安排一个晚上,打开录音机,共同商讨,逐段推敲。经过一两个晚上的交流,论文的框架基本形成,然后妻子再依据录音整理成初稿,由我反复修改,一篇论文就诞生了。"

环视他的书屋,里面满满排列着五架书,连吊柜和地面也堆满了书。临窗的写字台上卷帙积案,昭明了主人的喜好。他有一幅"知己书屋"的斋名横幅,却因书籍过多而无法挂出。

采访手记

想象中的陈育宁校友应该神情严肃、不苟言笑,眼前的他却是如

2019年10月28日，档案馆口述档案采访工作人员与陈育宁（左二）合影

此亲切随和、平易近人，无形中，我们忘记了跟他只是初次相识，恍惚间，他仿佛是正在倾吐心扉的知心朋友。近两个小时的采访，我们无所不谈。学习、就业、工作、生活……我们被他渊博的学识、高尚的人格、丰富的人生阅历所深深感染。

他曾是学术单位的领导人、曾是主政一方的官员、曾是大学的管理者……将西部、民族史学家、行政官员、教育专家等词串联在一起，我们可以大体勾勒出他的人生轨迹。在各种不同的岗位上，他始终能干一行、爱一行、钻一行，兢兢业业，勤勤恳恳，以最大的热情投入工作中，并取得了许多成果。谈及所获得的各种荣誉的时候，他说："非常高兴能够获得'北京大学优秀校友'这个称号，自己非常珍惜这个荣誉。"我们看到了他满脸的幸福。在我们苦苦追问和搜寻北大精神的过程中，我们一直在思考什么是北大精神，而陈育宁校友的一切不就是对北大精神的一个鲜活注解吗？随遇而安，默默奉献，到哪里都能发光放热。

他喜欢以青年为友，关心青年、聆听青年、帮助青年；青年人喜欢他，愿意亲近他，向他敞开内心世界，他以不凡的学识和独特的人格魅力使青年学子深深折服。采访过程中，他会关切地询问我们在校的学习、生活情况，他的朴实、他的亲切，让我们心中涌起暖流。

归程中，窗外是一片望不到边的戈壁沙漠，但我们依然看见一片大有可为的人生舞台。此时距春天还远，但浮现于我们脑海中的却是美丽的绿洲：思想的绿洲、事业的绿洲、人生的绿洲……脑海中，依然回味着陈育宁校友对北大学子的殷切寄语："北大人不要背上北大的包袱，放下包袱才愈加像北大人。人才是实践中培养的，才干是实践中磨炼出来的。路在自己脚下。在实践中践行北大精神，才无愧于北大人的称号。"

（此文登载于北京大学团委编的《西部放歌》，
2010年由北京大学出版社出版）

付森根

  付森根，1936年10月出生，江西南城人，曾任宁夏大学化学系无机教研组组长、系务委员会委员。1958年毕业于北京大学，同年到宁夏医学院化学系担任教师，参与了宁夏医学院的筹建工作。1960年，调至宁夏大学化学系任教。1977年，离开宁夏大学，到香港从商。

记者：请您简要介绍一下自己和来宁夏大学以后的主要教学活动。

付森根（以下简称付）：我叫付森根，出生在江西南昌，从小就在上海长大，中学在上海上的，1954年考到北京大学，1958年毕业。

1958年10月初来到宁夏，那个时候因为宁夏要成立自治区，要办大学，所以到全国去聘请教师。我毕业了以后，就分配到这儿了。刚来的时候，就到（宁夏）医学院教普通化学，就是最基础的化学，1960年的时候要成立宁夏大学，那个时候，宁夏大学是一个师范大学，就把我调过来在宁夏大学当教师，这一教就从1960年一直教到1977年。其间都在无机化学教研组，开始呢，我只是一个年轻的教师，后来逐步成熟了，就当了无机化学教研组的组长。

记者：请问您在宁夏大学工作期间，对哪些事情印象较为深刻？

付：南方来的老师不会生炉子，我同宿舍的那个人是北方人，他会生。但是某一天，他出差了，也没有告诉我炉子怎么去管理，头一晚还好，到第二天早上起来冷死了，因为一晚上炭都烧完了。第二天我就变聪明了，放了一炉子的煤，然后呢，就把烟囱全部拿开了，那不就等于自杀吗？第二天早上，我昏迷没有醒，那是个礼拜天。只开两餐饭，我到十点钟的时候还没去吃饭，我们的教研组长王力行老师，他关心我。怎么付森根还没来吃饭？就去敲我的门。那个时候，我是半昏迷的状态，下床时一下子就摔到地上了，因为缺氧嘛，腿没有力气，爬到门口以后，把门一打开，吸了氧气，我活过来了。

还有一件事情，就是在备战备荒的时候，我们跟苏联关系已经紧张了，在那个时候的国内，自己要做武器、做手榴弹，宁夏大学就组织了一个组，在永宁自己做土手榴弹。那个时候呢，我们有一个研制小组，夏宗建副校长与我们一起去的，还有其他好多同学一起去做。因为那个里面引爆的药物是一个高度危险的东西，所以呢，做手榴弹全（宁夏）自治区各个县市，几乎都有出事、受伤的，甚至于生命伤害的都有，唯独我们在永宁做成了手榴弹，试验成功以后，任务完成了，我们没有任何一个人受过伤，没有出现过事故。我跟夏老师和其他几个人，做得非常的谨慎，要不然的话是很可能要出事故的。

记者：请您谈谈当时实验课的开设情况。

付：教学方面，因为初来的时候，我在那个课程方面，做了一些准备。另外，就是来了以后，宁夏大学的图书馆藏书还是不少的，那个时候宁大经费在买书上面还是可以的，所以我在教第一门课的时候，没有发生太大的困难，还有实验的仪器也还是比较充分的。因为无机化学不用很多仪器，都是瓶瓶罐罐的一些玻璃东西，所以也没有感觉到有什么缺乏。对于整个无机化学的教学，我印象里面没有什么大的困难。但是后来进入物理化学阶段就不同了，它需要很多仪器，那个时候我不是教物理化学的，物理化学开课有一段时间缺老师，我就帮助物理化学主讲老师去开实验课，那时候就遇到了比较多的困难，简直没法安排大学实验书里边安排的那些课程。因为没有仪器，仪器设备不够，我是去了以后才知道没有，等到再买来都晚了。那个时候确实困难，明明要做的实验没办法做，所以学生在物理化学这门课上基础就差了。

记者：看到学校发展这么快，取得的成就也令人瞩目，请问您有什么感想？

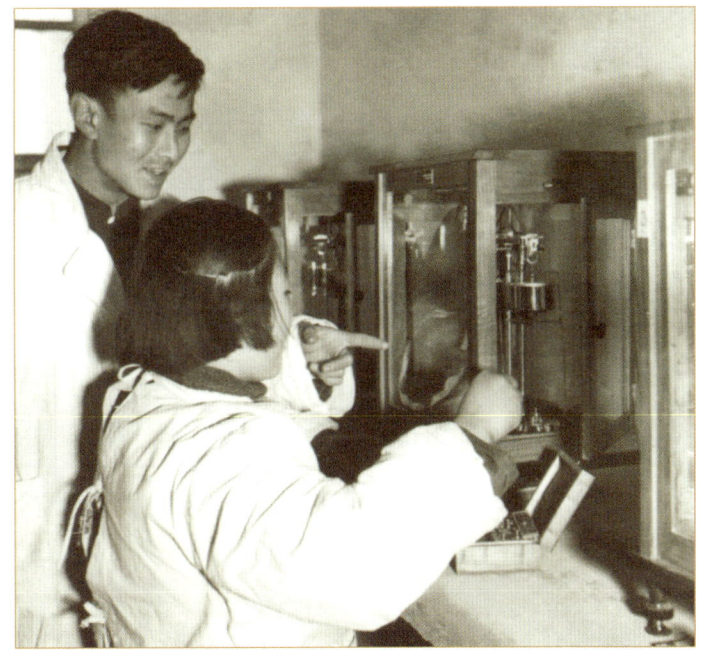

1962年，付森根（左一）指导学生做实验

付：现在呢，我这一对比啊，就感觉到现在宁夏大学跟我们最初那个几乎是荒野的情况比起来，无论是从校容上，还是从实质上的人才培养方面，那都完全不一样了。我觉得啊，我们作为最早来的人，看到这个，说实话，从内心感觉到开心。

宁夏大学发展起来了，现在有很多的科目已经到了先进的地位，而且现在的宁大，是中国的"211工程"重点大学之一，学校从无到有，看了以后，确实从内心里感到开心。

记者：请问您对学校的发展有什么期许和建议？

付：希望宁夏大学重视人才。一个国家能否兴旺，关键问题在于人，宁大是一个培养人的地方，所以我觉得一定要重视老师和学生。老师也好，学生也好，重视人才，给他们机会，让他们有发挥的空间。培养老师也好，培养学生也好，为他们创造学习条件，让他们每个人都有发展的机会。

另外一个呢，我知道有很多宁夏大学的毕业生在国外，现在自己创业成功了，也积累了一定的财富。是不是考虑像国外一样，将来逐步逐步地引导那些企业和取得成就的人，从经济上、社会上等各方面支持学校。学校要想办科研，要进步的话，需要的经费还是很多的，没有很容易成功的科研，科研要消耗很多钱的，但是成功了以后创造的价值是难以衡量的，所以我就觉得学校领导，应该在这方面做工作，想办法吸收外面的学生，对母校做大的捐赠。

付森根：西部拓荒的北大学子

牛露露

付森根1958年毕业于北京大学，服从国家统一分配，同年到宁夏医学院化学系担任教师，参与了宁夏医学院的筹建工作。1960年，他调至宁夏大学化学系任教，讲授普通化学、高等无机化学等课程。他将青春献给了这片土地。数年间，宁大情缘萦绕他的心田。如今，他千里归宁，向我们讲述旧时光里他的那些饶有兴致的故事。

"吃不饱"的艰苦时期

1936年，付森根出生于江西南昌。1958年7月，付森根从北京大学化学系毕业。10月初，他被调到宁夏医学院工作。据他回忆，宁夏医学院初建时，师生们上课的教室、吃饭的食堂都是借用宁夏卫校的房子。当时，付森根担任化学系教师，讲授普通化学，一周要上两堂课。除上课和政治学习外，他把剩下的大部分时间都用来备课、看《化学通报》。

1960年，付森根被派到泾源，每日参加劳动，一直持续了五个月。山区物资极度匮乏，付森根说："在那个时候，我尝到了难以想象的饥饿的滋味。"在山区劳动时，他与当地社员同吃一锅饭。一碗饭清

2019年9月26日，档案馆口述档案采访工作人员与付森根（右二）合影

汤寡水，吃完之后肚子还是空空的。付森根等社员打完之后，吃锅底剩下的饭菜填肚子。

7月，付森根被调至宁夏大学化学系任教。在宁夏大学的日子仍旧艰苦，大家都吃不饱。过年时，两个人可以分上一个肉罐头。一个罐头里的肉，一人一半。如果有馒头，蘸着罐头里的肉汁，那可是美味佳肴。在那段困难时期，吃饭问题困扰着每一个人。

20世纪六七十年代，全国进入备战、备荒时期，上级决定自己研发制造手榴弹。宁夏大学为此组建了一支队伍，付森根也参与其中。这项工作有危险性，付森根负责运送引爆器，这是危险性最高的环节。在整个过程中，他没出现过一次差错，保障了整个团队的安全。

擅长英语的化学教师

1960年，付森根来到宁夏大学化学系任教。当时，宁夏大学已迁入西大滩，周围是一片沙漠。这里只有一辆公共汽车，两小时一班。搬入新校址的宁夏大学多是平房，最高的楼房也只有三四层。化学教研组在三楼办公。化学系有12个老师，主要是从北京师范大学来的一批青年教师。一个班有25个学生，学生来源一是宁夏各个县市的中学毕业生，另外是外地支援宁夏的家属子女。宁大为国家培养出了国家首席科学家、航天设计师等优秀人才。

最初，宁夏大学化学系开设无机化学、分析化学、有机化学等课程，后期陆续开设物理化学、物质结构等理论性较强的课程。与理论课相比，实验课的讲授十分困难。初期，实验室里只有玻璃仪器，很难满足物理化学的实验操作。教师们普遍意识到仪器设备的重要性，就开始动手制作、添加实验仪器。

在教学中，付森根善于引导学生的兴趣。他编写了一本《无机化学》教材，发给学生使用。因为有良好的英语基础，付森根时常会找来一些外国书籍，边阅读边做笔记。他将这些新颖的知识编写在教材中，激起了学生的学习兴趣。他讲的重点往往是学生在书上看不到的，所以对学生很有吸引力。1975年，全国各高校开始编写统一教材。付森根的这份讲义被选中，作为全国无机化学统一教材的参考资料。他在教学上的别出心裁，把越来越多的学生引领进了化学的世界。

当时，宁夏大学教师的宿舍在拐角楼。后来，成家的老师开始在宿舍做饭。拐角楼的走廊就是老师们的厨房，每到吃饭时，走廊里就会香气四溢，楼里充满着烟火气。对于付森根来说，窄小的宿舍却是一个多功能的宝库。由于学校没有专用的办公室，老师们就将宿舍作为备课、办公的场所。学生有问题时，就到宿舍找老师请教。付森根担任教研组组长后，他的宿舍就成了化学系教研组的会议室。除了会议，宿舍还是他享受摄影乐趣的场所。付森根平时喜欢摄影，冲洗照片时，他就将宿舍改造成暗房，别有一番趣味。拐角楼里的这间宿舍，既是办公室，又是摄影暗房，同时还蕴藏着他生活中数不尽的乐趣。

四十二年后，付森根重返这片土地，看着今日的宁夏大学，他感到十分高兴。他对教育充满着热爱。对于明天的宁夏大学，他充满着期盼。"宁大是出人才的地方，宁夏是有人才的地方。"他认为一个国家的兴旺关键在于人，而学校正是育人的地方。他希望高校能够培养人才、重视人才，给他们发展的机会。对此，他向远居海外的宁大学子发出召唤，希望他们能早日学成归来，能积极回馈母校。

（供稿：王翔）

郝德欣

郝德欣，1944年出生，河北深县人，技师。1961年到宁夏大学校办工厂工作，曾任宁夏大学校办工厂技师，分管技术工作。曾带教具参加过两次北京国际教具展览会。在宁夏大学工作期间曾经申请多项专利，多项产品获教育部科研成果奖。教具学生天平荣获全国评比一等奖，郝德欣也荣获自治区科学进步奖和全国发明奖。

记者：请谈谈您和您的同事是如何来到宁夏的？

郝德欣（以下简称郝）：我叫郝德欣，河北深县人，1943年9月10日生。1960年到北京找工作，找的工作单位是"宁夏美术公司"，公司在北京人民大会堂和民族文化宫（附近），做装饰和布展工作。当时由于年轻人参加工作都没有户口和粮食关系，后来吃饭就成了问题，我有户口，但没有粮食关系，要转粮食关系呢，就要背着粮食去交给粮站才能迁移粮食关系，那时家里连饭都没得吃，怎么能背着粮食办迁移粮食关系呢。这样我就和这些同事一起到宁夏来了。

记者：请您谈谈您是怎样到宁夏大学工作的？

郝：1960年4月，宁夏文教厅同志组织我们学习，动员我们当小学老师，但我们都不乐意，后来动员我们考中专，我们都参加了考试，我感觉考的成绩还不错，两三天后公布录取学校，我被录取到永宁农校，当时我们一起的八个人被录取到七个学校，有的当天晚上就要到校报到，下午我们一起由住地农机学校（今自治区人民政府位置）到城里转一转，就准备分手了。在街上正好碰上了文教厅人事处的同志，告诉我们要成立宁夏教学仪器厂，问我们愿不愿意参加，我们都表示愿意，就这样，我们当天没有离开住地。第二天我们搬到新华街住，集中学习了一段时间，准备送我们到沈阳教学仪器厂培训。4月28日，韩自力和庄最清二人带队，由十余名青年组成的第一批宁夏教学仪器厂学员出发了，乘火车经北京于30日到达沈阳。当时给我分配的工种是工具钳工。工具钳工是干什么的？就是做模具、工具、量具、刃具这样一些工作，当然这对我后来的工作是很有帮助的。1961年回银川后，我在师范学院教学仪器厂工作。1962年教学仪器厂下马，宁夏师范学院、宁夏农学院和宁夏医学院合并成立宁夏大学，我留在宁夏大学，之后的工作就是为学校搞一些维修工作，包括修汽车，修食堂的鼓风机、压面机，当然也包括系里边的有些加工工作。

记者：您在宁夏大学曾从事后勤管理与服务，在服务师生等方面做出过许多贡献，请结合您的经历谈谈相关的背景和工作情况。

郝：对我印象深刻的几件事：一件事就是军训。那时候宁夏大学武装部负责军训，我们帮他们用废铝铸造了一个飞机模型，把它挂在那个铁丝上面，供学生军训模拟瞄准运动中的飞机打靶，练习"提前量"打飞机，这是我印象深刻的一件事情。再一件就是自制装饰灯具。当时为了美化环境，学校计划在老办公楼后面喷水池边做四套装饰灯具，学校找到我，我们就用当初的设备和加工工具做灯具，做出来的灯具都不好看。管子的弯制都是用"灌砂子"加热的办法来制作的，由于加热不匀，弯制的角度和弯曲的弧度都不好把握和控制，这可让我发了愁，我就想着怎么能把这个灯具做得又好看又精致？我于是决定采用先制作模具，然后再用模具进行冷弯制管子的方法，这样弯制出来的管子又漂亮又精致，而且弯曲的角度和弧度也一模一样，这样制作出来的灯具都十分好看。另外，比较难忘的就是带学生金工实习。1964年，物理系主任张德澂找到工厂，想让我们安排学生金工实习。经双方商定，我们决定教每个学生做一个水舀子。当时工厂没有做薄铁皮的工具，也没有做水舀子的图样，我们就亲自做咬边的工具，学习画水舀子的"展开图"，用"展开图"做样板，剪好铁皮料折边成型，然后用火烙铁加热锡焊。这次实习总共分四个组，每组八个人，实习时间为一周，四个组共四周。在这几周的实习时间里，每个学生都干劲十足，精神饱满，虽然做的质量有差异，但都认真地完成了任务。

记者：请您讲一下学生天平研制及获奖的事情。

郝：1980年，我负责试制学生天平，解决了一大生产难题——发明了钢刀工艺。在鉴定学生天平期间，我总结出了"天平性能检测三步鉴定法"。1981年，我参加了全国学生天平联合设计，和多位专家一起研究学生天平的结构，那个时候每天晚上睡觉都在想着设计的问题，想着怎么能够设计得更加合理。在我和各位专家的共同努力下，天平设计的图纸雏形很快就出来了。在图纸设计完成后，全国各

1986年，郝德欣在工作中

教学仪器厂便开始了按统一设计学生天平的制作工作。我们联合设计的学生天平，荣获1986年"全国普教仪器优秀研究成果"三等奖。1983年为检验成果，教育部举办了全国学生天平质量评比，我代表宁夏大学参加了此次评比，而我主持制作的学生天平在此次评比中获得了全国第一名的好成绩。

1990年8月，我代表宁夏大学带着学生天平、力矩盘和匀速圆周运动投影器，参加了在北京举办的第二届北京国际教育展览会。在展览会上，我亲自制作的学生天平和力矩盘展品被阿拉伯联合酋长国商人以高于售价三倍的价格用"兑换券"买走。在参加展会期间，我还作为宁夏唯一的代表，参加了国家教委在北京鼓楼小石桥胡同竹园宾馆举办的招待晚宴。

记者：请问您对宁夏大学未来的发展有什么期许？

郝：祝宁夏大学越办越好，为自治区甚至全国培养更多高质量的人才。

郝德欣：一个热爱发明的人

于晨曦

郝德欣老师是一个热爱发明的人，他在宁夏大学工作期间，有很多发明和创新，还申请了多项专利，主持研制生产的多项产品获得教育部科研成果奖，他本人也因此获得自治区科技进步奖和全国发明奖，为宁夏大学争得了荣誉。1992年，他被国家技术监督局聘为"全国教学仪器标准化技术委员会第二届委员会力学和热学分委会委员"，多次参加全国教学仪器的标准制定和研讨会。

用一生追求发明创新

1961年郝德欣从沈阳学习回来，到宁夏师范学院教学仪器厂工作，从事教学仪器的生产，他不仅自己做得又快又好，还做了兼职的质检员。1962年深秋，虽然教学仪器厂下马了，但他由于工作出色，被组织决定留校工作。在1962年到1970年这一段时间，他的工作主要是做一些校内维修工作。其间有几件事令他记忆深刻：其一是为学生军训制作飞机模型，其二是自制老办公楼后面喷水池四周的装饰灯，其三是带领物理系学生金工实习，其四是为学校做维修工作。这些工作头绪繁多，技术含量也高，但他有求必应，而且都出色地完成了任务。

1991年10月25日，郝德欣在第六届全国发明展览会获铜牌发明奖时留影

　　1970年，数学系成立机电车间，郝德欣老师参与引进储能式点焊机和落地式砂轮机，并为这两个产品的正常生产做了很多创造性的工作。1978年以后，机电车间开始转向生产教学仪器，1980年机电车间和晶体管车间合并，成立宁夏大学实验工厂，郝德欣负责技术工作。他参加了学生天平从仿制到通过鉴定的全过程，还参加了学生天平联合设计、全国学生天平质量评比、北京国际教具展览会展览。他主持研制的匀速圆周运动投影器被评为自治区科技进步奖、全国发明奖、国家教委研究成果奖。1996年退休后，他又申请了九项专利，其中有在学校返聘期间以学校名义申请的"安装双层玻璃型材结构"和"防盗用推拉窗限位器"两项专利，当时的校领导也多次对他的工作给予表扬和肯定。

创造条件搞发明

20世纪60年代初，校办工厂经历了从成立教学仪器厂到下马的过程，从最初的30多个工人到只剩下2个人，从生产教学仪器到给校内负责维修工作，其间变化非常大。那个时候没有生产任务，就等"送货上门"，但郝德欣老师不是这样做的。

那个时候校办工厂只有两间平房，工厂只有一台皮带车床，一个钳工案子，一台电焊机，还有一个台式钻床，机械加工条件很差，当时来要求加工或修理的人有各式各样的要求，郝老师没条件也要创造条件千方百计想办法解决用户的需求。

土法制造飞机模型。校武装部为了配合学生军训瞄准打飞机的要求，要校办工厂仿作一个飞机模型，郝老师他们就用一段粗钢管焊上底在取暖用的大火炉上加热融化铝，温度达不到就用鼓风机吹炉火升温。事先做一个木制飞机模型，再用"翻砂"的办法铸造出铝的飞机模型。然后在一个空场竖起两根高高的杆子，中间拉上八号铅丝，飞机模型挂在铅丝上，并在两端拴上细钢丝，钢丝在杆子两端经滑轮和手柄处的滑轮连接，转动手柄"飞机"可做匀速水平运动，供学生军训模拟瞄准运动中的飞机打靶，练习"提前量"打飞机。这一直观的训练方法，受到参训师生和军训教官的好评。

自制装饰灯具。当时为了美化环境，学校计划在老办公楼后面喷水池边做四套装饰灯具，学校找到郝德欣老师，他们用当初的设备和加工工具制作出来的灯具都不好看，他决定采用先制作模具、然后再用模具进行冷弯制管子的方法，这样弯制出来的管子又漂亮又精致，而且弯曲的角度和弧度一模一样，这样制作出来的灯具都十分好看。除了在办公楼后面的喷水池四周的灯具制造上采取这种方法外，之后，他在篮球场的灯具制作和学生宿舍的双层床制作方面也都使用了这种方法。

带学生金工实习。1964年物理系主任张德澂找到工厂,想让郝老师他们安排学生金工实习。经双方商定,决定教每个学生做一个水舀子。这次实习总共分四个组,每组八个人,实习时间为一周,四个组共四周。在这一周的实习时间中,由于郝老师引导有方,每个学生都干劲十足,精神饱满,虽然做的质量有差异,但都认真地完成了任务。

修大轿车刻骨铭心。1963年夏季的一天,开大轿车的王兴仁师傅让郝老师固定车内装饰板,那个年代还没有柏油马路,车一开就颠簸得厉害,车内装饰板的固定螺丝经常掉,拧过不久就又滑落了。由于王师傅的车要接人,时间紧,郝老师用手电钻在齐胸的位置钻较大的孔,手用不上劲儿,就踮着脚用胸部顶着手电钻钻孔。事后感觉胸部疼痛,以为是胸部出现了问题,到新城工人医院做胸透检查,没有发现问题,过了一周还是胸痛,医生确诊为胸肌劳损,这一痛整整折磨了他10年,一直到1973年才彻底好了。郝老师觉得集体利益最重要,对自己的疼痛不以为意。

为食堂革新作贡献

1964年,"学生食堂开展技术革新,在后勤职工赵桂富、郝德欣等同志的帮助下,自己动手,利用废料制造送饭车六辆,改造蒸汽锅两口,给学校节约了资金,特别是节煤54吨"。上述记载是在《宁夏大学五十年》第65页的一段话。郝老师说:"我拿到这本书已有十二个年头了,但我看到此书,记有我们的事迹是去年底才看到的,回想当年不但为学生食堂制造了送饭车和蒸汽锅,还给食堂加工了二十多层笼屉和笼屉专用推车两辆。将多层笼屉摞在一起,放在推车上,推车下面的轮子在铁轨上移动,推进蒸汽房蒸馒头或米饭(先煮后蒸),推进或拉出都十分方便。"

开始做的笼屉样品,笼屉底是用整张铝板做的,除了剪裁外,还要在铝板上钻很多孔，十分费力，而且钻的孔也不圆，还有毛刺。他就想如何改进，突然想到用铝丝编织取代铝板，电工房有一批高压用的废铝电线，拆成单根后编织成网可试一试。当时有人反对，说铝线有毒，他根据常识进行反驳："铝板为了增加硬度和光泽等，在铝中可能添加其他金属，但铝电线不会，因为铝本身导电很好，不会添加其他金属，而铝的强度不高，所以在多股高压线的中间一股用的是钢丝。"经他多次解释后，才消除了人们的顾虑。结果用废铝丝编织的笼屉，不但节约了经费，还特别好用，获得了用户好评。

潜心研制天平和匀速圆周运动投影器

郝老师说："我这个人就是犟，想不通我就一直想，晚上躺在床上也在想，想不出来就睡不着。"说起学生天平，他在骄傲的同时，也不由得发出感慨，说起了当初试制学生天平的往事。1980年，他负责试制学生天平，解决了一大生产难题——发明了钢刀工艺。在学生天平鉴定期间，在他和各位专家的共同努力下，天平设计的图纸雏形很快就出来了，在图纸设计完成后，全国各教学仪器厂便开始了统一设计学生天平的制作工作。联合设计的这个学生天平，荣获1986年"全国普教仪器优秀研究成果"三等奖。1983年为检验成果，教育部举办了全国学生天平质量评比，他代表宁夏大学参加了此次评比，而他主持制作的学生天平在此次评比中获得第一名。当时在评比现场，他一直认真注视着检测过程，当检验人员检测到宁夏大学实验工厂生产的学生天平时，他突然发现检验人员读错了一个数值，于是立刻对检验人员的读数提出质疑，检验人员在复检中发现自己的读数错误，就立刻纠正并报出了正确的读数。事后他这样说道："天平是一个精细的计量器具，任何一个步骤都不能出问题，哪怕是出现一个错误的读数，也会对最终的结果产生极大的影响。如果没有及时纠正那个错误读数，质量肯定不合格了，就算后面重新检测，那我们的天平也得不了第一名。"正是由于他的严谨和对自己制作的学生天平的自信让这次评比有惊无险，最终在质量评比中获得全国第一名的好成绩。1990年8月，他代表宁夏大学带着学生天平、力矩盘和匀速圆周运动投影器，参加了在北京举办的第二届北京国际教育展览会。

匀速圆周运动投影器是他的又一力作，其结构十分复杂，加工难度之大，是难以想象的。为了显示"匀速圆周运动的投影是简谐振动"，他设计成在做匀速圆周运动的圆盘上的一个点和指针、发光管、摆球做同步简谐振动，并用画笔在匀速移动的纸上画出振动的曲线，供测量数值与计算的理论数值作对比，误差均在3%以内。实验中直观，原理也容易理解。

郝德欣于1990年携带该研究成果参加了在西安举办的第六届全国发明展览会，获得全国发明铜牌奖。由于该研究成果设计独特，结构新颖，经济效益显著，被评为自治区科学进步奖，并于1992年被国家教育委员会评为第二届基础教育教学仪器优秀研究成果三等奖。因为他在力学方面的突出贡献，在1991年时被聘为《教学仪器维修大全》编辑委员会委员，其中第二册第三篇第一章《力学》，收入其撰写的《演示力矩盘》；第二章《振动和波、热学》中收录了他的作品《匀速圆周运动投影器》，仪器的图片都是他亲自动手画上去的。

退休后依旧专注发明创新

技术发明永无止境，正是这样的精神始终推动着他不断前进。无论是在生活之中还是在工作之中，他都保持着自己的初心，始终不忘坚持创新，哪怕退休之后也一直在动脑筋，让生活变得更加舒适美好。在工作中，他发明新的工作方法，在新的领域发明新的产品，在退休后也没有停下自己的脚步，先后申请了九项专利。其中还包含2001年他被学校返聘期间，以学校名义申请的"安装双层玻璃型材结构"和"防盗用推拉窗限位器"两项专利，还包括"卫生间和厨房独立排气排水装置"等五项专利。其中卫生间和厨房独立排气产品的样品，还通过了自治区住房和城乡建设厅新产品的鉴定和推广认证以及编制建设标准图集等工作。

说起心爱的发明，郝老师的一段精辟论述，让我们醍醐灌顶，茅塞顿开！他说："发明来源于工作，发明来源于生活，发明来源于我们周边的事。发现了问题就是发明的开始，思考解决问题的办法，就是发明的过程，发明就在我们的身边。"接着他又进一步说："发明创新，不但要有热情和毅力，还要有知识的沉淀和经验的积累。发明就是创新，不断向前进。"

郝德欣老师就是这样一个不断追求创新的人，一个热爱发明的人。他的这种不断创新的理念和精益求精的工匠精神，值得我们每一个宁大人去学习。

（供稿：褚文娜）

华世献

　　华世献，1935年11月出生，河南唐河县人，中共党员。1958年毕业于甘肃农业机械化学校，同年到宁夏农学院（现宁夏大学）工作。曾任宁夏大学计财处副处长等职务。1992年退休。

记者：请谈谈您在宁夏大学的主要工作经历。

华世献（以下简称华）：我叫华世献，河南唐河县人，1955年考入甘肃省农业机械化学校农业企业会计核算专业，1958年毕业。

1956年7月25日加入中国共产党，毕业后就留到宁夏农学院（今宁夏大学）人事处任干事，中间有半年，银川市委组织部抽调三所大学的人事干部审干，把我也抽去了。1983年宁夏大学成立计划财务处时任命我（为）主持计划财务处工作的副处长，一直干了十六年。

当时计财处（下辖）财务科、计划科、物资科、校办工厂和印刷厂五个单位。我到财务科当科长时，财务科只有五个人，当时（学校）的经费大概（一年）不到1000万，现在估计都超过亿了。那时候宁大是全额预算事业单位，按照事业单位计划拨经费，事业计划就是根据在校学生人数和一个学生一年经费进行预算。中间如果有特殊估值、特殊需要，再给你拨专款，但是金额很少。那时候经费不多，困难得很，那叫"吃饭财政"。所以当时我写了几篇论文，现在你叫我写，我写不出来了。主题内容就是怎么节约、增收，怎样把钱用到刀刃上。

记者：请谈谈当时学校教师、职工、学生工作和生活的基本状况。

华：现在的那个校址（现银川市西夏区怀远校区），（当年建造的）就剩一个拐角楼了。当时学校都是沙丘包着，现在幼儿园那个位置，以前是个渠沟、小河，脏水都从那边流过，一到夏天都是蚊子，那是个臭水湖。我们老两口，我跟你讲实在的，睡的窑洞还不到一间，两张床一放，就只能放个凳子，吃饭火炉就在床头，人都坐不下。那时候困难，胡萝卜三毛钱一斤都贵的不行了，我们买了三十几斤（胡萝卜）放到小红楼后边的那个沙堆里面，一夜之间，动物跑出来都给我们吃光了。

那时确实困难，没有路，就有一个二路公交车，路上有沙堆，有时候车到了那边出不来。宁夏这个地方，那个时候确实落后，荒凉得很。

记者：请问您在宁夏大学工作期间，对学校哪些工作印象较为深刻？

华：因为都是手工作业，我记得那个时候，到月底了账不平，为了一分钱，收支不平衡，折腾了三天三夜。可能在专业上也不是很了解，（我的同事）手工打算盘怎么打都错，最后我给打出来了。好像在付款那里差一分钱，用算盘口诀应该是七上二去五进一，他搞成七上三去五进一了，所以他怎么打都是差了一分钱。为了这一分钱，我折腾了三天三夜没有睡觉。他因为口诀背错，所以打不出来，不是账记错了。

记者：您认为宁夏大学对宁夏有哪些主要贡献？

华：宁大现在成了宁夏的一所老大学了。宁夏各县市的建设与发展，大部分都离不开宁夏大学的学生。许多领导干部、骨干、人才也是宁夏大学毕业的学生。我希望宁大越办越好，给国家培养更多的有用人才。

漫漫人生

华世献

1958年,在宁夏回族自治区成立的同时,在银川农机学校、银川师范学校和银川卫生学校基础上成立了宁夏农学院、宁夏师范学院、宁夏医学院。我在农机学校学业三年期满毕业,当时学校宣布让我留校筹建农机学校实验工厂。不久银川市委组织部组建"审干办公室",从宁夏三所大学各抽调一名党员干部参加。我代表农学院参与了此项工作,主要负责查阅档案、外出调查等工作。半年后审干结束,我回到农学院人事室工作。

宁夏农学院成立时,只有农学系、畜牧系、林学系,教职工不到百人。教师、干部来自全国各地,只有几名本地炊事员,师资力量不足,教学设施简陋,办学条件较差,全是白手起家。当时宁夏没有几所中学,没有高中部,因此生源不足。1959年宁夏农学院到河南省招收了一批应届高中毕业生,用以补充生源。

1961年年底,三所学院合并成立了宁夏大学,校址定在师范学院的新建校址,农学院搬迁至新市区。当时学校有一座办公教学二层楼和一座现在仍然保存着的三层拐角楼,校园里还有一些破烂不堪的红砖土楼和几排平房窑洞,教学居住条件都很艰难。外部环境更是如此,四周是荒漠沙滩和盐碱滩,没有人烟也没有道路,风刮起来飞沙走石,天昏地暗。当时到银川老城办事，需步行经飞机场、西花园，然后翻铁路再乘1路公共汽车，出行非常不便。

虽然环境恶劣，但全校职工充满希望和信心，团结一致，同心同德，战天斗地，克服了教学和生活中的重重困难。当时学校规定每个星期六是教职工建校劳动日，推小车，挖沙丘，植树造林，绿化校园，教职工们不辞辛苦，年复一年，为校园建设不遗余力。校园里的每一寸土地，都浸透了教职工们的汗水。

1968年，华世献（右一）父子在宁夏大学合影

我在宁夏大学参加工作，又在宁夏大学退休。做人事工作18年，做财务工作17年，几十年如一日，坚定信仰，发愤图强，艰苦奋斗，勤奋敬业，廉洁奉公，作风正派，为人正直，平凡而不平庸，廉洁而清贫地度过了数十年。虽然艰苦，但无怨无悔，一生的心血汗水全奉献给了宁夏大学，在宁大生根开花。如今，每当我走进宁大校园，看到满眼的教学高楼，宽敞亮堂的图书馆大楼、国际交流中心，我都非常兴奋。走在宽阔平坦洁净的马路上，闻到林荫大道上漫出的花草清香，我觉得特别甜蜜。听到青年学生在湖边朗诵的声音，深为是宁大人感到愉悦和自豪。我非常怀念当年和老一辈宁大人一起挥锹拉沙土、平整校园、植树造林、绿化校园忙碌而又美好的场景。创建宁大的教职工，他们中的很多人受过千辛万苦、流过血、淌过汗却没能看到今天学校发展的美好变化，我为他们惋惜。他们为创建宁夏大学，立下了不朽的功勋，我们将永远铭记他们，他们也将永远在宁夏大学的史册中绽放最耀眼的光芒。

（供稿：马海龙）

我的父亲

华朝阳

父爱如山,执着坚定;父爱如海,浩瀚博大。有一种爱,身为儿女的我们时常忽略了它的存在,但它却从不曾离去。这样的爱,人称父爱。我的父亲华世献,他像水一样,遇到障碍则气势更大,遇到挫折则更加坚强。父亲经常教育我做人的道理,他曾告诉我:"人,一定要坚持自己的理想,不管有多苦,有多累。"从此,让我学会了做任何事都要坚持到底。

父亲是一个勤奋好学、意志坚强、性格倔强的人。在上中学时,虽家境贫寒,无力供养,但他丝毫没有因为穷而终止学业,仅靠学校每月的几元助学金维持生活,在艰苦的环境和条件下,通过不懈的努力学习,最终以优异成绩从河南老家农村考到甘肃省农业机械化学校会计核算专业,成为一名光荣的财会工作者。他常对我说:"艰苦的环境,可以磨炼人,铸就人的坚强意志。"父亲经常教育我:"人生一世的时间是短暂的,品德是永存的,要做一个有理想、有志气、有道德修养,守信正直,能吃苦耐劳,肯吃亏、受人尊重的人。"老人家的金玉良言我一直铭记在心。生活中父亲对我们的要求非常严格,当你做了错事时,他总是用严厉的目光看着你,直到你知错为止。他往往采用正面教育,让你心服口服,毫无怨气。

父亲自1958年宁夏大学成立到退休，一直在宁夏大学工作。早期在人事处工作18年，他严格要求自己，勤奋敬业，作风正派，为人正直，吃苦耐劳，公正廉洁。父亲不以权谋私的高尚品德和作风，深受校领导的信任和教职工们的好评，多次被评为先进模范工作者。

1977年，华世献（中排右一）父子合影

父亲在财务科和计财处工作的16年间，认真履行职责，勇于坚持原则和遵守财务制度，求真务实，加强管理。他带领财务科人员紧紧围绕每年度的财务工作思路，不断夯实工作基础，规范业务流程，创新财务管理方法，改革财务管理体制，着力强化平稳，受控运行，通过"严格、扎实、细致、周密"的工作，为全面完成宁夏大学财务各项指标作出了应有的贡献。同时，也为学校取得了良好的经济效益，受到上级主管部门的肯定和好评。

父亲的敬业精神和对工作认真负责的态度，体现了一个老共产党员的优秀品质和作风。他呕心沥血把毕生精力全部奉献给了宁夏大学，为我树立了光辉的榜样，我要向他学习，不断努力工作，为宁夏大学的改革发展贡献自己的力量。

父亲的一生，是普通而又不平凡的一生，是乐于奉献为党工作的一生，是正直做人、务实做事、勤俭持家、艰苦奋斗的一生。对待工作，他严谨而富有魄力，敢说敢做，言出必行，廉洁奉公，敢于坚持原则。在生活中，因为他有不畏权势的性格，即使在工作中曾受到过不公正的待遇，精神上受到过严重的创伤，但他依然坚定信念，不屈不挠，坚信作为一名共产党员必须全心全意为人民服务，实事求是，不得谋求任何私利和特权，个人利益服从党和人民的利益，坚决同腐败现象做斗争，相信党和人民最终会给自己作出一个公正的评价。父亲这种不畏挫折的生活态度让我敬佩，他是平凡而伟大的父亲，值得我骄傲和自豪。

　　父亲退休后，受外校聘请任教多年，培养了一批批优秀学生，桃李满天下。如今年事已高，但却人老心不老，精力充沛，身体健康，习书绘画，以此养心寄情。夕阳无限好，只是近黄昏。父爱母爱的无私伟大，让我感到父母养育我们的劳苦艰辛。衷心祝愿天下的父母们幸福快乐！更祝愿父母和我辈为之奋斗的宁夏大学百尺竿头，更进一步！

（供稿：陆为）

纪生荣

纪生荣，1937出生，宁夏中宁县人，中共党员，1965年毕业于宁夏农学院（现宁夏大学），曾任宁夏农学院试验场场长、宁夏农学院总务长等职务，多年从事宁夏农学院农场管理及后勤相关工作，取得了不少工作业绩。1994年被评为高级政工师，1998年退休。

记者：请您谈谈当时学校教职工、学生工作和生活的基本状况。

纪生荣（以下简称纪）：我叫纪生荣，宁夏中宁人，1937年11月出生。

1955年统一考试，我被分配到宁夏永宁农校农学专业，在那里学习了三年，1958年农校毕业，我留校搞教学，结果当时1958年宁夏成立了三所高校，师范学院、医学院、农学院，农学院又因招生不够，领导就下命令要首先保证农学院的生源，所以当时我们这一届农校毕业的30多人，就留在农学院继续上学。

在农学院这三年，基本上头一年没怎么上课，因为当时学校的环境、师资力量和设备都很不完善，再加上遇到一个1958年，当时大跃进，作为全国农业院校的新生，虽然我们还没上专业课，但是学校决定准备1959年要搞这个卫星田。

1960年，我们师范学院的新校址确定就在现在宁夏大学B区（现银川市西夏区怀远校区）那个地方建设，农学院的校址呢，确定在芦花台公社统庄大队，那个西北方向，一个广袤的盐碱滩，在那要建校。

因为师生参加建校劳动，5000平方米的办公楼以及3000平方米

1958年，纪生荣（右一）在宁夏农学院留影

的学生宿舍楼，只有建筑公司去搞；我们学生平整土地、开沟修路就搞了将近一个半月。两个班学生就在西大滩那个地方参加建校劳动。那个地方当时是什么环境呢？一望无边，就是那个大漠荒滩，顶多有个土包就是沙土包，就在那个地方平整，最后平整了1200亩地，修了1952米这么长的渠。渠修完了再修路。当时住的地方是搭的帐篷；吃的那个时候"低标准"生活上也不好。周围没有东西，就是一个广袤的盐碱滩，村庄也不见。银川（宁夏大学）和芦花台之间有一段距离，我们有时候到那里去，要先坐一段火车下去步行，得一个小时才能到那个地方。

我呢，是1962年毕业的。从农学院毕业以后，我被分配到中宁我老家。农学院毕业的学生，当时学校要留十几个人，报到自治区审批，一个都不让留，说下面这些基层非常需要人，宁夏大学不能留这么多人，所以就一个都没有（留），我就仍然要被分配回去。结果，由于学校非常迫切需要，跑区上商量，就是给我们系的一个教授留一个助手，就是这个原因，给那个教授留一个助手，以这个名义我留到了学校。

分配到宁夏大学农学系以后，当时就是当助教，也没有干多长时间，就被调到罗家庄，就是现在的宁夏大学南校区。罗家庄当时是学校的一个实验农场，调到那里去管理学校一个农场，所以这个教师就没有当上。

农场当时那个条件比学校里还艰苦，主要是那边是以稻田为主，还有畜牧队，畜牧队养的猪啊奶牛啊等种畜，就供畜牧系实验用。农学系呢，旱田比较少，主要是湖，大约1200亩地的样子，范围还是很大的。

在这里大约干了有5年，"文化大革命"开始了，一直到1972年宁夏大学和农学院又分开了，这个时候呢，我就要回到农学院那边去。

1972年招收的（新生），我就给农学班当班主任，教学工作也没有搞多少，当时搞些训练班，就是为平罗啊中卫啊这些点上去训练班去讲课，在学校是主讲老师画图标，我帮助带实验课，就搞这么些教学工作，一直到1976年。

1983年4月份，我到学校总务处当总务长，就是管后勤的这个岗位，这一干就是15年，直到退休。

我总结我这一生呢，没有干什么轰轰烈烈的事情，但是我平平稳稳地做事，组织上的工作我都是尽力去完成，没有发生什么大的事情。再一个体会呢，就是，我从小学、中学到大学想当老师，就我这个老师也没当成，干了别的了。

第三个体会是，在当时这个环境条件下，大家坚持下来，把这个学校发展到现在这么一个状况，一代接一代，的确很不容易。

记者：您对学校未来的发展有什么期许？

纪：现在宁夏大学是国家"211工程"重点建设高校，去年校庆的时候我也来了，一进宁夏大学这个校门，哎呀，感觉到那个时候的学校和现在相差十万八千里。现在学校领导好，学科好，门类也很多，咱们培养的学生呢，遍布宁夏地区甚至其他各省，所以我希望宁大通过"211"高校这个成绩，把学校办得越来越好。

未曾凋谢的韶华
——致敬我的爷爷纪生荣

纪静雯

我的爷爷纪生荣，将朴实无华的一生献给了宁夏的教育事业，曾经的感动与喜悦，犹如夜空中的星光璀璨恒久。

1937年，爷爷出生在宁夏中宁县一个农民家庭。1952年8月，他怀揣着站上三尺讲台的梦想，踏上了漫长的求学之路，只身前往距家百多里的中卫上中学，三年后，经统考考到永宁农校继续求学。

1958年9月15日，刚刚创建的宁夏师范学院、宁夏农学院、宁夏医学院三所院校在卫生学校礼堂宣布成立并举行了开学典礼，结束了宁夏没有高等院校的历史，我区的高等教育开始起步。宁夏农学院刚成立时，批准设立农学系、畜牧系、水利系3个系（专业），当年招收了农学、畜牧两个系（专业）各40名学生。由于生源不足，爷爷辗转到宁夏农学院求学。

1959年1月，按照当时学院修订的教学计划，全年实行"一、三、八"的时间分配计划，即休假一个月，劳动三个月，上课八个月。当时学校各方面条件都很欠缺，教师大多数是来自北京农业大学、长春解放军兽医大学、北京林学院等院校的支援团队，教学设备很不完善，学生和老师只能睡地铺，每次化学实验课都要到卫校去上课。

1960年，宁夏农学院的芦花台新校址还处在一片荒滩上，交通不便，周围也没有村庄。当时新校舍只有一幢5000平方米的教学楼和3000平方米的宿舍楼，教学楼只建成了一半，宿舍楼也只完成了主体建筑。更为紧迫的是，校办农场的开荒造田任务也只能由全体师生承担。从学院到校办农场没有交通工具，需要从银川火车站坐一站火车再步行一个多小时才能到达。4月3日，全院师生230多人进驻芦花台新校址，搭帐篷，砌炉灶，风餐露宿，用铁锹、背斗（当时连架子车都没有）开荒造田、修渠挖沟。经过艰苦卓绝的劳动，开辟土地1200亩，修渠1952米，并播种了高粱、马铃薯及部分蔬菜共400亩，为现场教学和改善师生生活创造了条件。那时的生活条件虽很艰苦，但师生们却饱含激情，吃的是蘸着兑了水的酱油馒头，住的是漏雨漏风的帐篷。尽管如此，大家都没有一点怨言，按期完成了部分建校劳动任务，经受住了艰苦的锻炼和考验。

1961年2月，爷爷光荣加入中国共产党。年末，三所院校合并成立宁夏大学，农学院只保留了农学系和畜牧系。

1962年7月，宁夏首届大学毕业生典礼大会在宁夏师范学院召开，农学院农学专业毕业的爷爷和其他57名毕业生参加了典礼大会。9月，宁夏大学获批正式成立，宁夏农学院并入宁夏大学后，农机专业和林学专业相继撤销停办。经学校研究，爷爷被纳入农学系遗传育种教研组，给陈秀夫教授当科研助手，负责系里育种实验课教学。爷爷终于走上了梦想中的讲台。愿得韶华刹那，开得满树芳华。一支粉笔两袖清风，在三尺讲台辛勤耕耘的日子持续了3年。

1965年，宁夏大学教学实验农场为了保障教学基地的正常运转，按照组织安排，爷爷来到实验农场负责农场全面管理及生产工作。实验农场地处银川郊区，在西门外罗家庄，面积1700亩，大部分为芦苇湖，旱地不到百亩，500多亩水稻地，分农业队和畜牧队，畜牧队养猪、养奶牛，种畜供教学用。

1969年10月，宁夏大学革委会研究并向上级报告，提出拟在永宁县设立宁夏大学分校，把宁夏大学农学系、畜牧系两系迁到永宁县，同永宁农校合并。1970年1月，自治区革委会决定成立宁夏大学分校，学校与永宁农校合并，改称宁夏大学第一分校。1971年，宁夏大学第一分校的师生迁至永宁王太堡原永宁农校。几经波折，自治区党委1971年11月25日下发了《全区教育工作会议纪要》，根据全国教育工作会议对高等院校调整的意见，我区设置三所大学，即宁夏大学、宁夏医学院、新增宁夏农学院。1972年确定宁夏农学院设农学系、畜牧兽医系、园林系、农机系四个系。同年，爷爷从罗家庄回到永宁王太堡，在宁夏农学院农学系担任1972级的班主任及教学工作，直至1972年宁夏农学院重新建立，至此，宁夏农学院在原永宁农校简陋的校址上开始恢复。

1976年5月，爷爷又被调到宁夏农学院实验农场任副场长。那时，农场有土地1100亩，果园100亩。主要任务是开展教学、科研服务并繁殖育种。农场属于事业单位，企业管理，独立核算，自负盈亏。爷爷清晰地记得，5月16日刚到农场，就面临水稻插秧告急，当时100多亩水稻地还未犁，为抢抓农时，动员全场职工，运肥翻地，放水插秧，忙完这100多亩水稻田，又发现近百亩高粱因播种太深出不了苗，近200亩玉米因播种太浅缺水也出不了苗，农场领导和专家商量后决定重新播种高粱，但是因时间未来得及，玉米地只能浇水催苗，出苗后卡苗，只好再用人手动松土。

爷爷回想起农场工作的15年时，感叹道："虽然当时农场条件差，工作环境艰苦、任务重、责任大，但是我从不后悔，一切听从组织安排，哪里需要就到哪里去。"

1983年，正在农场带领毕业生的爷爷被通知前往后勤处报到，全面负责后勤工作。后勤工作为教学、科研、师生及职工的学习生活服务，覆盖面广，比较繁杂，在当时物质条件匮乏的情况下，唯一的出路只有改革！

1985年，中共中央《关于教育体制改革决定》中提出高等学校后勤服务工作要实现后勤工作社会化。宁夏农学院地处农村办学，后勤工作量相当大，学校办学经费紧张，投入后勤的经费十分有限，加之1978年以后学院办学规模不断扩大，使得发展步履维艰。为了适应学院发展的需要，后勤工作成为当时学院工作的重点和难点，学院同时选拔了包括爷爷在内的几位得力干部充实到后勤工作中。

1984年，后勤处大胆提出后勤工作改革方案，将学院后勤工作分为管理型、经营型和服务型三种模式运行，并选择了锅炉房和食堂进行试点。经过一年的改革工作，取得了成功经验和良好的效益，此后又通过几年的改革，后勤工作取得了长足的进步。1990年10月，西北地区高校采暖节能研讨会在宁夏农学院召开，与会的30多所高校代表对宁夏农学院后勤工作改革给予了充分肯定和高度评价。进入90年代后，学院不断完善后勤管理工作的内容和机制，为学院快速发展提供了有力的保障，从而使学院各项工作顺利进行。

1988年春节前夕，爷爷带领后勤处和教务处电教室的同志在院内安装了闭路电视和共用天线，中央电视台和宁夏电视台所有的频道节目，清晰地出现在学校的每一台电视机上，拉近了全校师生和全国各地的距离，丰富了师生的文化生活，改善了师生工作、学习的环境。

后勤工作一干就是15年，直到1998年，爷爷光荣退休。他说："我这一辈子没做什么大事，平平淡淡的一生，但我过得很踏实，问心无愧。"

岁月如水，年华无情，时光在他脸庞留下了沧桑的印记。说起对于家庭的担当，作为丈夫和五个孩子的父亲，从爷爷的言语和神情中，我依稀能感到他老人家的一丝愧疚。由于工作的关系，爷爷和奶奶长期两地分居，很少顾家，本该由爷爷分担的家庭重任，都落在奶奶一人身上。从1962年到1977年的漫长岁月里，奶奶独自照看家庭，不仅

全家福（纪生荣　中排左四）

要赡养双方的老人、抚育儿女，还要参加生产队劳动，日子过得十分辛苦和清贫。爷爷说这辈子最要感谢的人就是奶奶，有了奶奶的默默支持、付出与奉献，才能让他无后顾之忧，一心扑在工作上。

爷爷心中的回忆绵延无尽，没有太多的修饰，朴实无华，只有最真实的情愫，承载着一生的喜怒哀乐，倾诉着岁月，温润了灵魂。

（供稿：翟伟）

作者简介

纪静雯，女，1990年出生，宁夏中宁人。2015年在北京林业大学获得工学硕士学位。现任宁夏农林科学院农业有机合成工程技术研究中心科研助理。

纪生荣：舍小梦圆大梦

马文梅

"我这一辈子没做什么大事，平平淡淡的一生，但我从不后悔，过得很踏实。"这是宁夏农学院教学实验农场原场长纪生荣对自己一生的评价。纪生荣从小就有一个当教师的梦，面临宁夏大学亟待解决各方面发展的问题，纪生荣悄悄地将自己的小梦永久封存。

一切听从组织的安排，是纪生荣的处事风向标，"有志者，事竟成，破釜沉舟，百二秦关终属楚；苦心人，天不负，卧薪尝胆，三千越甲可吞吴"，是他的人生信条。他认为做事一定要有恒心，有毅力，想成功，人要做一个有志者，做一个苦心人。纪生荣看似平平淡淡的一生却体现着宁大人甘愿奉献、淡泊名利的高贵品质。

1958年，纪生荣怀揣着从小就想当一名人民教师的梦想，从宁夏永宁农业学校毕业，在自治区发展地方高校教育、培养地方人才的号召下，纪生荣来到宁夏农学院继续深造，完成了求学路上的最后一站。而宁夏农学院也成为宁夏农业教育的发源地、农业科技人才培育的摇篮，纪生荣将一生奉献给了这里。

宁夏大学农学院前身为宁夏农学院，1958年9月15日成立，经历过三次合并四次搬迁，1962年9月，宁夏师范学院与宁夏农学院、宁夏医学院合并成立宁夏大学。1971年，宁夏大学农学系、畜牧兽医系和林学系与宁夏农校合并组建宁夏农学院，从宁夏大学迁至永宁王太堡，独立办学30余载。2002年与宁夏大学重新合并，组建了宁夏大学农学院。宁夏农学院发展初期面临着师资力量薄弱、实验设备短缺、教职工生活条件差的困境。1960年年底，宁夏农学院搞新校建设，一片荒滩上只有一栋占地3000多平方米的宿舍楼和一栋办公楼，而办公楼也仅完成了一半。此时，作为宁夏农学院大二学生的纪生荣和很多农学院的学生搬迁到这里，他们开荒田，平水坑，打埂修路，在一望无际的荒滩上开启了宁夏农学院的另一片天地。农学系、畜牧系两个班七十多人一起投入到这场建农校的工程中。对于这群在荒滩中迫切建设校园的学生来说，是艰苦而难忘的。由于没有住的地方，两个班的学生自己动手搭帐篷。两个班的女生共住一间帐篷，住的时间久了，帐篷也有些破旧，碰到下雨，帐篷四处漏雨。女学生没地方住，两个班的男生就腾出一个帐篷给她们。当时的生活条件还是非常艰苦的，在地上铺麦柴睡觉，但大家没有一点怨言。在新校区的建设初期，学生基本没有上课，全身心地投入到这场建设校园的大运动中。

对宁夏农学院的热爱让纪生荣选择了奉献与坚守，这个从小生活在宁夏的小伙子把青春热血都献给了这片土地。1962年，他从宁夏农学院毕业，在组织的安排下，被分配到宁夏农学院农学系任助教。

1965年，宁夏大学教学实验农场（地点在罗家庄）无人管理、农场空置。为了保障师生们的实验教学基地正常运行，纪生荣选择放弃自己终生热爱的三尺讲台，到宁夏大学教学实验农场任场长。这个位于罗家庄的学校教学实验农场当时条件比学校里还艰苦，主要是因为那边是以稻田为主，另外还有畜牧队，畜牧队养的猪、奶牛等种畜，是供畜牧系实验用的。

宁夏大学教学实验农场创建于1950年3月，名为宁夏省建设厅农事试验场。1954年宁夏省撤销合并归属甘肃省，更名为甘肃省永宁农业试验场。1958年10月宁夏回族自治区成立后，更名为宁夏回族自治

1962年，宁夏农学院首届毕业生证书（纪生荣）

1962年，宁夏农学院工作证（纪生荣）

区王太堡农业试验场。1965年经自治区人民政府批准，将宁夏王太堡农业试验场移交给永宁农校作为教学实习基地，并更名为宁夏永宁农校实验农场。1970年年初，宁夏回族自治区有关部门与宁夏大学革委会决定，将宁夏大学农业系、园林系、畜牧兽医系三个系与宁夏永宁农校合并成立宁夏大学第一分校，宁夏大学第一分校建立后，原宁夏永宁农校实验农场更名为宁夏大学第一分校实验农场。1971年宁夏大学农学系、畜牧兽医系两系从宁夏大学分离，与原永宁农校成立宁夏大学第一分校，后成立宁夏农学院，农场隶属宁夏农学院管理，定名为宁夏农学院教学实验场。1972年，根据全区农业发展的实际需要，自治区农牧厅给实验农场挂了宁夏原种繁殖场牌子，仍隶属宁夏农学院管理，农牧厅对原良种繁殖等业务进行指导。2002年，随着宁夏大学与宁夏农学院的合并，原宁夏农学院教学实验场更名为宁夏大学实验农场，现名为宁夏大学教学实验农场。

纪生荣讲述自己进农场进后勤的几次人生转折时说道："岗位上没人，但是工作要继续，那就是火烧眉毛，需要我去救火。"1983年，

2019年6月29日，档案馆口述档案采访工作人员与纪生荣（中）合影

宁夏农学院后勤因人员调动，工作岗位出现空缺，此时正在农场带领毕业生实习的纪生荣在毫无准备的情况下接到通知后毫不犹豫，立即前往后勤岗位报到。尽管工作调动后，距离三尺讲台越来越远，但他始终为学校的发展建设不遗余力。

道虽迩，不行不至；事虽小，不为不成。纪生荣始终做着一个党员该做的事——"一切服从组织的安排"，而为宁夏农学院奉献一生是纪生荣最单纯、最朴素的想法。他勤勤恳恳地工作、默默无闻地付出，舍小梦，圆大梦，在平凡的岗位上不断书写属于自己的精彩，为宁大发展提供了强大的动力。

"没有想与不想，只有做与不做。"纪生荣把岁月吟成了一首歌。

（供稿：翟伟）

蒋振邦

  蒋振邦，1939年2月11日生，宁夏贺兰人，中共党员，编审，中国编辑学会会员，中国作家协会会员。1962年毕业于宁夏大学中文系，被分配到平罗文化馆工作。1984年调回宁夏大学工作，担任《宁夏大学学报》（社科版）的副主编，直至退休。自中学时期就开始文学创作活动，1982年和文友创作的电视剧剧本《喜从何来》，由宁夏电视台录制，中央电视台播出。1983年中篇小说《在沿河村里》发表在《当代》第5期头条位置。至今已发表各类体裁文学作品250万字。文学作品及论文10多次获全国、自治区优秀作品奖。1999年2月荣获"第二届全区出版系统先进个人"称号。

记者：请谈谈您学习和工作的主要经历。

蒋振邦（以下简称蒋）： 我叫蒋振邦，出生在宁夏贺兰县，1939年2月11日出生。自幼念书，先在家乡的小学念书，以后又到银川师范念了6年，1958年从银川师范毕业以后，正赶上当时宁夏大学成立，就保送到了当时叫宁夏师范学院的中文系继续上学。

大学4年毕业以后，分配到平罗县宣传部工作，工作中间又改调到平罗县广播站当编辑，随后在前进公社干了一年多秘书，然后又回到平罗县文化馆，编辑《平罗文艺》。1984年，按照自己的意愿，自己的爱好，调回宁夏大学，做《宁夏大学学报》（人文社会科学版）的编辑，一直到1998年，60岁了就退休了。其间在平罗县广播站干过副站长，宁大学报编辑部当过副主任、副主编，最后职称是编审。实际上这一辈子也就做了两件事：一件事是做编辑，从广播编辑到刊物编辑；另一件事就是搞创作，创作方面最后出了7本书，7本书里面有一本书叫《编辑论道》，还有一本是和别人一块合作的电视剧，叫《喜从何来》，还写过小说、散文、诗歌、报告文学、评论等等，凡是文学体裁基本上都写过。

当时我们在银川机械修配厂搞了个夜校，一周有三五天晚上教授一些文化课，当然还有一些基本的知识，主要是文化课。我们中文系和别的系不一样，我们专门轮流到报社的印刷厂去实习，去捡字排版，去学习手摇印刷机，因为中文系学中文要懂报纸印刷的全过程，所以我们轮流都去干这个事。

虽然（生活）标准低了，但像跳舞、唱歌等文化活动还照样搞，每周有周末舞会，还有合唱团，当然体育活动可能少点，但是这些活动大家还是愿意参加。

记者：请您谈谈当时学校的生活条件。

蒋： 开始在银川师范待了两年，后来才搬过来的，食堂的形式是大锅饭，饭打出来放在院子里，就在食堂前面的空地上，大家这一堆，

1962年6月20日，宁夏大学中文系首届毕业生留影
（蒋振邦 二排右二）

那一堆，一堆一堆围成圈子，一盆菜一盆饭，各自搞一个碗，自己盛上吃。不是正规食堂，有做饭的地方，但没有吃饭的地方，就在院子里吃。风吹来了，就把沙子都吹进去了。下雪、下雨也是非常困难的，有时候就跑到教室屋檐下，总之吃饭就是这样子，很困难。

迁到新校区，满目荒沙。这个地方基本上没有什么宿舍，学校就是3座楼，一座楼是一进门那个楼，它是办公的，有四层；再就是两头两座楼，都是三层。除过教室以外每个楼都有几个报告厅，或者是大班上课的地方，当时那个地方就是住人的地方，人都在大课堂里面住，这个楼里面没有暖气，刚开始冬天没有暖气，自己架的火炉。楼里有厕所，但是厕所里没有设备，还没开放，人还可以在里面住，有些同学就跑厕所里住着。厕所在哪儿呢？我刚说有三座楼，一座办公楼两座教室兼住宿，楼外面有简易厕所，当然是旱厕，当时好像开始没有水，以后水供应了，楼上有水，但是一年以后才有厕所。周围都是黄沙沙丘，沙丘当时小点儿，路还没有修好，就是平整了一下。还有饭堂，这个比较大的饭堂兼礼堂，开全体会议都在里面，吃饭也在里面。1960年搬到这儿以后，还能在大礼堂里面吃饭，前面说的事，那是在银川师范吃饭，风吹雨打都在外面。迁校后还可以，住的就是比过去好一点，有上下两层通铺，就是双层铺。

一个教室两个火炉，前面一个，后面一个，大家轮流值班来管火炉，不然到时候灭了怎么办？再就是有些学生，冬天围着火炉，有的煮点菜、萝卜，有的就是自己把米饭再熬熬，这种情况都有。还有就是"小秋收"，到秋天了，同学们都到外面收过的那个庄稼地里面，去搞点萝卜、山芋，就是在地里面刨，看有没有没收净的山芋、萝卜，这个我们都干过。学校还组织过学生专门去挖野菜，挖好了以后就送到灶上，灶上再做给大家吃。也有个别同学对野菜不认识，我们班里有一个同学，他把蓖麻子给吃了，还有的同学把有毒的菜给误吃了。这些情况都有发生。

记者：请您谈谈在西吉当讲师团分团团长时候的一些事情。

蒋：1986—1987年，我在西吉当讲师团的分团团长。支教讲师团不是干别的，专门领着15个大学生，这些学生有的毕业两年，有的刚毕业，在那支教当老师。因为我爱好文学，所以这个阶段，我很注意积累资料。我和农调队的同志到下面去创作了一个电视片，走了山区好几个县，积累了好多资料，回来以后就写了校园方面的著作，但是主要的背景还是西吉，以西吉作为文章小说的背景，这对我来说有很大的收获。

记者：请问您对母校未来的发展有什么期许？

蒋："君不见高堂明镜悲白发，朝如青丝暮成雪。"母校诞生半个多世纪了，作为她的首届毕业生，我的不少学友已离开了人世间。为了不忘却过去，激励后来人，更为了再现母校当年的英姿与历史风貌，我如愿以偿地出版了《岁月宁大》这本书，但愿对当年的校友有所触动，希望后来的校友有所认同，给未来的校友有所启迪，如此而已。

祝愿母校宁夏大学蒸蒸日上，走向辉煌！

父亲蒋振邦的那些事儿

蒋向荣　蒋少芳

俗话说,有志者事竟成。我们的父亲蒋振邦的人生经历,正好验证了这句俗语。

父亲常对我们说,他的一生只做了两件事:一是专业工作,除宣传广播记者工作,大部分时间都在做刊物编辑工作;二是业余文学创作,这是他的爱好,也是自中学起立志当作家的梦想。有两个日子,父亲记得十分牢靠,还在日记中作了记录——

"1957年2月16日,这是一个普通的日子,我的一首小诗《西大滩呀望不到边》,在《银川报》上发表了,喜悦之情溢于言表。"

"2003年11月3日,这也是一个普通日子,接到中国作家协会的来函,中国作家书记处已于10月22日批准我为中国作家协会会员,特致函表示祝贺。"

手捧这封迟到的祝贺信,父亲激动不已,尽管欣喜中带有酸楚的味道,但如愿以偿的快慰,使他觉得一生的追求是值得的。

1998年,父亲从编辑岗位上退休以后,作为儿女,我们希望他安享晚年,过几年清闲日子,父亲却不这样想,虽年过花甲,退而不休,仍笔耕不辍。为了实现当作家的愿望,他退休后,九年中起五更睡半夜,勤奋写作,出版了7本书,在我们看来是近似疯癫之举,他却做到了。父亲在《故园》这部文集的后记中写过这样一句话:"人生是短暂的,转眼就是百年;人生又是漫长的,日升月落,轮回不息,无所事事将度日如年,遭遇大不幸自然就苦海无边了。"别说人难做,好做

1986年9月,蒋振邦在研讨会上发言

难做都得做。所以他的人生态度是乐观的,觉得既成事实,就是命运的安排,永不绝望,就能把握自己的命运。

父亲曾说,文学创作是一种责任,因此,他遵循现实主义的创作原则,创作的作品常给予人们启示和希望,释放正能量;他热爱故土,潜心研究宁夏历史,写作发表文史资料10万多字;他积极弘扬传统文化,写作出版了《说古论今话道德》一书,很受读者欢迎。至今他已创作发表各类体裁的作品200多万字。

父亲给我们的印象是意志坚强。他在"文化大革命"中遭受过挫折,然而却愈挫愈勇,从不气馁,及时调整心态,重新制定人生目标,继续从事自己热爱的事业。父亲生于农村,很热爱故乡,很多作品来源于喜闻乐见的乡村生活,发表过诗歌、散文和小说,尝试过各

种体裁的文学创作，1982年初与文友合作创作了电视剧本《喜从何来》，在宁夏电视台录制完成。1982年夏天，在乡政府后院的一间库房里，他埋头创作了农村题材的中篇小说《在沿河村里》，语言诙谐、生动，有浓厚的乡村气息，被闻名遐迩的《当代》刊于头条位置，赢得了区内外读者的广泛好评。

父亲非常勤奋。为了实现理想，他自青年至古稀之年从没放弃过写作，并为之不懈努力。他自高中起就有写日记的习惯，有感而发，记录了很多珍贵的资料，并以大学两本日记做依据，退休后完成《岁月宁大》一书的编写，作为校史的补充。近几年，他陆续将一生的工作日记、生活日记、学习日记、旅行日记、会议日记等，都捐献给了宁大档案馆和自治区档案馆，希望为传承历史贡献自己的一份力量。

父亲十分热爱公益事业。他将出版的3200多册个人作品，赠予了单位、集体及个人。给宁夏大学档案馆、自治区档案馆、家乡贺兰县档案馆等捐赠的档案资料更是数以千计，给自己的母校宁夏大学图书馆捐献书刊500余册。

父亲重情守义，恪守诺言。于公忠于职守，从不懈怠；于私重视乡情，珍惜友情。凡家乡父老乡亲的急难事，总是力所能及地给予帮助，喜欢和乡亲们走动走动，拉拉家常，对家族的事也了解的最多，承担起制作《蒋家祖谱》的重任。他主动出面搜集各种资料，反复核实确认资料准确，自费制作成册发给大家，以传承家族祖训和美德。对于帮助过自己，以及交往比较多的朋友，时常感念他们的人品和文品，总要写文章纪念，对已故的好友，要写悼念文章寄托哀思。为了满足同学聚会的愿望，年过古稀的他，两次不怕辛苦组织同学聚会。对他的友情支持，同学们深怀感激之情。

当然父亲也有一些缺憾，比如性格过于急躁，不够沉稳，有时事倍功半，有些人生目标也难以完美达到。不过以他乐观的人生态度，慢慢也就释然了。父亲为事业奋斗终生的精神，以及重情重义、为人善良、宽厚待人等许多优良品格，值得我们学习。

（供稿：翟伟）

作者简介

蒋向荣，1962年出生于宁夏贺兰，中共党员，现任宁夏建设职业技术学院党委副书记。

蒋少芳，女，1966年出生于宁夏贺兰，中共党员，现任银川市人财金委员会副主任。

蒋振邦的笔墨人生

张 娜

从1958年9月1日入校成为宁夏大学的首届学生,到1984年调回宁夏大学工作直至退休,蒋振邦老师的一生都和宁夏大学紧紧相连,他见证了宁夏大学从创立到逐渐壮大的全过程。

1982年10月,蒋振邦阅读中

学子蒋振邦

1958年，蒋振邦进入宁夏大学中文系学习。那时宁夏大学刚刚成立，各个方面亟待发展。宁大的首届学子在读书的同时，也开展了如火如荼的校园建设，脱土坯、盖校舍，开荒地、种蔬菜，经过师生们的努力建设，一个崭新的宁大屹立于塞上江南。

虽然是建校初期，学校里的物质生活较为匮乏，但是校园文化生活却丰富多彩。据蒋振邦老师回忆，当时提倡学校教育要与工农相结合，学生都要参加劳动和社会实践。他们在红花公社新水桥管理区创造了一种语言形式——快板（又称"顺口溜"），运用这一形式，和社员们共同创作，彼此交流思想。在下乡期间，这一文化活动不仅丰富了生活，更加深了同学们与社员们之间的情谊。其间，中文系的同学们创作快板、顺口溜、歌曲、剧本以及收集民歌民谣各种体裁的文艺作品1000多件，汇编成《红花集》，这些作品充满了劳动人民的真情实感、朴素易懂。

除了创作快板剧之外，学校还举办歌唱比赛、舞会、辩论赛等等，同学们对于这些活动都愿意参加。每周都要举办周末晚会，是当时丰富的校园文化生活的一个缩影。在晚会上，有唱京剧的刘世俊老先生、拉小提琴的朱东兀老师，为大学校园生活增添了许多难忘的回忆。在晚会上，蒋振邦老师还参加了他们班的传统保留节目——《宁夏道情》。这个节目四人同台演出，唱腔是宁夏的土腔土调，内容现编现演，紧密结合政治时事形势或学习、劳动生活的实际。这样的文化活动成为了宁大学子们难以忘怀的美好回忆。

作为宁大的首届学子，他将这些活动及建校初期的其他重大活动，如教育教学、社会实践、师生劳动、衣食住行、毕业实习、毕业分配等都在两本日记中记录了下来，并在2005年出版了《岁月宁大》一书。

著名评论家、宁夏大学副校长朗伟在谈到这本书时说："读这本书不仅能看到半个世纪前宁夏大学的建校史,也可以看出那个年代大学生活的真实缩影,从这个角度而言,蒋先生的这部日记应该说具有一定的史料价值。"

编辑蒋振邦

1962年从宁夏大学毕业之后,蒋老师被分配到平罗县宣传部,后来又在平罗县广播站干记者、编辑10年,改革开放后,又在本人的要求下,到平罗文化馆工作,其间编辑出版了《平罗文艺》。这段工作经历为他的编辑工作和以后从事文学创作与编辑出版专业研究打下了坚实的基础。这是他从事业余文学创作与编辑学研究事业的一段难以忘怀的岁月和难得的机遇。1984年他被调回宁夏大学工作,担任《宁夏大学学报》社科版编辑、副主编,直至退休。他在《宁夏大学学报》工作的9年间,勤勤恳恳,在做好本职工作的同时,还从事文学创作,写了一些反映校园和农村生活的中短篇小说,完成了《走出混沌开拓新路——高校学报面临的严峻课题》等重要论文。他在5年间发表论文近50篇,大约25万字,其中17篇被全国出版系统核心刊物刊出或全文转载,12篇入选全国出版系统理论研讨会,5篇8次获得全国全区优秀论文奖励。2004年5月出版的《编辑论道》一书,填补了宁夏此类书籍的空白,并成为中国编辑学会成立时的首批会员。蒋振邦老师还常为宁夏搞文学创作的文友的作品写一些书评及评论文章。由于一生为文,所以他在书评写作时,就像随笔散文一样,行文自由,点评得当,言之有据,论之有理,令人阅读愉快,受到广泛好评。

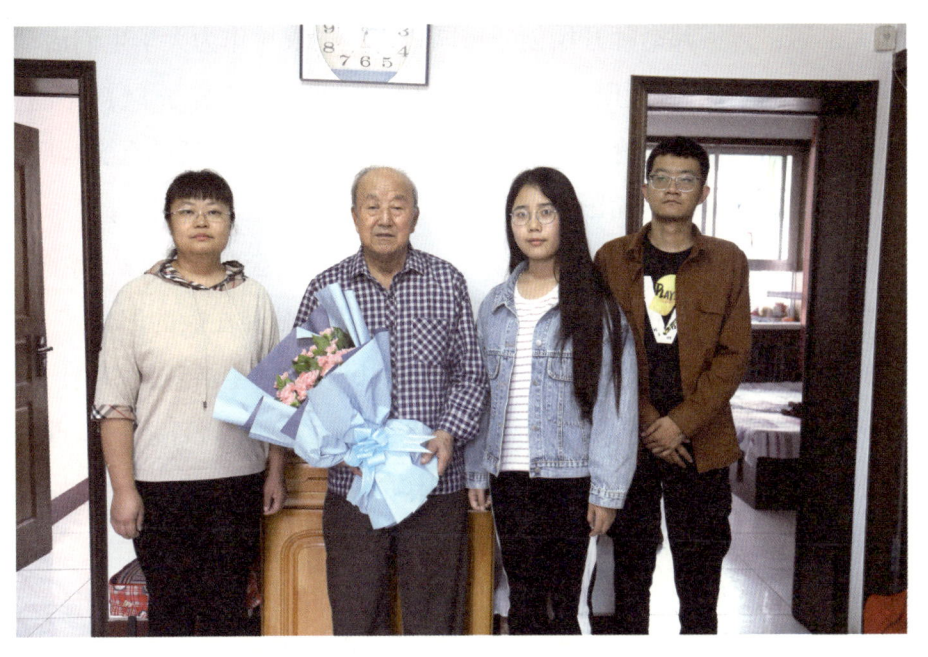

2019年9月12日，档案馆口述档案采访工作人员与蒋振邦（左二）合影

作家蒋振邦

蒋振邦老师说："我一生只做了两件事，一件是做编辑，另一件是从事业余文学创作活动。"几十年来，蒋老师创作发表的各种体裁的作品250万字。已经出版著作七部，发行14100册。自中学开始，蒋振邦就开始了他的文学创作活动。从1957年2月16日发表在《银川报》上的处女诗《西大滩呀望不到边》开始，他走上了文学创作的道路。他创作的文学作品获全国、全区奖励十余次，其中，他与人合写的电视剧剧本《喜从何来》由宁夏电视台录制，当年在中央电视台黄金时段播出。1983年10月，中篇小说《在沿河村里》刊于著名文学刊物《当代》头条位置，有较为广泛的影响。

20世纪80年代中期，蒋振邦老师带领十几名刚毕业的大学生去西吉县支教一年，丰富的支教生活为他积累了大量的写作素材。回到宁夏大学后，蒋振邦老师开始创作校园小说，把农村作为大学生们活动的舞台，中篇小说《断层·日记·足球》《大学生与山里妹子》《沙枣湾》《外面的世界》《沙湖情缘》等，既是那个时代大学生生活的真实写照，也是当时农村面貌的缩影。也许是和出生在农村有关，蒋振邦老师自幼就和土地结下了不解之缘。他说："由学步到会收割庄稼，童年、少年那一去不复返的美妙时光，常常勾起我心驰神往般的回忆。"所以蒋振邦老师的文学创作题材大多都和农民或农村生活息息相关，有些评论家将蒋振邦老师的小说定位在乡土小说之列。关注农村、重视农业、心系农民的命运，是他文学创作的永恒主题。2003年，他如愿以偿，被吸纳为中国作家协会会员。

宁大首届学生、编辑、作家，蒋振邦老师的三个身份都和宁夏大学紧紧相连。蒋老师笔耕不辍，从事文学创作与科研已走过60多年的时间。"二百万字难精准，六十年鉴未了情"，蒋振邦老师用笔墨认真书写着他平凡而值得自豪的人生。

（供稿：雍文娟）

蒋振国

蒋振国，1935年8月生，宁夏贺兰人，中共党员，副教授。1962年2月从银川二中调干班学习毕业后来到宁夏大学工作。曾先后任宁夏大学物理系教师、物理系党支部副书记、体育系副主任等职务。在任宁夏大学物理系副主任期间，领导和参与制作宁夏第一台黑白电视机，获宁夏科技成果二等奖。发表的科研论文《当代社会现代化变革的心理特征》在《新华文摘》上全文转载。

记者：请谈谈您当时在宁夏师范学院学习的情况。

蒋振国（以下简称蒋）：我叫蒋振国，生于1935年，贺兰县常胜乡桂文村人。

（19）58年我到宁夏师范学院以后，我们班有40多个同学，大部分都是银川师范、银川一中毕业的，还有中卫中学毕业的，但有十多个是调干生，我属于调干生，在这以前调干生三年，带薪上学，到我上学时调干生就改成一个月24块钱伙食费。我到学校以后就担任我们班里的团支部书记、学校团委副书记、数学系党支部委员。

当时有几件事：一件事就是住房困难，我们同学一块儿就是脱坯打夯盖房子，就自己盖房子。当时中文系的学生编了个口诀："抹墙平不平，十字形；光不光，手腕放松两头慌。"物理系当时就成立了工厂。我们物理系同学当初用架子车到宁夏军区拉沙子，还制作模型，当时做了30多个模型物理支架。

1959年，自治区开运动会就在中山公园，我当时代表宁夏师范学院拿到这个五项全能的冠军，下半年以后情势急转直下，由吃饭不要钱到那时候开始就是定量（供应），当时我们还在这个毛厂大炼钢铁。

老师讲课比较认真，当时是张奎（1989年5月后任宁夏大学党委副书记、校长）给我们带的物理，我那时候活动太多，一阵子叫开会呢，一阵子体育比赛去，我当时学得还有些困难，张老师就给我辅导。

记者：您在宁夏大学工作期间，有哪些值得自豪、欣慰或难忘的经历和成绩？

蒋：1960年9月底我到北京大学进修，把这课程学完了就叫我回来，我就回到物理系。我本来是数学系1958级的，回来就提前半年毕业，1962年就留物理系，又把我分配到实验室。

一开始实验室呢，在银川买东西得骑自行车买仪器，或者用架子车给拉回来在学校里，我还比较认真。再就是修电池，电烙铁坏了得自己修。1969年全国搞电视机大会战，宁夏的都是电子管的，显像管是在四川成都生产的，电视机是在天津装的。学校让我代表宁夏大学到四川开个会，负责实体晶体管半导体电视机的研发，最后在20世纪70年代初，我们研发成功了，消息在《宁夏日报》都刊登了，说宁夏大学搞科研取得了成果。（19）76年8月份，宁夏大学要成立体育系，我就到体育学院来当头头（是领导班子成员），当时体育系头头（领导）一共三个：一个贾正群，我是第二把（手），还有个工宣队（干部），那时工宣队已经开始解散了，人走后就剩下我和贾正群，我主管后勤和学生工作。

1989年9月，蒋振国带学生军训时留影

学生现在不是讲什么恩师嘛，学生来了以后，我对学生挺认真负责的。

当时是体育系学生全体是一个大灶吃饭，开始训练多，强度大，学生吃不饱，训练跟不上，老师们没办法，体育组没人，我就去当管理员。当时做饭取暖用煤末子，我就帮着给学生和煤饼子，不小心把那个煤渣（扎）进腿里，腿都肿了，脱皮了。当时我们学校有个领导问上级部门要了三次鸡蛋给学生改善伙食，一次要百十个鸡蛋，我就把鸡蛋煮上发给学生吃了，我没有吃学生一个鸡蛋，我一般等到中午吃饭就跟炊事员一块下点面条，我吃一碗面条就完了。有时候学生训练排球，学生不会托球、不会递球、不会当二传手，我去还给当个二传手，陪学生一块训练。

我1980年回宁夏大学物理系以后就代物理课，再就是管学生，任系党总支副书记。你这个学生球鞋没有，我给出11块钱买球鞋；有个学生赵宁跳高跳了1米95，我买点水果糖奖励他。我对学生就是全心全意，为他们服务。我这么多年一直和学生保持着密切的联系。

当时翻修我们的体育场，我跑到贺兰县去找水泥，体育系这个体育场有一个主席台，台上要插小红旗，我自己就把这个钢管锯成一截一截的，我亲自锯的钢管，就把这个钢管安到主席台上面。那时候我对体育系工作的投入达到了这个程度：当有学生来了，没住处，就在体操馆的垫子上头住着，体育馆西北拐角有个小房子，我就安排学生在那住着。靠那个体育馆东边都是旧窑洞房，我就在那儿将就住着，一天陪着学生。还去平凉参加了男女篮球比赛，女队赢了，男队输了。学校还要我带着学生到固原去比赛，学生于泊中有病，路过中宁我陪着他到中宁医院去打吊针；到固原，余建华脚崴了，我联系医生给他打封闭；上场比赛篮球我是领队，一直在运动场边陪着学生。比赛结束后，我带他们到平凉崆峒山去旅游，崆峒山下山要爬一段铁链子，我担心学生安全出问题，就首先下去，在下面看着扶着学生顺利通过。

记者：您对母校目前的工作有哪些建议？

蒋：我希望我们宁夏大学建成西北第一，关键我们同时要把科技搞上去。我记得前年宁大在英国伦敦航模比赛中取得第一名，我觉得宁大还有潜力，可以搞一些世界知名的东西，关键现在问题是要培养些真才实干的人。

蒋振国：一身本领西北练，也能武来也能文

刘雪茹

他是三尺讲台上的老师，耕耘天下皆桃李；他是重视教育的热心人，协助创办了老年大学、胜利小学；他是运动场上的"常青树"，一生要强爱运动；他是热衷公益的"乌兰牧骑"，群众文化体育活动的组织者和参与者。他就是宁夏大学物理系原党总支副书记，宁夏大学体育系创始人之一——蒋振国。

在全国，我们是第四个

1969年5月，由国家四机部牵头在全国开展晶体管电视机攻关。宁夏回族自治区党委政府决定成立攻关小组，由宁夏大学蒋振国负责，宁夏大学、宁夏农学院、宁夏无线电厂等相关人员参加宁光电工厂，负责攻关大功率晶体管4S12C的试制。1969年6月，蒋振国带领相关人员到天津电视机厂学习了一个月，将原来的电视机线路的电子管改为晶体管元件。

当时中国只有天津生产的14寸黑白电视机，攻关组将14寸电视机分成高频头、中放、视放、电源四个部分，逐步取代电子管。他们没有扫频仪，线路的波形无法测试，只好求助地址在西塔的广播电台。

广播电台白天不让用，他们就晚上去，好不容易才拿上线路板测试波形。白天他们住在小旅馆的通铺，几个人挤在一张床上休息，饿了就吃馒头、面条充饥。从新市区到老城往返一个月，后来回到宁大实验室继续进行试验，并决定在10月1日抢工完成，向学校献礼。几个月的时间里，大家日夜奋战，眼睛都熬红了。

由于银川电子原件比较落后，大部分原器件，如晶体管、电容器、电阻、镀膜线路板等都需要外购，蒋振国就带上几十份外购合同到北京、天津采购，找到天津电视机厂请求购买显像管，厂家领导说显像管必须经过中央四机部批准才行，于是蒋振国当天火速乘火车到北京，下午到四机部找到司长拿到了批示，当晚又迅速返回天津。第二天一早，蒋振国去找工厂主管，主管对他的办事效率感到很惊奇。

1976年元旦，自治区领导在国家科委参与现场验收，晶体管电视机收到了宁夏电视台的节目。在当时，继北京、天津、上海三家后，宁夏是第四家试制成功晶体管黑白电视机的，获科技二等奖并在《宁夏日报》进行了报道，登载了照片。

送给恩师的祝福

蒋振国一直倡导进行体育锻炼，在宁大物理系工作期间，他积极参加各项运动赛事。1959年参加宁夏回族自治区第二届运动会，以1549分获自治区五项全能冠军。1976年宁大成立体育系，蒋振国任体育系领导班子成员，负责安排系内日常工作，如学生住宿、教师的训练经费、材料等。

体育系设在宁大体操馆。馆内是水泥地，有一个篮球架，五个单双杠，十多个垫子，教师十多人。系内老师开会就在简陋的体操馆南门走廊进行，后来改在馆内西北拐角，上课要临时找场地。

1976年体育系第一批招生招来了37名工农兵学员。起初学校安排体育系学生和文理科学生一起吃饭。但是体育系学生训练任务多，体能消耗大，吃饭少了学生上课体力不足，系里便决定另起体育灶，蒋振国兼任食堂管理员。宁大没有压面机，蒋振国便经常骑自行车到棉厂压面条；灶上没有煤块，蒋振国就亲自和煤饼，有时站在掺了水的煤灰池中好几个小时，腿都肿了，也毫无怨言。

1978年1月蒋振国带男女篮球队到固原参加全区比赛，宁大获得男子篮球亚军、女子篮球冠军的好成绩。当时区内才有人知道宁大原来还有个体育系，并且学生水平很高。1978—1979年，蒋振国既是系领导，又是班主任、食堂管理员，学生打排球，蒋老师去当二传手，对体育系学生关怀备至，受到广大学生的爱戴。

学生郑瑞琪毕业后在银川十三中农场当厂长，蒋老师支援了他200元钢丝做葡萄支架，又帮助他买了两吨化肥。系里教师家中有困难，蒋老师也都积极关怀和帮助。

1980年蒋振国调宁大物理系工作后，还给体育系学生提供音响设备等。2016年首届体育系学生聚会，学生送了匾幅给恩师蒋振国表示感谢。

辛勤耕耘花甲年

如果不是了解蒋振国的人，都很难将这样一个活跃在各类运动场上，并且包揽众多奖项的运动员和一个总是站在讲台上、蹲在实验室里的物理老师联系到一起。

1980年，蒋振国调离体育系。然而当他再次回到物理系时，他以前讲授的半导体相关课程不再开设。因为早年在北京大学的学习基础，他决定开设真空实验课。他认真准备了一个假期，吃住都在实验室里。开学时，为物理系1977级两个班共103人讲课，讲授真空镀膜、粉末照相、劳厄照相实验等。

1964年物理系买来的X光机，只开过一年多课，由于历史原因14年没有使用过，需要恢复功能。电压在4千伏~7千伏才能使用，水继电器不能起作用。若不用水冷却，高压下X光机的金属靶就会烧坏。蒋振国自己找自行车内胎做了多次实验，水电结合水的压力终于达标了。

在进行劳厄照相法实验时，蒋振国实验百次然后给学生上课。他自己设计图表，给学生教学。他主张学生应尽量多动手，让他们在暗室里装洗X光底片，自己开机、抽真空、对光。蒋振国经常对学生说：人心不同犹如其面，物质不同可看其表，指纹可以辨人，X光可以辨物，内因是根据，外因是条件，要抓住矛盾的主要方面，一个人前途好坏，主要看内因，是金子任何时候都能发光。

蒋振国除了在实验室工作，还兼管学生的思想政治工作。他把学生当亲人，关心学生，爱护学生，帮助他们解决学习和生活上的困难。他经常和同学们交流思想，到学生宿舍嘘寒问暖，去医院探望生病的学生，鼓励学生战胜困难，并对其进行资助，助其渡过难关，还常和学生们进行投篮比赛，始终和同学们走得很近，是学生们的良师益友。

学生王晓华在给蒋老师的毕业留言中这样写道："篮球场上神投手，物理系中学生父，辛勤耕耘花甲年，茁壮天下桃李树。"学生赵彩霞则这样称颂她敬爱的蒋老师："运动场上展风姿，宿舍门前问寒暖，耕耘天下皆桃李，菩萨心肠人人解。"在学生们心中，蒋老师就是他们的良师益友。

体育场上的常青树，群众体育的组织者

1980年开始，蒋振国除了在物理系教授X光课程外，还担任物理系党总支副书记。曾在体育系工作过的他从招生开始就严抓体育尖子，新生一进校就组织学生训练，学校男女篮球队主要选手都是物理系的学生，每年学校田径赛中团体冠军多是物理系。而除却培养出的体育健儿之外，蒋振国自己更是诠释了"生命在于运动"的真谛。

1983年，48岁的蒋振国在长沙中南矿冶学院进修时，参加中老年组100米短跑比赛，以12.9秒的成绩夺冠。

1990年，55岁的蒋振国参加宁大第十九届运动会100米短跑比赛，以13.5秒夺冠。

1997年，他带领老年大学学员多次参加区内外老年大学举办的运动会，被评为全国和全区老年体育先进工作者、全区优秀党员、幸福老人，后又担任银川市全民健身秘书长、二级社会体育指导员。

1997年春节过后，蒋振国带千人社火队从工人文化宫出发，一路扭秧歌，最后到西夏公园；香港回归时，他组织千余人社火队从满城街清真寺到火车站广场，并且还组织600人到南门广场参加文艺演出庆祝香港回归。因为每逢重大节日活动，蒋振国都会组织类似文化活动，由此被人们称为"乌兰牧骑（意思是红色文化工作队）"。

助人为乐，与众同乐

"青山依旧在，几度夕阳红，功名利禄转头空，健康才是真，千金虽好乐难求，同堂一曲青春留，助人为乐，与众同乐，实现双赢。"蒋振国这样定义他的业余生活。

近30年，蒋振国为演出队购买各种音响约100个；自费5000多元为宁大歌咏队免费印刷歌页；为老年大学腰鼓队请有关部门支援腰鼓30个，自己出资2000元为腰鼓队制作演出服装30套；2018年花了500多元购买了便携式音响，在宁阳广场免费组织中老年人跳交谊舞。组织并参与这类群众性文体活动，他从不计得失，他愿意尽自己的努力，为与他有着共同爱好的中老年人提供最大的帮助。

（供稿：张加琦）

李玉鼎

　　李玉鼎，1939年10月生，山东栖霞人，中共党员，宁夏农学院原院长，教授，硕士生导师。1965年毕业于北京农业大学园艺系果树专业，长期从事果树栽培学教学科研工作。1988年以来先后获自治区科技进步三等奖3项、四等奖4项和农业部科技进步三等奖1项。2006年主编出版专著《葡萄栽培与葡萄酒酿造》。在《果树科学》《园艺学报》等刊物上发表学术论文40余篇、译文10余篇，在《中外葡萄与葡萄酒》杂志上发表研究论文10余篇。享受国务院政府特殊津贴。

记者：请您介绍一下自己来到宁夏大学之前的一些情况。

李玉鼎（以下简称李）：我叫李玉鼎，1939年10月出生在山东省栖霞县，中华人民共和国成立前随着父母迁居北平，我小学、中学、大学都是在北京上的。我于1960年考入北京农业大学，1965年7月毕业。毕业之后，就觉得是国家教育了我，我应该有感恩的思想，所以国家需要我到哪里去，我就到哪里去。我的志愿都是大西北，第一志愿是西藏，当时因为我不是共产党员，政治条件达不到，要求必须是共产党员，所以我没有被分配到西藏，最后学校让我到宁夏工作，1965年8月，我就到了宁夏。之后到海原县工作，一直工作到1981年。1981年8月，我调到宁夏农学院任教，曾任宁夏农学院院长。

记者：请谈一下您在宁夏大学工作的一些主要经历。

李：我主讲的课程是果树栽培学，1983年我担任了宁夏农学院园林系副主任，1985年任园林系主任，1990年12月担任宁夏农学院副院长，1992年元月一直到2002年，担任宁夏农学院院长。退休以后就一直在搞我的专业。宁夏贺兰山东麓葡萄酒在全国乃至世界都很有名的，我任第一届副会长兼专家组组长。退休这么多年，一直就为这个专业服务，主要担任一些科研和技术培训工作。

1981年我调到宁夏农学院工作，当时只有五个系，我当院长这些年由5个系发展到8个系，本科专业由12个发展到20个，专科专业由17个发展到19个，在这段时期，学校确实发展壮大了。

记者：在当年那样艰苦的条件下，请问你们是如何提高教师教学水平和教师队伍素质的？

李：在教学上，我们主要通过加强基础、重视实践、拓宽专业、更新内容、增强能力提高学生的素质。所以在此期间，我们鼓励教师编地方教材。我到学校后边教学边编教材，同时，还担任园林系1981级班主任。在教学方面，担任1979级的教学实习。当时学校专业比较少。我是1992年任院长的，到了2001年的时候，农学院全院的教授就发展到30多人了，副教授就达到了80多人，专任教师有97人。

通过这十几年的发展，学校发展壮大了，教师的水平各个方面都有了很大的提高。当时学校重视提高教师队伍的素质。当时学校还有一部分工农兵学员当教师，所以我们抓的第一项工作，就是要提高这些教师的素质和能力。怎么提高呢？规定凡是工农兵学员的这批老师，让他们在两年之内必须加强他们个人的素质，通过各种办法来提高教师的素质。必须学好几门课，一个是基础课，另一个是专业基础课，还有外语。要全面提高这批青年教师的素质。学校要求很严格，如果达不到学校的要求，就要调离教学岗位。

另一个措施，就是把教师派出去，包括到国外去进修。当时学校每年有两名外教到学校来工作，前后有八期直接选国外的教师到学校，来培养教师的外语水平。外教对教师，尤其是对青年教师的外语水平有很大的提高。前后有187人参加外教的培训，教师外语水平有很大的提高。

当时南京农业大学和我们学校有个合作协议，我亲自到南京和他们校长翟虎渠洽谈。商定不经过考试，由学校选派一批优秀教师到南京农大去读硕士研究生，毕业以后回到学校工作。被选派的教师有一定的压力，读书的积极性很高。学校实行岗位聘任制，也激活了职工们的积极性。

记者：请问在那样艰苦的条件下，你们有没有给学生组织过相关的生产实践活动？

李：有。因为农学院的学生有的家庭比较困难，我经常带着他们下乡修剪果树，剪树可以获得一定的报酬。当时在永宁修剪苹果树，小树两三块钱一棵，大一点的树七八块钱一棵。修剪果树一方面使学生能够进一步的学会果树的修剪技术；另一方面，也可以获得一定的报酬，对家庭困难的学生有一些帮助。通过这样的一个实践活动，不仅让学生学会了修剪果树这门技能，同时还能对他们家庭有些帮助。

生产实践活动连续进行了好多年。

记者：请您谈谈您到西吉县任工作队队长的一些情况。

李：我当了副院长以后，自治区有一些中心工作，必须要派一个副院长到

1972年，李玉鼎指导的农学院园林专业学生下乡剪果树

农村去当工作组组长，当时叫队长，到农村去工作。当时农学院的两位副院长年龄都比较大了，他们都不能去，学校就把我派到西吉，去担任工作队队长，就是西吉县的苏堡乡（当时叫蒙宣乡），在那儿当了半年多的工作队队长，获得了"先进工作队队长"（称号）。

记者：最后，请您谈一谈对当代大学生的期望。

李：现在大学生的工作、生活压力并不比我们当时小。我们当时大学毕业以后，国家给我们创造了最起码的生活、工作环境和生活待遇。而现在的大学生要靠自己，特别是住房。所以我对大学生的期望是什么呢？在学校要学好知识、学好本领，勇敢地去迎接未来，路要靠自己走。常言道："机遇永远选择有准备的人。"所以我希望青年人要立足于现实，脚踏实地地干好本职工作。"路虽远行则至，事虽难做则成。"这就是我对大学生的一点希望。

李玉鼎：永远在需要的地方

徐自立

李玉鼎，1939年10月出生于山东省栖霞县，中华人民共和国成立前举家迁居北京，他在北京度过了自己的小学、中学时光。1960年，考虑到自己家里兄弟姐妹五个，负担较重，李玉鼎选择了报考国家提

2002年，李玉鼎（右二）向刘仲（右三）介绍宁夏农学院科技扶贫情况

供全额助学补助的北京农业大学。1965年大学毕业后，他深感自己是在国家帮助下教育成长的，理应回报国家，于是就响应国家号召，到国家最需要的地方去——他的五个志愿报的全都是大西北地区。最后经过多方考虑，学校将他分配到宁夏海原县工作。1981年他被调到宁夏农学院担任教学工作。

刚到宁夏农学院时，学院没有住房可以分配给李玉鼎，就将学院旁边的农村库房安排给他。库房冬冷夏热，空荡荡的什么也没有，他和妻子在这里一住就是两年。之后，学院分了一间50平方米的房子给他，他们一家这才算在农学院安定下来。

来宁夏农学院的第一年，学院安排李玉鼎担任园林系1981级的班主任，并且兼带1979级果树学专业的实习。在带学生实习的过程中，李玉鼎深切感受到在山区基层果园17年积累的工作经验，给他带来的教学优势——辨认果树品种、病虫害是他的特长。他认为如果教病虫害的老师不明白如何选种，教选种的老师不了解病虫害，这都是不正常的。在带学生实习时，学生抓到一个虫子问他这是什么虫，他立即就可以说出虫子的名字和生活习性，用什么农药可以防治等，而且说得非常详细；有学生摘片病叶子问他，李玉鼎也同样可以立刻说出叶子得的是什么病，要怎样治。在这个过程中，学生收获了丰富的专业知识，同时这个特长也让李玉鼎在农学院"一炮而红"。因此，在第二年的时候，学院就安排他担任果树学专业的主讲教师。

宁夏农学院园林系1981级是李玉鼎唯一担任班主任工作的一届。当时他因为初来乍到，一直担心自己没有学校的工作经验，可能做不好班主任工作，就向领导反映了自己的想法。系主任鼓励他说："你能行，坚持干吧！"这就相当于给他打了一针强心剂，让他放下心来开展班主任工作。他做的第一件事就是很快记住了班里40个学生的名字，并且详细了解了他们的家庭情况，有无困难，有何特长，迅速和学生打成了一片，把学生当作自己的孩子，关心他们、尽心培养他们。

当时李玉鼎班上有个海原县的学生失足落水意外身亡，他觉得从农村出来的学生考上大学很不容易，发生这样的事，他很惋惜也很痛心，就向学校提出要亲自送学生最后一程，还自己凑了点钱送到学生家里。此外，李玉鼎每年都会带着学生去乡下参加果园果树修剪的培训。当时在永宁县剪苹果树，小树两三块，大树七八块，这既可以帮助学生进一步了解果树的修剪技术，提高自己的专业能力，另外还可以补贴一些经济上有困难的学生，可以说是一举两得的事。无论是担任班主任还是任课老师，李玉鼎一直真切地关心和爱护每一位学生。

1985年，李玉鼎被任命为农学院园林系主任，他发现系里的一些工作和基层很类似，自己有经验可以借鉴。全系的教学、实习、科研、评职称等工作都是在系里进行，这样就不可避免地产生了许多矛盾。在这方面，李玉鼎不怕得罪人，敢于抓这些工作，他严谨负责、实事求是，得到了学院领导的认可。

1990年，李玉鼎开始担任农学院副院长。这时自治区要求选派一名副院长到农村担任工作组组长，考虑到当时另外两名副院长年事较高，行动不便，李玉鼎就主动请缨去西吉县做了半年多队长，并且获得了"先进工作队长"的称号。从西吉回来以后，他负责抓图书馆的建设管理工作。通过调研他发现，农学院图书馆馆藏图书较少，就主动牵线联系自己的母校北京农大，向母校要了一大车被置换下来的旧图书，充实到农学院图书馆。另外，他还发现院里教师断层严重，高学历高学位的教师太少。于是他又积极联系北农大，请求他们协助农学院培训青年教师，提高他们的业务能力。对于自己的母校北京农业大学，李玉鼎一直抱着感恩的心态，母校不仅在求学时期培养了他，也在工作时期给予了他莫大的帮助。

1992年，李玉鼎被任命为宁夏农学院院长。当时由于学院里有相当一部分工农兵学员出身的老师，所以学院提出要在两年之内通过各种方法，提高教师特别是这部分工农兵青年教师的素质，如基础素质、

2019年9月12日，档案馆口述档案采访工作人员与李玉鼎（右二）合影

专业技术素质、外语能力，等等，如果达不到要求，就会被调离教学岗位。再就是安排教师去外校访学或出国进修，并且每年引进两名外籍教师，帮助学院青年教师提高英语水平，这个项目前后开展了八期。同时，学院积极和南京农业大学合作，选派优秀的本科生赴南京读硕士研究生，毕业后回农学院任教。这一系列的政策激发了青年教师的学习热情和工作积极性，使教师素质在较短时间内得到了整体性提升，也促进了学院的教学工作蓬勃开展。李玉鼎还积极组织全院大学生参加社会实践活动，使之成为常态。据统计，截至他退休的2002年，宁夏农学院大学生实践活动连续十四次获得中宣部、共青团中央和教育部的表彰。

在李玉鼎担任宁夏农学院院长期间，学校设有葡萄酒专业的博士点，但是农学院并没有相应的设施条件推动其发展。一开始农学院买了一些大缸来酿酒，李玉鼎觉得学院条件太简陋，担心长此以往留不住人才，于是，他找到自治区教育厅申请了三十多万发展专款，购置了发酵罐，又请人做了半自动灌装线，这才算给博士研究生提供了较好的设备条件。后来宁夏农学院和宁夏大学合并时，这些设备也被搬来宁大，此后随着硬件条件的不断完善，才一步步发展成为现在创建的葡萄酒学院。李玉鼎认为领导就应该设身处地地为教师职工着想，为他们的发展创造条件。一开始宁夏农学院没有硕士点，李玉鼎就积极联系北京农业大学、西北农业大学、甘肃农业大学、北京农业工程大学，请他们与宁夏农学院联合培养研究生，由这些学校授予学位，培养的学生再回到农学院任职。直到1999年，农学院才申请到自己的硕士授予权，开始了自己的硕士生培养工作。在这之后，农学院又在李玉鼎的带领下申请到了自治区第一个博士点——草业专业博士点，并逐步建立了一支学术素养很高的教师队伍。其间，农学院从5个系发展到8个系，本科专业由12个增加到20个，专科由17个增加到19个，学校日益发展壮大。在教学上，坚持加强基础，重视实践，拓宽专业，更新内容，增强能力，提高学生素质。

2002年，李玉鼎从农学院退休。退休后他一直为自己的葡萄酒专业服务，担任宁夏贺兰山东麓葡萄酒学会第一届副会长兼专家组组长，同时也兼管一些技术培训工作。

综观李玉鼎老师的一生，他从未停下前进的脚步，他永远忙碌在祖国需要的地方。

（供稿：赵芳红）

李增林

　　李增林，1936年2月出生，北京市人，教授，民盟盟员。1958年8月北京师范大学中文系毕业，同年到宁夏大学中文系任教。曾任宁夏大学中文系主任、硕士研究生导师，后担任西北第二民族学院（北方民族大学前身）首任校长，宁夏回族自治区政协副主席。宁夏作家协会顾问，宁夏社会科学界联合会顾问。现任宁夏政协文史委特邀顾问，宁夏文学学会会长，宁夏诗词学会总顾问，著有《离骚通解》《先秦文学论集》《李增林朗诵诗选》等，1992年获国务院颁发的"国家级有突出贡献专家"证书，享受自治区政府特殊津贴。

记者：请您介绍一下自己。

李增林（以下简称李）：我叫李增林，1936年出生于北京，1936年农历正月十三的生日，阳历是2月16日。我小时候，北平被日本鬼子占领了，学校都是他们办的。我上小学的时候，就过不了那种亡国奴的生活，因为他们尽是奴役教育，所以后来我就退学了。

记者：那您当时退学后都干什么了，有没有还想继续再上学呢？

李：有，就在北京东直门大街那儿有个关帝庙，关帝庙当时有个私塾，我的爷爷就带着我到那个私塾上学。到后来七八岁的时候，因为实在在北京待不住了，这样就逃难到了西安。在西安高中毕业的时候，我写了一首诗《我的愿望——纪念五四作》：我从没作过像样儿的诗歌，但在纪念青年节的今天，我要吐出胸中燃烧的烈火；回忆起难忘的苦难年间，沦陷区北京的生活痛苦难言，我盼望着赶快长大，长得坚强，像钢铁一般，做个威武的将军，把侵略祖国的敌寇全歼；也想着当一个正直的律师，在法庭上为穷困无助的人们，张扬正义、鸣屈伸冤，我愿每个中国人都幸福自由，我愿每个中国人都能吃饱穿暖。

记者：那当时您出于什么想法来到宁夏，来到宁夏大学的？

答：记得1958年我从北京师范大学毕业，因为党中央和国家提出：希望大学生毕业以后，支援边疆，支援大西北，用青春去支援建设，到祖国最需要的地方去。

分配的时候，我们年级的同学大部分被分配到西北边疆和内蒙古自治区，分配到宁夏的共有9个系70多位同学，当时我激动得流下热泪，写出了几首诗。第一首《热泪》："祖国决定正四方，激

1956年4月的李增林

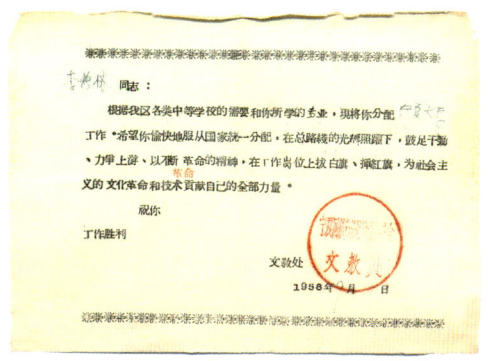

1958年9月1日，分配李增林到宁夏大学工作的文件

动热泪洒胸膛，要做人民好儿女，誓把红旗插边疆。"第二首《到边疆去》："母校老师要放心，我们各个是真金，西北边疆一声唤，愿献青春献终生。"就是这样，学校一宣布，我们就"跨马"出征了。

刚到宁夏没几天，我收到的第一份也是最激动人心的重要文件，这个文件就是："李增林同志，经我们研究，分配你在宁夏大学工作。"

记者：那您在宁夏大学工作、学习期间，对学校哪些工作印象较为深刻？学校教学工作、课程改革有哪些较突出的成果和经验？有哪些值得自豪和欣慰的经历和成绩？

李：宁夏大学不是说一建设就成了宁夏大学，得有个过程。

当时，要求1958年就要招生，我们刚来，他已经把学生都招了，实际上学校还没有建起来就已经提前招了生。问领导："校舍在哪儿？""没校舍，那你还得盖房子，因为人家原来校舍都满着呢。"所以这样儿呢，咱们宁夏大学的前身就是宁夏师范学院，在中山公园的东北角，就是我们这批不大懂行的知识分子，和泥、挖土坯、盖房子。谁给我们盖啊，没人盖，就得我们自己动手盖，盖了一批简易的平房。我们这批不大懂行的知识分子这不是就学的苏联得马卡连柯吗？没有啥东西，我们自个儿白手起家，这样就盖了一批小平房，这样老师们住的，就是这样干出来的。大家伙儿精神面貌还特别好。当时的校领导叫刘继曾，那是真正宁夏大学的好校长。刘继曾在见面会上讲了话，他说:"党组织说宁夏需要我来,这儿没有大学,让我一定要办好第一个大学,我就来了。我今年六十有四,老而无能,全靠你们年轻人,我们一定不辜负党的希望,把这学校办好。"

宁夏高校的成立,结束了宁夏没有高校的历史,作为一个少数民族地区来说,这是很重要的。你连一个高校都没有,少数民族的人才培养,完全靠外地,这个不行,所以说三个学院一成立,报纸上说宁夏人,特别是我们少数民族,不必出去就有大学上了。

自治区党委宣传部部长找我去宣传部谈话,说宁夏的新闻工作者缺400人,要都靠外地分配根本不可能,有好多人没有学过新闻专业,也都当了记者,所以这样质量不高,准备要提高质量,你这个中文系的,把担子得给我们担一下,得给我们出出主意,看怎么弄。我给他们提了几条建议:第一条建议就是办新闻班,咱们中文系的基础课好,老师也多,都能上课,就是新闻专业课不行,这个必须调专家来,所以就调来了王庆同和肖宝航。肖宝航当时是宁夏日报社的,他是学新闻的;王庆同老师是1958年北大新闻专业毕业的。我给宣传部领导

1958年8月27日,北京师范大学分配到宁夏大学中文系工作的同学在银川中山公园合影(共17人)

说，多少还得给点儿经费。当时我本来经费要了15万块钱，办新闻专业，实际也没给15万，给了大概不到10万块钱。10万块钱干什么呢？我就先搞新闻摄影室，新闻是要靠摄影支撑的。再一个就是建新闻资料室，这就是我任上干的活儿。

1960年李增林（右二）与宁夏大学中文系同事朱东兀、廖士杰、闫承尧（自左至右）合影

后来我到西北第二民族学院当院长，办了汉语言文学专业。因为中国的语言多，少数民族语言也多，咱们是汉语言文学，但是里边包括新闻专业，所以我那阵儿在二民院派老师专门儿去进修新闻，新闻报道说，我把在宁大办新闻专业的经验又拿到了二民院。

记者：对宁夏大学未来的发展有什么期许？

李：目前发展挺好，更加综合了，实力更强了。那是我起飞的地方，我就是从宁大成长起来的，所以，我希望宁大更好，明天的宁大也一定会更加美好。

见证创建宁夏大学的往昔岁月

李增林

追忆创建宁夏大学的往夕岁月,就离不开宁夏大学的创始人——著名的教育家刘继曾老先生。2020年是先生逝世45周年。往事如烟,先生那种永不言败、坚贞不屈的革命精神令人永远难忘。

1958年初秋,北京师范大学应届毕业的研究生和本科生共9系70余人,告别母校搭乘西去的列车,由北京经兰州,一路豪歌,于8月24日抵达银川。当时所见的银川火车站还是一个简易的席棚,接待的同志极热情地把我们用两辆卡车拉到中山公园东北角的银川师范学校,安排了食宿。之后我们又陆续迎来各地名校的毕业生50多人。大家一见如故,心有灵犀,于是,由我和吴淮生代表大家写了《我们的誓言》一诗,向党表示决心①。在宁夏工委组织的欢迎大会上,我们120多个怀揣梦想的青年登台集体朗诵,会场上的阵阵热烈掌声表达了领导和同志们对我们的鼓励与肯定。很快部分学友被分配到外县,多半暂留银川。

几天后,自治区工委召开座谈会,工委领导向我们宣布:中央决定在即将成立的自治区建立一所大学。经自治区工委研究决定要先在

---

① 见《李增林朗诵诗选》71页,中国文联出版社出版。

银川师范学校、银川农机学校和银川卫生学校的基础上"戴帽"建立宁夏师范学院、宁夏农学院、宁夏医学院，待条件成熟后正式成立综合性的宁夏大学。今天参加座谈的同志就是留在这三所院校的教学、行政人员。

1963年10月22日，李增林带领宁大中文系1962级学生开展课外阅读

9月上旬的一天，召开了宁夏师范学院领导与我们的见面会。当时宁夏文教厅厅长李微冬和副厅长陈杰同志出席并主持了会议，宣布了自治区工委的文件，任命刘继曾同志为宁夏师范学院党委副书记、副院长，主持学院工作，同时请刘继曾同志讲话，这一幕我记忆犹新。

刘老说："我叫刘继曾，党组织把我从兰州的西北民族学院调到宁夏。宁夏是个好地方，但又是教育文化有待大发展的地方。党和人民要求我在这个从来没有大学的地方和你们一起建立大学。我行年六十有四，老而无能。我要靠你们这些有志的年轻人和在座的同志们，发挥聪明才智，团结一致，努力奋斗。我们在祖国大西北这片广阔天地里要大有作为。我们一定要不辜负党和人民的期望，建好宁夏师范学院，把它建设成像样的名副其实的大学。"

刘老瘦高身材，颈微前倾，花白头发，面颊泛着兴奋的红润，两目炯炯有神。他操着夹杂着陕西关中词语的四川官话。整个讲话简短明快，显得平易而儒雅，谦逊而极富感染力。

当时参加会议的除北京师范大学、东北师范大学、华东师范大学的毕业生，还有复旦大学、清华大学、北京大学、中国人民大学、中山大学、武汉大学等院校毕业的青年同志。北京回民学院"支宁"来的王十仪、闪懿昌、褚奉明、盖锡朋、杨明德等十余位中老年教师也都在座。大家深受鼓舞。

上级批准宁夏师范学院先开办中文、历史、数学三个系。学生先由文教厅代招，9月上旬，三个系三个班的学生也已入学。

9月15日，宁夏师范学院、宁夏农学院、宁夏医学院在原银川一中南院礼堂联合举行了隆重的开学典礼。自治区工委书记李景林、副书记兼宁夏大学筹委会主任甘春雷同志参加了大会。甘春雷代表工委对新同学入学和新学期开学表示热烈祝贺。次日，《宁夏日报》发表社论中说："宁夏劳动人民子女从今能在本区上大学。"从此，宁夏高等教育事业揭开了扬帆远航的序幕。

对这样"先上马后备鞍"的建校工作，困难重重、千头万绪。然而在办学经验丰富、事业心特强的刘老主持下，整个的工作安排缓急适度，有条不紊。院领导知人善任，研究决定：任用北师大教育专业毕业的研究生颜兴源和由宁夏教育界调进的教学教务经验丰富的徐世雄同志负责学院教务工作，原北京回民学院有一定行政管理经验的张文聚负责学院总务工作，北京回民学院原副校长金伏云负责院办工作兼银川师范常务副校长。确定教学经验丰富的教师闪懿昌、燕襄君、李佛奇等为三个系的负责人，并成立了专业教研组。各系根据教师的学业所长和教学课程的需要，确定每位教师所承担的课程和教学任务。1959年增设物理系和俄语系，两系分别由张德澂、黄克宽、李淑敏负责。1960年增设化学系，由付森根负责。1962年增设政史系由田文负责。1960年闪懿昌调离，由郑炎同志接任。1961年学院各系实行系务委员会负责制。何乃光是中文系系务委员会负责人。

1958年学院在抓各级班子建立的同时，雷厉风行地抓起解决数百名师生的宿舍和三个系教学用房的校舍建设问题。银川师范是所老校，本来校舍有限，设施简陋，面对新增学院的需要真是不堪重负。因此，学院决定白手起家,组织师生脱土坯,盖房子,热火朝天扩建校舍。还组织师生下工厂、下农村参加劳动。从党的教育方针说,正是教育与生产劳动相结合。刘老带领学院领导班子,亲临一线与师生们一道参加建校劳动和社会公益劳动。

1960年师院迁到新市区校舍,学院狠抓教学建设,所办三个系起步就借鉴的是北京师范大学或其他著名师范大学的教学计划,虽然尚未形成自己的特色,但要求甚严。我归纳为"四严":严格抓各门课程的教学大纲编写,严格审查教案和讲稿,严格讲求课堂教学环节的安排,严格要求领导以身作则,深入师生教学一线。教师们白天劳动或上课,晚上备课,经常通宵达旦,教师们的精神面貌都很好。刘老本来从事教学工作数十年,他深知教师之甘苦,因此他关心教师,经常夜间到宿舍看望教师。他还深入课堂听课,课后给教师指出教学中的得失。

刘老重视教学实践环节,积极筹建学校图书馆和理科实验室,委派贾正群、张奎等同志至京津一带向老校求援,并广泛采购图书和实验设备。学院的生活紧张、活泼,配合教学开展了文娱体育比赛。全校的篮球、排球赛频频不断,中文系也曾多次主持全校的赛诗会、"百花会"。记得我写的开场诗中有这样几句"黄河滚滚浪滔滔/一浪更比一浪高/前次开的是赛诗会/今天要百花齐放/歌声直上九重霄/……"师生们的作品曾由我负责编辑成册,定名为《红色诗刊》,书名是金伏云主任题写的,全刊正文是闫承尧老师用钢板刻写的,今日看便是地道的硬笔书法字帖。《红色诗刊》的第二本集子是由中文系师生在宁夏日报社印刷厂参加(拣字、排版、印刷、装订)劳动铅印出版。1959年中文系由刘世俊、高葆泰带领师生经过方言调查,完成了《宁夏人怎样学习普通话》一书。历史系组织师生开展社会调查编印了《宁夏妇女解放运动简史》的小册子。数学系在大炼钢铁中同工人同志联合写出《酸性转炉炼钢法》一文。这些均可以看为宁夏大学最早的科研尝试。

重视教师队伍的建设是提高教学质量的中心环节和根本保证。这是刘校长教育思想中最可宝贵的部分。他一方面重视人才的引进，一方面重视人才的流动和调整，尤其是重视现有人才的培养和锻炼。在教学人力紧张的情况下，学院有计划分期分批送本科

1963年10月22日，宁大中文系教研组针对"少而精"问题开展教学研讨（左起：朱东兀、南矩容、廖士杰、曹大普、李增林、汪宗元、高眉生）

毕业的青年教师到著名大学进修培养，争取著名的专家教授给予学术指导，要求送出进修的教师在结业时达到研究生水平。学院相继送李增林去山东大学，李镜如、郭雪六去北京大学，刘世俊去南开大学，朱东兀去四川大学，张秀林去中国人民大学，邓运能去中科院数学研究所进修学习。此后送青年教师外出进修几乎成为宁夏大学培养青年教师之优良传统。

1959—1960年，学院着力争取分配来应届毕业的研究生充实到教师队伍，效果显著。如清华大学毕业的庄最清、北京大学毕业的吴天惠、北京师范大学毕业的屈育德、窦连荣、郝绍光等同志如期充实到我们的队列中。20世纪60年代初，得知青海省在进行高校调整，刘老立即派何乃光等人专程赴青海调来贾承天、高眉生、廖士杰、余福铭、董吕云、雷茂凡、杨启楠等十余位研究生和讲师。后又从北京引进李范文、俞灏东、杨秀琴、吴家麟，从陕西西安引进严维同、徐雅贵，

从江苏徐州引进蔡秀华等人。这样使宁夏师院教师队伍得到充实和提高。刘老在不同场合曾幽默而深情地说过："我们的教师，物美价廉，经久耐用，一定要爱护他们。"

宁夏师范学院成立后，党政领导班子是逐步任命的。1958年10月正式任命刘继曾为副院长兼银川师范学校校长。1959年11月任命敬礼堂为副院长，后兼副书记，1961年前半年任命耿炳光为副院长，后半年任命朱何方为教务长。刘老能与这几位革命同志团结一心贯彻中央精神，分工合作，实行党政的集体领导，是短短几年学院快速发展的根本保证。

1962年秋，教育部通知根据国务院1962年9月《关于宁夏高等学校调整方案的批复》，同意宁夏三院校合并成立宁夏大学。9月30日宁夏大学正式挂牌，在宁夏师范学院第一食堂大厅隆重举行宁夏大学成立大会。自治区领导李景林、甘春雷、吴生秀、王金璋等出席会议。李景林首先讲话指出，宁夏大学的成立对全区社会主义建设事业，尤其文教事业的发展意义重大。他要求全校职工团结一致克服困难办好学校。副主席王金璋，校党委书记、校长江云也作了热情洋溢的讲话。在开学典礼的舞台上我们中文系老师集体朗诵我的诗作《塞上江南开遍鲜花——喜庆宁夏大学成立》①，表达了学校广大教师庆贺宁夏大学成立的激动心情，歌颂党的教育方针结出的丰硕成果，歌颂党的民族政策的伟大胜利。

三校合并成立宁夏大学，中央批准自治区候补书记、宣传部部长江云同志兼任宁夏大学党委书记、校长。同时，自治区党委决定刘继曾任宁夏大学党委副书记、副校长并主持工作，决定敬礼堂任校党委副书记，陈应谦任副校长兼医学系主任，朱何方任教务长，耿炳光任副教育长，金晓村任副校长、总务长。根据《高校六十条》规定，学校实行党委领导下，以校长为首的校委会负责制。各系实行在校党政领导下以系委负责人为首的系务委员会负责制。我当时是中文系系委

---

① 见《李增林朗诵诗选》143页，中国文联出版社出版。

会委员，分工负责系上教学工作。

经过四年的艰苦奋斗，宁夏师范学院、宁夏医学院、宁夏农学院皆取得可喜的成绩。三院合并成为一所大学，标志着宁夏大学草创时期的结束，开始了综合性大学发展的新的里程。学校领导班子，认真职守贯彻自治区党委的决策，将原来三院11个系大幅度调整，重点办好6个系，压缩重叠的行政机构，精减了一批教工，调进一批教师，增加教学设备，改善学校基础设施。后来将宁夏大学调整为具有文、理、农、医、师五大学科，10个专业系的以师范为主的综合大学。各系各专业均认真抓教学计划、课堂教学，教学队伍不断充实提高，强调教书育人，加强学生管理和教学活动。整个学校出现了积极奋进、朝气蓬勃的大好局面。

刘校长在宁夏大学的发展中发挥了重要的作用。他能求真务实，坚决贯彻党的教育方针，努力遵循教育规律办事，始终把提高和保证教学质量放在首位。宁夏大学为西北、为宁夏培养了一大批合格的好样的建设人才。然而，他不居功，时刻不忘依靠和爱护第一线的教师和职工。

他是中国共产党老一辈革命战士，在腥风血雨的年代曾两次被捕入狱。他在狱中进行了英勇机智的斗争，保持了共产党员的坚定气节。他两次从事高校的创建工作，有丰富的教育管理经验，卓有建树，是著名的教育家，是

1963年10月22日，李增林（左一）主持宁大中文系1962级学生课堂讨论

宁夏大学的创始人。他永远是我们所敬爱的先辈和老师，永远是我们学习的楷模。

刘老的高风亮节，和创建宁夏大学岁月的光辉史页，为我们留下的宝贵精神财富和优良传统，影响着几代人。今天宁夏大学已步入大发展的新时期，正在实现着以刘老校长为代表的老前辈们的崇高遗愿。

我们坚信，宁夏大学绝不辜负人民的期许，定会发展得更加美好更加健壮，为祖国作出更多更大的贡献！

2020年7月

李增林

亲爱的党,下命令吧!
——大学毕业献诗

李增林

(领)大时代的战鼓响声隆隆,
　　　就像春雷震彻天空。
　　　红色的东方巨龙,
　　　排山倒海向前奔腾。
　　　在这豪迈的歌声中
　　　我们结束了学习生活,
　　　在这嘹亮的战鼓声中
　　　走向为党立功的英雄前程。
(合)骄傲啊,
　　　我们是大时代之子
　　　是五十年代的毕业生;
　　　激动呀,
　　　终于盼到了今天
　　　就要跨马出征!

（领）我们骄傲，

　　　我们激动。

　　　我们更要高呼：

（合）感谢您，亲爱的党，

　　　感谢您，我们的母亲！

（甲）是您教导我们向着康庄大道

　　　高歌猛进；

（乙）是您教给我们最有用的知识

　　　服务人民；

（合）是您，亲爱的党，

　　　是您哺育我们健壮成人。

　　　感谢您，

　　　我们生身的母亲！

（领）啊！亲爱的党

　　　我们就要毕业

　　　战马就要扬蹄飞奔。

（合）我们的心呀，

　　　已经长上了翅膀，

　　　飞翔在祖国的大地上。

（丙）我想去盛产石油的戈壁滩；

（丁）我想去钢花飞溅的云贵高原；

（戊）我想去森林参天的兴安岭；

（己）我想去南沙群岛把红旗大学兴建。

（领）祖国到处都是一样，

　　　到处都召唤我们奔往。

　　　我真想变成千百个我啊，

　　　劳动在各个地方。

李增林

（合）我们的心呀，

　　　已经长上了翅膀，

　　　飞翔在各个岗位上。

（庚）我想去工厂落户，

　　　白天，和工人同志忙碌在鼓风炉旁，

　　　那灿烂的火花照红我紧张又喜悦的面庞。

　　　听工人师傅讲给我怎样锻炼成钢，

　　　学习他们的思想、情感、观点、立场。

　　　晚上，我在课堂上讲课，

　　　和工人师傅讨论《红旗》上的文章。

（辛）我想去农村落户，

　　　早上，太阳还没有起床，

　　　就驾着拖拉机耕作在田野上。

　　　王保京对我说要大胆创造新品种，

　　　让科技和汗水浇出高产粮。

　　　学习他们的冲天干劲担高山赶太阳。

　　　晚上，我在课堂上讲课，

　　　与农民兄弟交流文化思想。

（甲）我向往着生活在战舰上，

　　　我要日夜操练，

　　　帽子的飘带随风荡漾。

　　　只要冲锋号角一响，

　　　我就冲破惊涛骇浪奔向前方。

　　　如果谁胆敢发动战争，

　　　我就要抡起钢铁般的拳头

把他捶成肉浆。

（乙）我向往着在深夜辛勤备课，

　　　课堂上向孩子们

　　　传授智慧的宝藏，

　　　我要看着他们

　　　从幼小到高大

　　　从戴红领巾直到入党。

　　（合）我们的学生，

　　　要像春天的桃李花开，

　　　遍布在祖国的各个岗位上。

　　　个个都是好样的劳动者，

　　　个个都敢想、敢干、敢独创。

（丙）在沸腾的日子里，

　　　在每一个早上，

　　　听，他们发明创造的捷报，

　　　在广播中播放。

（领）放心吧，亲爱的党，

　　　这不是一时的冲动，

　　　也不是凭空的幻想。

（合）我们知道

　　　面前的困难会像千重山，万里浪，

　　　但是我们的心中有党，

　　　高山就低头，巨浪就把路让。

（领）什么个人主义，利己思想，

　　　什么条件不好，地方荒凉，

　　　……

（合）去它的，
　　　一脚踢它个精光。
（领）我们要披荆斩棘，
　　　亲手修建城乡，
（合）让红旗在蓝天下哗啦啦作响。

（丁）我准备好了
　　　像马卡连柯用自己的双手，
　　　砍伐木材，
　　　建起第一所课堂。
（戊）我准备好了
　　　像马卡连柯带领孩子们，
　　　开发荒地，
　　　建起工厂。
（领）我们的口号是：
（合）凡是我们到达的地方
　　　　就是一座城，
　　　　是学校，
　　　　是工厂和农庄。
（领）我们的誓言是：
　　　不怕任何困难，
　　　不断革命，
　　　永远忠于党。

（领）亲爱的党，
　　　我们已经准备好了。
　　　我们要求您

　　　　最艰苦的地方，
（合）让我们去！
（领）最沉重的担子，
（合）让我们担当！
（领）亲爱的党，
　　　　下命令吧，
　　　　作社会主义促进派，
（合）是我们的决心。
（领）作工农和教师，
（合）是我们的理想。
（领）亲爱的党，
　　　　下命令吧！
（合）您的命令就是我们最大的愿望，
　　　　您指向哪里，
　　　　哪里就有红旗飘扬！

　　　　　　　　　　　　1958年7月15日

附记：

　　我的这首诗在1958年北京师范大学的"八一"联欢会和毕业大会上演出。参加朗诵者有刘世俊、李义琳、曾采今、梁贯中、戈定宪、张成章、张学莹、许令仪、张乃彬、陈裕墨等同学和我。

　　　　　　　　　　　　1959年1月

我们的誓言

李增林

（领）澎湃的黄河奔腾万里，
　　　雄伟的贺兰山巍然屹立。
（合）我们一百多个年轻人，
　　　在大时代的战鼓声中，
　　　在党的召唤下，
　　　从祖国的四面八方翻山越水，
　　　来到了美丽富饶的宁夏。
（领）啊，宁夏，我们向往已久的地方，
　　　如今我们投入到你的怀抱，
　　　生动的现实将要实现往日的理想。
（合）这是我们最大的幸福和荣光。
（领）我们绝不是到这里来临时作客，
（合）要在这里安家立业，献身边疆。
（领）我们深深知道：
　　　战士要在战斗中成长。
　　　大风大浪出新人，
　　　千锤百炼出坚钢。
（女合）坚决革命，不断革命，

（男合）献身宁夏，建设边疆。

（合）听，我们的口号多么豪壮！

（女合）我们要向工人阶级学习
　　　　共产主义风格，
　　　　坚定的无产阶级立场；

（男合）我们要向农民学习
　　　　冲天的干劲，
　　　　像他们那样纯朴坚强。

（合）我们决心把美好的青春和毕生的精力
　　　都献给这个灿烂的理想。

（领）今天我们向党向毛主席宣誓：
　　　最艰苦的地方

（合）让我们去！

（领）最沉重的担子

（合）让我们担上！

（领）我们的口号是：

（合）白手起家。

（领）我们的风格是：

（合）敢想、敢说、敢干。

（领）我们的决心是：

（合）不怕任何困难，永远忠于党！
　　　我们要和各族兄弟团结在一起
　　　永远听党的教导
　　　把宁夏建设成共产主义的天堂。

1958年8月28日

背景说明：

  1958年北师大毕业生来宁夏70人，又有来自五湖四海的其他名校毕业生50多人。我和吴淮生代表大家写了这首诗，向党表忠心。这首诗由我们这120多个火热心灵的青年在宁夏工委组织的欢迎大会上登台集体朗诵。

1961年3月

附：北京师范大学1958年应届毕业生"宁夏大队"名单（70人）

中文系小队（17人）：
- 小队长：黄嬉娇　李增林
- 成　员：张兆鸾　方卓南　陈学兰　朱东兀　刘世俊
　　　　　郭雪六　曾采今　李镜如　戈定宪　吴德胜
　　　　　马克前　吴淮生　黄章恺　欧阳端清
　　　　　闫承尧

化学系小队（9人）：
- 小队长：蒋蕴洲
- 成　员：陈怡娟　孙明华　常维章　汤瑞祥　李淑芳
　　　　　沈立钧　潘正绳　齐宗绍

数学系小队（9人）：
- 小队长：马贻忠
- 成　员：华觉勤　邓远能　徐星华　李佛奇　林耀光
　　　　　刘子尚　丁贵仓　黄　涵

地理系小队（3人）：

  小队长：孙毓洁

  成　员：田沛章　□淑文

俄语系小队（9人）：

  小队长：李　慧　刘焕华

  成　员：徐凤英　张永起　陈平凌　边绍敏　赵国祥

     张祖武　吕文曾

物理系小队（7人）：

  小队长：杨延华　张　奎

  成　员：周祖功　古祐玲　刘庆云　奚鹤鸣　闪郁昌

生物系小队（3人）：

  小队长：陈如熙

  成　员：王晞昕　陈殿宇

历史系小队（11人）：

  小队长：廖贵义

  成　员：李　荣　贾正群　田玉洁　戴善俊　张崇仁

     张占洪　巫发谷　尚恒元　陈　森　刘　彤

教育系小队（2人）：

  周相林　颜兴源

"宁夏大队"工作小组分工负责情况

领队：贾正群　黄嬬娇

宣传：李增林　马贻忠

文娱：闪郁昌　刘焕华　张占洪

保卫：周相林　孙毓洁

生活：奚鹤鸣

注：

①此名单于1958年8月在北京师范大学小队长开会前由周相林抄录；2013年3月8日，由周相林转赠李增林惠存留念；2020年7月4日，李增林提供给宁夏大学档案馆（校史馆）珍藏。

②凡姓名下画"＿＿＿"的，均属于1958年分配至宁夏师范学院工作的，或此后相继调入宁夏大学工作的老师。

塞上江南开遍鲜花
——喜庆宁夏大学成立

李增林

（领诵）贺兰山头的晴空布满彩霞，
　　　　塞上江南的十月遍开鲜花；
（合诵）汹涌澎湃的黄河在纵情歌唱，
　　　　勤劳勇敢的人民正收获庄稼。

（领诵）在这个金黄色的秋季，
　　　　在这雄伟的贺兰山下，
　　　　又升起了一面鲜艳的红旗，
　　　　宣告了宁夏大学的隆重成立。
（合诵）这是党的教育方针结出的硕果，
　　　　这是民族政策的丰功伟绩。

（领诵）我们的学校，
　　　　在万马奔腾的时代诞生，
　　　　在党的雨露滋润下成长。

　　　　　四年前的今天，

　　　　　也好似今天一样金黄。

（合诵）我们这些快活的年轻人，

　　　　　来自祖国的四面八方。

（领诵）我们的口号是：

（合诵）白手起家闹革命，

　　　　　誓把青春献祖邦，

（领诵）一组组同样年轻的师生，

　　　　　穿梭般的拉车跑趟，

（合诵）人们一起动手和泥架梁，

　　　　　欢声笑语飘荡在工地上。

（领诵）搬砖运瓦的老教师，

　　　　　也忘掉了白发苍苍。

（合诵）就是这样，

　　　　　在大地上建起了一排排平房。

（领诵）从此，

　　　　　白天书声琅琅，

　　　　　夜晚灯光辉煌。

　　　　　师生在这里传播人类的智慧，

　　　　　课堂上的笔记声沙沙作响。

（合诵）就是这样

　　　　　在改写宁夏无高校的历史，

　　　　　开始了宁夏高校的光辉史章。

（甲）我们清楚地记得：

　　　　开学不久师生们下到工厂，

　　　　与工人师傅同吃住同劳动，

是那么兴奋而紧张。
那瑰丽多彩的钢花，
映红了我们年轻的面庞。
我们认识到工人是好老师，
我们也只有千锤百炼，
才能坚强如钢。

（乙）我记得那是个寒风刺骨的早上，
我们系的师生，
奔忙在红花公社的田野旁。
红花渠的渠水啊，
冻得铁石一样。
农民和我们的热血在一起流淌，
不畏严寒，把冬闲变为冬忙。
农民的淳朴、勤劳的品质啊，
永远是激励我们进步的力量。

（丙）我记得那是个炎热的下午，
二年级的学生在讨论教学大纲。
为了解决一个疑难的问题，
我们学习了不少的文章。
直到今天啊那争辩的热烈情景，
还常常在眼前回荡。

（丁）我们最兴奋的是，
当我们的学生，
完成了第一个教案。
中学生津津有味地

　　　　　听实习教师的试讲。
　　　　　我们最幸福的是看到，
　　　　　我们大批的毕业生，
　　　　　操着矫健的步伐，
　　　　　奔往祖国需要的地方。

（领诵）从一九五八到一九六二，
　　　　这仅仅是四个年头，
　　　　我们的学校就是这样，
　　　　从无到有，从小到大。
（合）从医学、农学、师范学院分别叫响，
　　　到三院合并成为宁夏大学——
　　　这个自治区最高的大学府。

（领诵）同志啊，朋友，怎能忘，
　　　　这仅只是万里长征的第一枪，
　　　　这仅只是个不平凡的草创。
（合）今天我们宁夏大学宣告了成立，
　　　今后我们的前程将会更加辉煌！
（领诵）团结、紧张、严肃、活泼，
　　　　将成为我们优良的风尚；
　　　　艰苦奋斗，奋发图强，
（合）将是我们永远坚持的办学方向。
（领诵）我校的教学质量，
（合）将要日新月异飞快地提高增长；
（领诵）我校培养的人才，
（合）都是具有社会主义觉悟的劳动者，
　　　人人都将学有专长，淳朴坚强。

2020年7月4日,档案馆口述档案采访工作人员采访李增林(左一)

(领诵)我们的师生啊,
(合诵)为了祖国和人类最壮丽的事业,
　　　　要贡献美好的青春和全部的力量。

1962年9月21日

附注:
　　我代表宁夏大学中文系全体教师写了这首集体朗诵诗,曾由我与系里教师在宁夏大学成立盛典上朗诵。

我对增林师的感激和愧疚

饶恒久

中国传统文化关于尊师重教的观念源远流长,"天地君师""传道授业解惑""学高人师,身正为范"这一类的说法我自以为从小就知道,但是,直到自己当了一辈子老师,教了许多学生,即将告别讲台的时候,才不由自主地回想起我的老师,才慢慢领悟出"老师"这个称呼的分量和深情。

我曾领受过许多位老师的教诲之恩,其中增林师对我人生道路的启迪和对我的精心培养之恩,令我终生难忘。

我与恩师增林先生的师生缘是从大学本科时候开始的。1978年我考入宁夏大学中文系,一年级第一学期就有《先秦两汉文学作品选》。文化饥渴的学子们,上课之前就多次听到关于对增林老师的赞誉之声,第一次看到走上讲台的增林老师,衣着极为朴素,个矮,面黑,毫无惊人之处。然而,当一行劲拔潇洒飘逸的粉笔字出现在黑板上;当一口标准、洪亮、中气十足的普通话在我们耳边响起,特别是在先生准确、生动、形象、精湛的讲授中,上古神话、诗经、屈原、庄子、墨子、司马迁……一一走进我们心中时,同学们立刻被感染了,折服了。同学们低声赞叹:"这就是大学老师,教授!"从那时开始,"大学老师,教授"这个名词深深刻在了我的心中,并且激起我对中国古代文学的热爱。

1984年，增林师开始招收2名先秦文学硕士研究生，我毅然报考并有幸和龚世俊兄成为先生的开门弟子，这对于当时的我而言，是人生道路上一个重要的转折。由此一步，我就改变了当一辈子中学语文老师的宿命，有可能实现"当一名大学老师，成为一名大学教授"的梦想。

在增林名下的三年研究生生活，使我进一步体会、认识到作为一名研究生导师的学术内涵和责任担当。

为了确保研究生的培养质量，在我们入学前李先生就做了系统、周密的安排，为我们设计了完备的培养计划。在又一次当面聆听先生对《楚辞》《诗经》精深、独到的见解后，我更加深切地领悟到作为一名大学教授的学术涵养和超人智慧。

这里特别要提及的是为了奠定阅读、研究先秦典籍的基本功底，先生为我们付出的两个方面的努力。

一方面，聘请名师来校专门为我们授课。专门从固原师专聘请了杨子仪老师给我们讲授实用古音韵学，杨先生是湖南人，是章黄学派的弟子，在上古音韵学领域有极深的造诣。另外还从上海专门聘请了陈奇猷先生来给我们讲授了整整一个学期的先秦诸子研究。陈先生是上海古籍出版社的终身编审，在古文字学、古音韵学、古天文学、古音律学等方面都有极深的造诣，他的学术著作《韩非子校释》《吕氏春秋校释》凝结了他毕生的心血，迄今为止仍然代表着国内《韩非子》《吕氏春秋》研究的最高水平。还从北京师范大学聘请了王宁先生来给我们专门讲授了两个月的训诂学。王先生是陆宗达先生的研究生。迄今王宁先生依然是国内汉语训诂学、汉语语言学领域的一面旗帜，堪称一代宗师。

另一方面，增林师为了引导我们开拓学术视野，在繁忙的教学、管理工作（那时，先生已担任西北第二民族学院院长）中每学年都亲自带领我们到全国各著名高校拜访名师。记得，第一年，先生带领我们到北京师范大学拜访了《史记》研究的大家韩兆琦先生、《楚辞》研究的大家聂石樵先生；到北京大学拜访了古文字学大师裘锡圭先生。第二年，先生带领我们到四川社科院拜访了中国上古神话研究的大师袁珂先生；到山东大学拜访了乐府史、杜甫研究的一代宗师萧涤非先生以及古音韵学、训诂学研究的大师殷孟伦先生。那时我们才知道增林师本科毕业于北京师范大学，曾在高亨、陆侃如、萧涤非先生名下读研究生。增林师当年从高亨先生攻《周易》《诗经》、先秦散文和司马迁的《史记》，从陆侃如先生攻《楚辞》和魏晋六朝文学史，从萧涤非先生攻《乐府》史。遗憾的是当时高亨、陆侃如先生已经作古，只有萧涤非先生给我们讲授了他的治学经历和经验，勉励我们从青年时代开始就要打好基本功。殷孟伦先生讲述了他当年和陆宗达先生在黄侃先生门下读研究生的情景。听了令人肃然起敬，真可谓高山仰止。高亨先生的传承者董治安教授为我们讲述了孔子研究的基本功。此行先生还带领我们南下到复旦大学、南京大学，拜访了章培恒、刘毓璜等誉满国内外的学术大师。

令人感动的是，增林师的这一系列呕心沥血的努力，冲破了重重阻力，寻求到了多方面的支持。在当时刚刚开始招收硕士研究生的宁夏大学，具有首创之功；在全国高校的研究生培养中都是不可多见的；至于近些年国内的研究生教育，更是不可比拟。以后的几十年中，每当我和学界同仁谈及增林师对我们的良苦用心，他们无不为之感慨，甚至大有不可思议之叹。

如今每每回想起来，在我的学术道路上，得遇增林师，是人生的一大幸运；而且，我还有幸领受吴天惠、刘世俊、廖世杰、闫承尧、陈学兰等一批优秀的老师的培养教诲。记得当年同学们曾在一起议论评价这些老师，表示要向他们学习时，我说："我们学不了。因为这一批老师身上都有一种特殊的文化气质——贵族精神。"他们的衣着风貌、言谈举止、学问功底、治学态度、学术渊源、人品情趣无不洋溢着一种不同凡响的人文精神。他们实际上是我国教育文化转型期培养、成长起来的文化人，他们是新中国的最后一拨"精神贵族"。这不是我们单个人想学就能学得到的。是的，恍惚回首之间，我自己虽然也做了几十年大学老师，也忝列教授之位，也带过不少研究生，但是，越来越惭愧，越来越不安。实事求是地说，恩师对我的谆谆教诲，我并没有透彻领悟；恩师对我的殷切期望，我并没有力行不辍，真是让老人家失望了。直到我即将退休，结束大学教学生涯时，我才清醒地认识到，瞎忙活了几十年，该读的好书基本没读；读过的也基本没有读懂。如今追悔莫及，怎奈时光不会倒流，人生没有假如。唯有写下上面这段文字，作为对增林师的感谢和愧疚……

2016年2月19日

作者简介

饶恒久，1955年出生，宁夏盐池人，汉族，教授，博士研究生导师。2002年在西北师范大学取得文学博士学位。曾任宁夏大学中文系主任、中国石油大学人文社科部主任、中国石油大学（北京）学术委员会委员、人文社科学院学术分委会主席，中国石油大学（北京）企业文化研究中心主任；北京市文化建设特聘专家。多次受《凤凰卫视》特邀讨论"国学与当代中国文化建设"等问题。并在全国各地做专题报告达数十次，反响热烈。发表科研成果多种。

李占松

  李占松，1931年11月生，山东莱州人。中国民主同盟盟员，副教授。1953年毕业于哈尔滨外国语学院。曾在中央轻工业部专家工作室任口译、笔译工作。1958年任中国机械工业部赴东德、波兰及苏联考察团译员。1961年到宁夏大学外国语系任教，教授俄语和英语，曾担任宁夏大学学术委员会委员。译著《合成脂肪酸的生产》《声和超声振动及其在轻工业中的应用》获宁夏大学首届优秀科研成果译著一等奖。

记者：您在宁夏大学工作期间，对哪些事情印象较为深刻？

李占松（以下简称李）：我叫李占松，1961年来到宁夏大学，由（自治区党委）组织部直接分到宁夏师范学院俄语系，当俄语教员。我为什么来宁大？是跟着吴书记（吴生秀）来宁大的。宁夏有位领导对我们说："宁夏的土豆便宜、大米好，当时是'低标准'，欢迎你们两个到我们宁夏来。"就是这么调来的。

一来就把我分到俄语系当老师，以后呢，我带的是数学系、物理系的俄语课程，一直教俄语教到1970年，1970年去山东，进修第二外语——英语，我们去了十多个人，回来后又教公共英语。在这之前我1955年跟着中国轻工业部赴苏联考察团到苏联去做口译，走了好多地方，（前苏联）15个加盟共和国都去过，以后又到德国、捷克斯洛伐克、波兰做翻译，当然我说的是俄语，他们就用德语、波语啊再翻译过去。那时比较艰苦，但对我的外语水平也是个提高的好机会。当时我还辛辛苦苦地翻译了几本书，比如科技方面的《合成脂肪酸的生产》，有的不光出了头版，还出了二版。反正自己尽自己的业务水平吧。

1961年一来宁夏，当时这里是黄土黄沙满天飞。每逢礼拜六、礼拜天，学校领导就让所有的老师学生，都背着背篓背沙子填坑。吃的相对来讲比别的地方稍好。住的是窑洞，学校很照顾我，给我三间窑洞，以后窑洞没了，就住平房，水和电都不缺。逐渐的我对宁夏越来越感到亲切，因为我的三个孩子都先后出生了，都在这儿长大了，儿孙现在都是宁夏人，我也来宁夏50多年了，有感情。我觉得我们银川现在比哪个地方都好，比北京、上海都好，天气也好。

（宁大）自己有两个农场，最早的就是咱们罗家庄那个农场，叫教育学院，现在是宁夏大学南校区。那时候自己种稻田、玉米、西红柿也有种的，为了改善生活，自己农学系专家种，卖给师生，比外头要便宜一些、好一些。

现在怀远校区这个地方当时都是水，我们背着沙篓，把两个大沙土岗的土填到里面。拓土坯是为了盖厨房，由于炕小搞那个东西，当时是苦，但是干劲大、很高兴。有个木头模子，有个水盆，把黄土都和好了，稀的往这个模子里头一放，这两边一掀起来，第二个做的时候，把这个木框再拿水冲刷一些，往外打的时候，土和这个打土坯的模子分离得很干净。但是对我印象最深的就是搞背篓背土，真干呢，那时候。

当时咱们这是南边高，北边低，在那个院里只有一条马路，就是一个土沟黑水，你不给它疏通流走的话，就越来越脏了。

还有挖沙子、垫湖、填湖啊，这好多都是自己干，不是像现在铺路都是工人干，那个时候就是大家一块来搞，领导也干，像江云（时任宁夏大学党委书记、校长）这些领导，什么都干。当然他们岁数相对来讲大一些，带领大家干，我们大家支持也就说领导得好。

1955年12月5日，在克拉斯诺达尔与中国邮轮考察团合影（李占松 二排右一）

记者：李老师，请你讲讲当年病危缺血，学校师生给您献血的事情。

李：我真的是大难不死必有后福，我感到这句话对我来讲再正确不过了。1964年我五分之四的胃出血，都快不行了，死亡通知书都下了。医院里打电话，我家在小窑洞里，哪有什么固定电话。说人不行了，赶快要找人输血，系副主任世声四处奔走寻找可以输血的师生，我后来听说就用大喇叭广播，说哪个哪个老师病了，病危缺血。中文系三年级的还是四年级的，数学系的，还有我的同事都是坐卡车，4月8号去南门外的附属医院验血。我是O型血，他们中所有O型血的人，每个人给我输了400cc血。但因为我家里穷，只能买点鸡蛋煮着送给他们吃，表示感谢。

我这一辈子都感谢人家，好多现在岁数大了，有的都可能已经走了，其中有学校工人、老师和学生，当时如果大家不给献血，可能我早就完了。

记者：结合您的亲身经历和体会，说说宁夏大学对宁夏有哪些主要贡献？您对学校未来的发展有什么期许？

李：我当年得了急病，是宁大同事及时抬送我到医院治好的，所以，感谢宁大救了我的命。现在宁夏大学成了"211工程"建设高校，这就是历届领导出心了、为国家出力了。

没有这个学校，说句良心话，咱们宁夏不可能发展这么快。

宁夏大学是制造人才的工厂，叫"人才库"。所以祝我们的学校越办越好，祝你们这些未来的接班人、将来的英才，天天向上。

桃李不言　下自成蹊
——记李占松老师

张　娜

"宁夏土豆便宜，大米好，欢迎你们到宁夏来。"李占松老师笑着回忆当时来宁夏之前时，宁夏回族自治区领导吴生秀对他们夫妇说的话。

李占松老师1953年毕业于哈尔滨外国语学院（现黑龙江大学）。毕业后被分配到中央轻工业部专家工作室任口译、笔译翻译，曾陪同专家担任食品工业及轻工业部各行业的翻译工作。1955年任中国食品工业及轻工业部赴苏联及各加盟共和国考察团译员，1958年任中国机械工业部赴东德、波兰、捷克斯洛伐克及前苏联等国考察团译员。1960年调入中国科学院对外联络部工作。

1961年李占松老师由中国科学院调中国科学院宁夏分院工作。来宁夏后才知道，中国科学院宁夏分院还未组建，本来可以直接返回北京，但当时宁夏区党委的有关领导建议李占松老师留到宁夏师范学院俄语教研究室工作，支援宁夏"三线"建设，李老师毅然决定留在了宁夏。

李老师1953年参加工作后，经常陪同工业部的领导去苏联、德国、捷克斯洛伐克、芬兰等多个国家访问，主要担任食品工业及轻工业行业的翻译工作。其间，还翻译了《合成脂肪酸的生产》《声和超声振动及其在轻工业中的应用》等著作，这些译著中涉及许多工业制造方面的知识，对于当时的工业发展及国防（如潜水艇等）起到了推动作用，直到现在，许多技术仍在应用。由于李老师的著作广受好评，《合成脂肪酸的生产》一书于1961年再版发行。1985年该书还获得了宁夏大学科研成果译著类一等奖。正是由于出国访问、翻译外文著作等丰富的人生阅历，李老师的课堂总是生动有趣。受当时教学条件的限制，在外文教学中实践的机会少，他便自己设计一些教学实践环节，帮助学生更好地掌握外文。针对这些问题，李老师还潜心研究，发表了多篇关于俄英对照学习的论文并多次获奖。

李老师兢兢业业干好本职工作，认真负责，教学效果显著，承担了宁夏大学俄语系、数学系、物理系的俄语教学任务。1970年，由于教学任务的调整，他被派往山东师范大学进修英语，1972年回来之后，在原来的基础上不仅承担研究生的公共英语课程，还承担了西北第二民族学院（现北方民族大学）研究生的俄语以及英语考核任务。谈到教学，李老师很有兴致，他说："读书，一定要踏踏实实地读；教书也是一样，一定得认认真真备课，不能懈怠。只有这样，才能对得起自己的良心。"李老师如是说，也是这样做的。他说："宁夏是相对较为落后的地方，学生们只有通过学习知识才能走出去，才能改变自己，见识到更广阔的世界。"年轻时期的李老师随团到过许多国家，他希望他的学生们能好好学习，走出去，为此他会经常在课后给学生们补习，和他们谈心，关心鼓励学生，深受学生们的爱戴。毕业多年的学生，尽管家在天南地北，但只要回到银川，都会来拜访李老师。正是因为有像李老师这样的老一辈宁大人的无私付出，宁夏大学才会一步步发展得这么好。

说起宁夏大学的发展，李老师动情地说："宁夏大学现在真是发展得很迅速，教学设施好了，师资队伍更加强大，现在学生们的学习环境和那时相比好太多了。"回忆起刚来到宁夏大学的情景，李老师说："那时学校成立的时间不长，教学楼等设施建设都还不完善，我

2019年9月11日，档案馆口述档案采访工作人员与李占松（前排右）合影

印象比较深的是当时校园只有三座楼，怀远校区整块还是洼地，因为当时地势南高北低，所以还要背着背篓去背黄土填洼地，改善环境。每逢周末，老师们都来参加义务劳动，挖沟排碱、取沙开路、脱土坯盖厨房、种植农作物等，虽然很苦，但是大家都很积极，干劲很足，从上到下每个人都尽自己最大的努力，为建设好校园贡献自己的一分力量。"除了建设校园，李老师说那时的校园文化生活也是丰富多彩的，虽然建设学校非常辛苦，但这丝毫没有影响老师和学生们对于校园文化生活的激情，大家热情高涨，排练丰富多彩的文艺节目，大合唱、舞会等活动形式都深受师生们的喜爱。

老一辈"宁大人"扎根西北，发扬"沙枣树精神"，在最艰苦的环境中建设学校，正是因为有一代代人的坚守，一代代人的努力，现在的宁夏大学才能以崭新的姿态屹立于"塞上江南"，成为一所部区合建的综合性大学。在2008年建校50周年之际，宁夏大学跻身于国家"211工程"大学行列，又经过十多年的发展，宁夏大学目前已成为国家"双一流"建设高校。

从1961年到现在，李老师已经在宁夏工作和生活了近60个春秋。他的孩子也在这里出生、长大、参加工作，现在他已经是一个地地道道的宁夏人了，宁夏对李老师来说，已然是自己的第二故乡。谈起宁夏，他笑着说："觉得这儿并不比一线城市差，空气好，生活安逸，舒服自在。"

从李占松老师的回忆中，宁夏大学的发展历程被清晰地勾勒了出来，其中也蕴藏着李老师对宁夏大学深厚的情感。他动情地说："宁夏大学是给了我第二次生命的地方。"由于李老师年轻时潜心钻研，积劳成疾，落下了很严重的胃病。1964年，李老师做了一个很大的手术，急需输血。由于当时通信设施不发达，学校就在校园广播播送李占松老师手术中急需输血的消息，老师们和同学们听此消息，汇集到一起，坐上大卡车，赶忙去南门附属医院给李老师输血。老师还清晰地记得那是4月8日，经过血型查验，有两位中文系的老师和他的血型吻合，于是每人给他献了400cc。谈及此，李老师哽咽了："当时，他们真是救了我的命啊，而我却只能让爱人煮了些鸡蛋感谢他们……"1984年，由于之前做手术时的医疗水平限制，进行缝合的线不可溶解，李老师再一次胃病突发，医生下了好几次病危通知书，最后他靠着顽强的毅力，输入几千毫升的血量（相当于重新输入全身所需血液），还不得已切掉了胃，才保住了性命……否极泰来，如今，虽然快耄耋之年，但李老师始终精神矍铄。他说："人这一辈子总会遇到很多的沟沟坎坎，一定要保持好的心态，要努力迈过去。""两次大病都没将我击垮，我还出去旅游呢！"李老师得意地说。年轻时候的李老师就爱到处走走，他说旅途不仅能长见识，还能使人心情变好。现在有时还能在校园里看见李老师和老伴散步，还是一副精神十足的样子，兴致来了，还会哼起他最爱的俄语歌曲。

李老师希望新时代的宁大教师，不仅要学习老一辈宁大人的科研劲头和治学态度，更重要的是要传承认真务实的作风，以及属于宁大人的"沙枣树精神"，注爱于教，薪火相传，为把宁夏大学建设成为西部一流大学贡献力量，为国家培育更多的优秀人才。

（供稿：翟伟）

刘慧英　马友谅

刘慧英

女，1938年9月出生，四川资中人，九三学社社员，教授，曾任宁夏大学化学系（现化学化工学院）主任。任职系主任期间，她创办新专业、兴建实验室、创收发展基金，为改善教学环境、团结教师队伍作出了突出的贡献。她热爱教育，获"曾宪梓教育基金高等师范院校教师奖"三等奖，与爱人马友谅一同争取到田家炳教育基金资助，建立"田家炳教育书院"。2018年，获宁夏大学"创校荣誉纪念奖"。

马友谅

1935年5月出生，四川武胜人，副教授，自治区九三学社原常委。1959年毕业后来到宁夏大学物理系任教。在校工作期间，曾担任无线电电子技术教研室主任，创建宁夏大学物理系"无线电电子技术教研室和实验室"。退休后，心系教育，与爱人刘慧英一同为宁夏大学争取"田家炳教育基金"400万港币的资助，建立"田家炳教育书院"。曾获民族团结先进个人奖、民族团结模范奖。

记者：请二位老师简单介绍一下自己。

马友谅（以下简称马）：我叫马友谅，1935年5月出生，四川武胜人。

刘慧英（以下简称刘）：我叫刘慧英，1938年9月出生，四川资中人。

记者：马老师，请您谈谈宁夏大学当时的办学条件和教材等。

马：当时我到师范学院报到时，因为是在公园路二号，在公园的东北方向，一看这不是学校啊。进去以后找人问："这是宁夏师范学院吗？"他们说："这就是师范学院，就是公园路二号。"那个时候学校叫作师范学院，暂时作为宁夏大学的师院。进去以后是一排土房子，报完到，领导就叫我负责给1963级学生上课，但是我一看上课没有教材，那个时候哪来的无线电电子技术教材，其他外省学校也少有这个专业。我就找资料，找一些无线电方面的杂志书籍呀，找来以后，就自己编了一套教材，到我上课的时候，就开始用这个教材了。

记者：刘老师，请您谈谈印象最深刻的课题研究。

刘：我是化学系的，我觉得课题一定要化学与生产劳动相结合。所以我们做了一个关于植物生长调节剂的研究课题，是以化学物质来提高农作物的产量，整整做了三年，因为田间的实验一年就一次，结果非常好。当时我们做了水稻、麦子、蔬菜、枸杞、防沙植物等十几种不同植物的研究，做完了以后，我就把这些材料报给了自治区科委，因为项目是自治区科委支持的，每年有两万块钱的支持。我这个科研项目做了三年，很辛苦，还被狗咬过，腿上胳膊上都咬过，四个牙齿印现在都还有，不过结果叫人很欣慰。这个实验最后得到了鉴定，还召开了一个媒体的发布会，宣布了我的科研课题是优秀课题，并且能够推广。

记者：刘老师，听说你们当时还搞了一个有关稀土方面的课题，请您谈谈这个课题的相关情况。

1964年，马友谅和刘慧英在宁夏大学校园留影

刘：那时我们化学系的教师都很年轻，搞了一个课题叫作稀土，就是从稀土元素中分离出硫酸铈，这个东西，如果分离出来，将来可以给化学系挣一捧金子呢。大家就一直做，做了两个多月，一万毫升的液体瓶子，装了十几瓶子橘红色的溶液，没有一个人做出来的。

那天晚上我值夜班，还有个男教师跟我一块值班。值夜班时，我说这到底怎么回事，为什么做不出来呢？我桌子上随意放着几本书，我就拿来看，里头一句话提醒了我，就是说硫酸的这种稀土的盐的溶液，硫酸铈是盐当中的一种，它加热不水解。我说这不就结了，太简单了嘛，噼里啪啦地拿了个500毫升的小烧杯，把溶液倒进去一蒸发一浓缩，到达了饱和度它就结晶出来了，很简单的。那为什么会做不出来呢？我就在那开始加热，当加热的溶液达到饱和度后，硫酸铈就沉淀下来了。以前谁都没发现，我就做出来了。

记者：请您介绍一下一同为宁夏大学争取400万"田家炳教育基金"资助的相关情况。

刘：退休以后的2002年期间，通过我们两个人的努力，我们给学校争取到了"田家炳教育基金委员会"给宁夏大学无偿资助的400万元（港币）。当时学校的教学基地不够，理科的实验室也不够，干什么都没钱，学校非常需要这笔经费。我们得到这个信息以后，很快就跟张奎校长说明情况，张校长当时特别高兴。虽说获得资助这个过程极其复杂，好在办下来了。这笔资金在南校区（现宁夏大学金凤区校区）建起了"田家炳教育书院"，有力地支持了宁夏大学的发展。

我愿成为太阳

——记宁夏大学化学系原系主任刘慧英

牛露露

2018年,在宁夏大学建校六十周年校庆大会上,刘慧英作为宁夏大学化学化工学院的代表,第一个上台领奖。屈指算来,从风华正茂的川妹子,到满头银发的耄耋老人,刘慧英已在宁夏深深扎根五十七年。

一、塞上沙漠,芙蓉花开

刘慧英出生在四川省资中县,1954年就读于成都七中。作为一名从县城转入省城求学的学生,虽然基础底子薄,但她一直坚信"笨鸟先飞,勤奋是根"。1957年,她顺利考入四川师范大学化学系。大学三年级时,她因表现优秀而担任四川师范大学化学系助教。一年之后,刘慧英回归学生身份,继续提升自己的专业水平,最终以全5分的优异成绩毕业。在四川师范大学读书期间,刘慧英与马有谅因跳舞相识、相爱。1959年,爱人马有谅自愿到宁夏回族自治区参与大西北建设。三年之后,刘慧英为了爱情,更为了事业,追随着爱人的脚步,来到

1995年3月,刘慧英访学留影

宁夏大学任教。于是,芙蓉儿女双双来到塞北扎根。

1962年9月,刘慧英来到宁夏大学。此时,暑气还未消尽,刘慧英穿着一双凉鞋,脚一落地,沙子就像水一样流进了凉鞋。就这样,她踩着满脚的沙子踏入了宁夏大学的校门。当时,整个宁夏多是平房,不见高楼。刘慧英回忆道:"那个时候,主楼后边有一道大门,大门后是一座沙山,还没开开。等教师们亲自挖开沙山之后,才见到一望无际的沙漠。"当时的宁夏大学刚刚三校合并,学校的物质条件十分匮乏,给刘慧英分配的住所也十分狭窄逼仄,家里只能容下一张床、一个书桌、一个书架和两个凳子。她和丈夫就把床铺当办公桌,有时候两人会分开在床的两头写教案,批作业。

宁夏大学化学系于1960年开始招生,最初只设有化学教育专业,专门培养中学化学教师。当时,化学系里只有十几个教师,实验设备也极其匮乏。1963年,刘慧英按课程要求,计划开展物理化学教学,但这需要进行经常性的物化实验。"打开实验室之后,只见'一马平川',什么仪器设备都没有。"面对这个难题,教师们只有自食其力。刘慧英与化学系的教师们一点点地将实验室"从无到有"地创建起来。

二、要给学生一碗水,老师必须要有一缸水

20世纪60年代后期,化学系全体教师进行了一项"稀土元素的分离和提纯"的课题研究。全系教师实行三班倒,日夜加班,然而课题研究进行了两个月,却没有一位教师能拿出成果。一天,刘慧英正值夜班,偶然读到书中所讲的一句话,这句话提醒了刘慧英,她立即拿起500毫升的烧杯,倒入溶液,一蒸发,一浓缩,加热到溶液的饱和度,成功得到了硫酸铈的晶体。全系教师知道此消息后,大吃一惊。正是书上这一句话的发现,打破了研究的僵局,而这一句话的启迪,自然也离不开刘慧英多年来扎实过硬的知识储备。

刘慧英在宁夏大学化学系任教近四十年。关于为师之道,刘慧英形象地将之比喻为"一碗水"与"一缸水"的关系。她说道:"老师要想给学生传递'一碗水'的知识,就得先拥有'一缸水'的储备。没有这'一缸水',是舀不出这'一碗水'的。"1971—1973年,刘慧英在大连工学院(现为大连理工大学)化学系进修无机化工专业。她利用这次学习机会,填充自己的"一缸水"。

1975年,学校开始招收工农兵学员。所谓的工农兵学员,是指名义上的初高中生,而学生的实际知识水平却普遍较低。刘慧英深知学生的知识底子薄,家庭条件差,于是耐心地从基础的化学知识开始教起。就这样,她连续教了五届学生。刘慧英讲道:"我一生只想做好两件事情,第一件事就是决不辜负学生的期望,把课讲得杠杠的、棒棒的,要对得起他们的青春,对得起他们面朝黄土背朝天的父母。第二件事就是教育好自己的孩子,让他们长大成为国家的建设者。"1989年9月,刘慧英获校级"教书育人先进个人"称号。学生樊曙先曾评价:

"听刘老师的课是一种享受,逃刘老师的课是一种损失。"

2018年9月,在宁夏大学六十周年校庆仪式上,有一位学生突然从背后一把抱紧了刘慧英,激动地对她说:"刘老师,我好想您呀!"刘慧英先是吃了一惊,扭头看时,学生已是热泪盈眶。原来,这名品学兼优的女学生,由于家境贫寒,上大学时,得到了刘老师的诸多关心和帮助,这类事情对她来说,已是稀松平常,但学生却一直铭记在心。回忆起这个片段,刘慧英的心里充满着欣慰与感动。1993年,刘慧英获"曾宪梓教育基金高等师范院校教师奖"三等奖,这个消息曾在《光明日报》上登载过。在她眼中,成为优秀教师是光荣的,这个奖项正是对她教书育人工作的肯定,是值得骄傲的一份荣誉。退休之后,刘慧英夫妇仍心系教育,并成为了建设田家炳高级中学的田家炳教学大楼与宁夏大学的田家炳教育书院的牵线人。2009年,银川高级中学(即田家炳高级中学)颁给刘慧英夫妇一个奖杯,奖杯上醒目地写着"关爱学校,共育桃李"。

在谈及对当代大学生的寄语时,刘慧英真挚地说:"当代大学生首先要学会做人,要努力学习知识,要时刻约束自己,而不只是求考试的及格。其次大学生在出校门后要为国家、社会作贡献,不求做栋梁,但也要成为一株小草,没有花香,没有树高。一定要有自己的品格,自己的方向,自己遍及天下的朋友。"如今,刘慧英桃李满天下,有的学生在她的影响下成为了特级教师。她给予学生们的"一碗水",既便于他们知识储备时"充饥解渴",又是他们人生道路上的雨露甘霖。

三、一朵云彩飘到了头上

1989年,刘慧英被任命为宁夏大学化学系主任。在她看来,"这就像是一朵云彩悄然飘到了头上,也是一份重担背在了肩头"。宁夏大学早期只设有化学教育专业，专门培养中学化学老师。1986年，化学系增设化学实验专业，为两年制专科。1988年，又增设应用化学专业。其间，化学系仅毕业700余名学生。上任初期，刘慧英首先全面修订了"环境质量监测"专业教学计划。在此之前，"环境质量监测"专业在宁夏大学化学系是一处空白，缺乏专业的教师队伍，这也导致教学计划大纲难以制定。刘慧英便找来了一名毕业于哈尔滨工业大学环境质量监测的研究生，参考哈尔滨、北京等高校的环境质量监测教学计划，成功地修订和完善了"环境质量监测"专业的教学计划，增添了几门重要的专业课，使该专业的毕业生踏上工作岗位后，就能够立刻承担工作任务。在宁大60周年华诞会议过程中，任丽蓉同学到会场找到刘老师说："老师，多亏您修订的教学计划，我们出去能马上承担工作，现在同学们在各监测站都是骨干。谢谢您！"1993年，在一无资金、二无专业教师、三无图书资料、四无实验室的情况下，她又克服困难，创造条件，成功开设了化学工程与工艺专业。该专业现在已成为国家"双一流学科"建设专业。当时化学系的资金十分匮乏，在刘慧英的组织带领下，化学系顺利拿到国家级"环境质量评价"证书。凭借这次机会，化学系取得了相应的报酬，资金也充实了起来。此外，在刘慧英的组织下，化学系又新建了"化工原理实验室""环境监测实验室"和"环境微生物实验室"三个实验室，扩大了原有的化学系资料室，还面向全校开设了"科技创新与开发"选修课。

在改善化学系教学环境的同时，刘慧英也用温情关怀着系里每一位老师的生活。为了全系的团结，刘慧英曾在全系组织了一次外出活动。其间还遭遇过倾盆大雨，遇到了一些困窘的事儿，但却给了全系教师一次深入交流的机会，使教师们彼此之间更加团结了。

有一次，化学系的一位老师遇到了烦心事。这名老师的弟弟从安徽来到宁夏，不习惯当地的饮食，而这名教师忙于科研和工作，无法抽身照顾。刘慧英得知此事后，亲自提了一袋米，来到这位老师家中。

当这位老师和爱人回家后,看到煮好的米饭,切好的菜,心里充满了感激。教研室有位宋老师,被学校调派到上海学习化工。当时,宋老师家里要买一套房子,首付需要三千元,家中一时难以凑齐。刘慧英担心此事会影响到这位老师的进修学习,于是决定依靠全系的爱心捐助,共同解决宋老师家中的燃眉之急。她组织全系教职工,号召大家量力出钱,并亲自做担保。在她的倡议下,化学系的教职工纷纷解囊相助,爱心捐助达到五千元。刘慧英让阎龙成副主任记清每一笔账,先把富余的钱还给那些经济比较困难的家庭,之后将整整的三千元送到了宋老师家里。在刘慧英看来,系主任就是一个大家长,要把每一位老师都当作家人来照顾。

2001年,在校任职39年的刘慧英从宁夏大学光荣退休。她在宁夏大学里有过许多个"第一",获得过许多项荣誉,但她却从不标榜自己,也从不炫耀。

刘慧英老师最喜爱的一篇文章叫作《你就是自己的太阳》。她说:"我不想当月亮,而愿成为太阳。月光虽温柔皎洁,但依靠的是太阳的光。太阳光炽热明亮,依靠的是自身。"在刘慧英心中,太阳是自立的象征。她愿成为太阳,是想做一个自立的人,一个向着太阳昂扬面对生活的人,一个像太阳一样发光发热的人。如今的她,虽已年过八旬,但仍旧热情洋溢,精神矍铄,笑容灿烂而又温暖。

(供稿:王翔)

马友谅：扎根宁夏　奉献宁大

于晨曦

"那我就去这里，建设这里。"马有谅决定来宁夏的时候是在60年前。而60年后的今天，他依旧待在宁夏，心系宁大，为宁夏、为宁大奉献他自己的力量。从1959—2019年的60年，他编写教材，建设实验室，为宁夏大学申请"田家炳教育基金"400万港币，一直在践行着自己的初心和使命。

选择宁夏　扎根宁夏

现在宁夏大学的怀远校区，是马老师和宁夏大学故事开始的地方。他在宁夏大学的教学岗位上耕耘了36年，从拐角楼里深夜备课的年轻老师，物理实验室一遍遍整理器材的四川小伙到华发渐生的老教授。他走过宁夏大学的每一个角落，道路两旁的树木见证了他在宁夏大学的每一步。

1958年10月，宁夏回族自治区成立。1959年毕业于四川师范大学的马老师就毅然决然地选择来到这个刚成立不久的宁夏回族自治区。当问到老师为什么会选择来到这个他一点儿都不熟悉的地方的时候，马老师是这样说的："因为我是回族嘛，宁夏回族自治区刚建好，我就来了，我就来建设宁夏了。"就这样,马老师离开了从未离开过的家乡——四川省武胜县,来到这个气候、风俗、习惯没有一丁点儿相同的宁夏回族自治区,来到了这个甚至连学校都没有完全建好的宁夏大学。在这之后,他就一直奋斗在宁夏教育一线,将自己扎根在宁夏,将家安在宁夏,将自己最美好的青春和热血都献给宁夏,献给了宁夏大学。

艰苦建校 初心不改

"说实话,看到银川站的时候,就感觉落差很大,和想象中的不一样。银川站那个时候还是几间大土房子,住的招待所也是平房,风一吹就能带起一片黄沙。"新成立的自治区,条件艰苦,甚至用来接送老师们的车都是驴车。这些都让南方来的大学生很不适应,甚至心里都产生了怀疑,这真的是宁夏吗?直到现在老师们还记得当时用来形容银川的一首打油诗:"一个警察把两头,动物园里两只猴,七八个平房安在这,风吹石头满街跑。"可见当时的条件是多么艰苦,而学校的条件更加艰苦。学校还没有完全建设好,学校的房子不够,老师们住的都是大通铺土房子。为了改善这种条件,老师和学生齐上阵,只要没有课就去拉土,做砖,将一筐筐的土,变成一块块砖,最后再变成一栋栋小楼。

当时由马老师带队,从四川师范学院来宁夏支援教学的共有十二个人,其中物理系三个人、中文系三个人、化学系三个人、数学系三个人。大家都想着,既然来到了这个地方,就要好好工作,尽管未来生活和工作的条件十分的艰苦,但是老师们怀揣着理想,想着努力建设好宁夏大学,便也不觉得累了。那个时候的宁夏大学还没有建设好,周围都是沙丘,马老师的爱人也说:"学校的后门一般打不开,风一吹都被沙子埋个半截,很难推开。"到了晚上,不论老师还是学生都不敢出学校,因为周围都是大沙丘,不仅有蜥蜴、蜘蛛之类的,甚至还有狼、野狗等，再加上到了晚上除了宁夏大学、军区和一栋政府楼能看见一点灯光之外，其他的地方都是一片昏暗。除此之外，干燥的气候和不时到来的沙尘暴，都让自小没有离开过南方的马老师有些不适应，但是马老师坚持下来了，在宁夏一待就是60年。在这60年间，宁夏大学成功地向这沙丘要来了一所大学，除此之外，宁夏大学也承载着老师们的希望，一路走来，成为了国家"211工程"重点建设大学、教育部本科教学水平评估优秀等次高校。

"我是回族，自然是要建设好宁夏回族自治区的。"马老师不仅自己待在了宁夏，也将家安在了这里，而刘慧英老师也因此放弃了在家乡已经安排好的工作，来到宁夏，和马老师一起建设宁夏大学，分别为宁夏大学化学系、物理系的建设和发展作出了自己的贡献。在这60年间，他奉献了自己的青春和热情，从一个年轻小伙子变成了一位耄耋老人，但是他的初心却始终未变。

编写教材　努力教学

马老师是宁夏大学物理系的开拓之人，宁夏大学第一届物理系的学生就是马老师教出来的。当时马老师负责的课程是无线电教学，无线电在当时来说是新技术，那个时候宁夏大学刚刚建校，教材设备都不是很齐全，马老师就自己找资料、杂志、书籍，将无线电技术有关的部分都摘抄下来，进行删减增改编写成了两套教材，在教材编写完成后，四届学生都使用了这个教材，解决了宁夏大学物理系最初缺少教材的困境。

当时上课讲无线电的时候，大家都不能理解，因为这是个新技术，再加上那个时候实验室还没有建好，只能从书本上获取知识，实践是十分欠缺的。马老师就向学校申请，上课的时候给每一个学生配发了一个小的收音机，这样什么东西都具体化了，学生们也会更加清楚无线电设备的内部构造。为了让学校能够将资金批准下来，马老师多次去申请,在他的努力之下,物理系的每个学生很快都配上了上海制造的小收音机,有了正确的学习方法,学习的效率马上就上去了。解决了这个问题,马老师就开始着手实验室的事情了,只要是不上课,马老师就会到实验室,粉刷实验室的桌子,桌子怎么摆,上面放什么,都是马老师一手设计的。那个时候只要找不到马老师,都会去实验室看看,因为马老师多半就在那里。除了给学生上课外,马老师也重点举办"电子技术短训班",担任"无线电技术基础"的教学工作,这算是额外的任务,每天在完成了学校的教学任务之后,还要在晚上给大家培训无线电相关的技术,对于这种非学校的正规的教学,马老师也是丝毫都不放松的,每天熬夜写教案,就是想要给大家讲得更多更好,使大家能够学得更加得透彻。"现在很多维修电器店铺的老板,都是我的学生呢。"马老师骄傲地说道。除了日常的教学工作,马老师也不断地与时俱进,更新修改无线电相关教材,使这些教材更加容易理解,与此同时,在1983年参与了西南、西北地区九所综合性大学教材编写工作,合作编写了《模拟与数字电路》一书。因为这些突出的表现,马老师获得了

2019年6月22日,档案馆口述档案采访工作人员与刘慧英、马友谅(前排)合影

宁夏大学教书育人、服务育人的"先进工作者"称号，同时，他也获得了国家民族事务委员会、劳动部、国家科协的表彰奖励。

退而不休　贡献自己

马老师退休之后，没有放弃对学校、对宁夏、对社会的关心，他没有选择在家颐养天年而是选择作为监察员，倾听工人的心声，反映工人的问题。在一次走访厂矿的时候，马老师选择私访，在矿区领导都不知道监察员来之前就潜入工人中，了解到了很多工人不敢说的问题，等到领导们知道监察员到来后，马老师已经完成了自己的走访，了解到了工人们真正想说的，帮助工人们解决了很多的问题。

除此之外，马老师还促成了"田家炳教育基金"在宁夏大学的投资。当时宁夏大学并不符合"田家炳教育基金"的要求，他们也并没有将宁夏大学作为他们的资助对象。但是马老师从自己的同学那里得到了这个消息，想着为宁夏申请来一些资金，于是自费购买车票，去找"田家炳教育基金"的负责人，向负责人提供宁夏大学的相关资料，把想要为宁夏大学申请一笔资金，用来建设宁夏大学的想法告诉了负责人。在马老师的努力下，"田家炳教育基金"为宁夏大学投资400万港币，建成了"田家炳教育书院"，随后，在自治区副主席刘仲的委托下，又帮助银川高级中学争取到"田家炳教育基金"300万，修建了一所"田家炳教学大楼"。退而不休，是马老师的真实写照。

春蚕到死丝方尽，蜡炬成灰泪始干，马老师将自己的青春和一生都奉献给了宁夏大学。60年间，马老师已将自己彻底地变成了一个宁夏人，为宁夏、为宁夏大学做了很多事情。让我们向马老师，也向每一个为宁夏大学奉献了一生的老师们致敬！

（供稿：王翔）

刘世俊　郭雪六

刘世俊

1936年8月出生,天津人,中共党员,教授,硕士研究生导师。历任宁夏大学中文系副主任、主任,《宁夏大学学报（人文社会科学版）》主编、宁夏大学副校长。长期从事汉语史方面的教学、科研活动与系级、校级行政管理工作,并从1979年起任汉语史专业硕士研究生导师。科研成果颇丰,多次被授予国家级、自治区级各类奖项、先进工作者等称号,并于1993年起享受国务院政府特殊津贴。

郭雪六

女,1936年1月出生,福建福州人,教授。1958年从北京师范大学毕业后,到宁夏大学任教直至1996年退休。在校期间,主要从事中文系外国文学的教学与科研活动,曾获"教书育人先进工作者"称号,并发表论文多篇。

记者：您是第一批来到宁夏大学的元老，刚到银川和创校初期，哪些印象比较深刻？当时学校的住宿和饮食等条件怎么样？

刘世俊（以下简称刘）：我叫刘世俊，1936年8月出生于天津。今年已经83岁了。

我呢，出生后不久就赶上了"七七事变"抗日战争爆发。我的童年，经历了抗日战争。天津沦陷以后，也尝到了被日本人统治下老百姓的受苦生活，尤其是精神上的摧残。

我于1948年考入天津南开中学，在南开中学学习了六年。这六年，对于我一生来说，我是非常感恩的。因为那个学校，不仅给我们的专业知识打下了坚实的基础，在老师的影响下，还坚定了我一辈子当人民教师的这样一种信念。所以中学一毕业，我的第一志愿填的就是北京师范大学中文系。我如愿被北京师范大学录取，1958年毕业。毕业的时候，真是一个激情燃烧的岁月，大家怀着满腔的热情，争取到边疆去、到农村去、到艰苦的地方去，概括为一句话，就是："到祖国最需要的地方去。"

哪儿最需要呢？那阵儿的制度是填报志愿由组织分配，找啊找啊，最后下决心报第一志愿——宁夏。宁夏是什么概念呢？地图上找不到，因为国务院刚批准建立宁夏回族自治区，还没有成立，所以地图上找不到。知道它的首府是银川，我到银川，发现是在甘肃版图内。这个地方呢，我考虑结合我们当时年轻人的雄心壮志。第一，位置在西部；第二，是即将成立的一个少数民族自治区；第三，看了看周围的环境，很高兴，为什么呢？这边是腾格里沙漠，那边是库布齐沙漠，临近有很多沙漠，黄河横贯其中，再看到银川旁边有一座贺兰山，在历史上是有影响的一座名山。年轻人很高兴，我就选择这个地方。还有人说，它还没成立呢。我们很豪迈地说，在白纸上，我们才能画出最新最美的图画，那个地方有我们施展才华、实现抱负的一个广阔天地。我们来到宁夏，还有同学去青海，这些偏远的地区，都是急需人才的地区。

为了坚定自己的信念，分配前，我们一起到了天安门广场，在人民英雄纪念碑前宣誓："这一辈子，我们不会走回头路，我们要勇往直前，要对得起烈士用鲜血换来的人民共和国，换来的祖国今天欣欣向荣的一片大好形势。"宣誓完毕，这样就出发了。来银川呢，买火车票，人家说只能买到中卫。当时兰州到中卫，有铁路客车。到了中卫，我们坐着装有水泥、建筑材料之类和货车混编的一个车，就这样摇晃着到了银川火车站。到了以后，找不到站台，因为银川以前没有火车，刚修通，我们这属于最早的一批乘客了。我找不到站台，下了车以后发现有很多帐篷，这个上面写着"百货"，缺什么东西了进去买一买。大家最关心的是写着"邮电"的那样一个不大的帐篷。接我们的一个文教组的同志说："大家赶紧进这个帐篷里给家人打个电报吧，报个平安。"来接我们的车还有一段时间才能来。在广场上，大学生很热情，我们就排成队唱歌、跳舞、演话剧，老百姓就围上来了。我们最震动的是，很多人说："看，这是前两天报纸上宣传的，毛主席派来的大学生来了。"我们听了，心里热乎乎的，老百姓盼着我们来。

到了银川，给我们安置在了银川中山公园东北方向的银川师范学院。在教室里边，大家把课桌拼起来，因为是假期休息，我们只能在这儿等着开学分配。不久，分配方案下来了。我拿到的分配方案上写的是分配到了"宁夏大学"。后来，自治区文教厅的同志来跟我们讲："这个学校现在是按照三个学院招生，一个是师范学院，一个是农学院，一个是医学院。你是在师范学院。"天天有党委的主要负责同志来给我们讲话做报告，聊天，使我们明白了好多事儿，如，自治区的情况、民族情况，特别是给我们讲宁夏历史上没有高等教育，没有过大学。他们有一句话使我们非常振奋："在你们这一代上，要结束宁夏没有高等学校的历史。"第二个给我们印象深刻的是什么呢？自治区成立了，百业待兴，急需各方面的人才。农业人才不用说了，老百姓看病、医疗方面的人才也缺，特别强调——缺老师。我们感到身上

1976年，刘世俊（左三）与学生座谈

的担子很重。我们只有一个困惑的问题，最后只能提出来："怎么老让我们住这儿，我们的学校在哪儿呢？""在你们脚下，自己建吧。"因为当时宁夏师范还没有，我们已经招生了，开学的地方我们已经选好了，在银川师范学院划出一角。具体来说，最东边的房子归你们，你们就在这儿吧，上课，其他的困难，领导也说了一句："白手起家，自己干吧。"我们当时心里想着，这够紧张的了。

通知我们1958年9月15日就要开学了。我们来银川火车站，那天是8月24日，连一个月时间都不到，就要迎来自己的第一拨学生。于是我们赶快分配教学任务，你教什么，他教什么，赶紧备课，学生们马上就要来了。那时，我们真是有热情，没有备课的地方，我们就在自己的宿舍找到一个角落默默研究。"

终于盼来了9月15日，三个学校（师范学院、农学院、医学院），就是最后的宁夏大学三个学院师生在一起召开了开学典礼。宁夏的领导们都来了，《宁夏日报》专门刊发了新闻和社论，高度肯定了创建宁夏大学、结束宁夏没有高等学校的历史这个意义。典礼结束以后就是师生见面。一见面，我们发现好多在座的学生，比我们这些青年教师看着都年长。有的学生看出了我们的困惑，主动走到了我们前面说："老师啊，你看我们这些老学生，我们真是等了等，盼了盼，盼了这么多年，宁夏有大学了，我们有条件可以在自己家门口上大学了。"听完这些话,那心里真是用"震撼"这两个字来概括,明白了自己肩头的使命。暗下决心,我们不仅要办起大学,我们还得克服困难办好这个大学,这个初心和使命,我觉得,六十多年来啊,一直伴随着我的就是心里一直有这个场景。

虽然有时候讲起来这个初心很具体,但是现实怎么样呢,很多困难是现实的。开始招生,只招急需的三个系,需要什么呢?一个是中文系,教语文的教师急需,也最重要,缺的最多。办了一个历史系,当时叫政史系,培养政治、历史这方面的老师。没有条件、没有实验室,把数学专业和物理专业合在一起叫数理系,培养数学、物理方面的老师。

三个系100多位学生,大家说:"把最好的、最大的、最亮的那个房间当教室。"连住宿都这么紧张,哪有食堂餐厅啊?所以就养成一个习惯,经常在城墙底下迎着风,太阳一照,席地而坐,用一个脸盆,自动地八个人或者六个人坐在一起,打来了饭一起吃,好长时间都处于这样一个状态,但我们没有怨言。

我特别感动的是,学生经常鼓励我们,说这比他们家乡好多了,说这个条件比在他们农村(强),他们来学校享福了,条件好多了。

还有一个不习惯呢,吃两顿饭,就是早晨十点多吃完饭以后,到下午再吃上一顿。这个晚上备课就会很饿,后来慢慢地也就习惯了,能吃的时候尽量多

1985年9月24日,刘世俊(前排左一)与同事开展教学研讨

吃就行，就是这样，这些个困难，都是在北京念书的时候没有遇到过的。

记者：您对宁夏大学目前的工作有哪些建议？

刘：从我个人来讲，2002年退休以后，我看到学校里边的变化，我就特别振奋。这就是我当年踏上这个土地，到宁夏大学报到，经历了几代宁大人啊，学校正在一步一步地，实现了这样一个创建高校办好学校的使命。

所以今天啊，我们这个学校能够进入"211"，我不听什么这个议论、那个议论，我觉得应该很自豪。

要知道我们这个起点啊，连校舍都没有的一个学校，今天我们能够进入到国家重点"211工程"建设这个行列，这是几代宁大人"不忘初心　牢记使命"拼搏进取的结果。

有人说："你们进入211了，这已经值得庆幸了。"但宁大人就是有这种精神，"本固枝荣　枝繁叶茂"，还要叫它继续发展。所以我们新的目标又来了，那就是永远向前看。我们现在要建成西部一流的教学研究型高校，我们要做到区域特点鲜明，服务地方的能力要突出这样的一流大学。我不管别人怎么看，我觉得这个发展目标提得特别实事求是。我们只要不忘初心，肩上那个神圣的使命感永远存在的话，完全可以实现。就凭我们走过的这些道路，从无到有，从小到大，这中间看似很困难很困难，我们都能够知难而上，能够砥砺前行。

在这个当中，我们要随时保持清醒的头脑，要进行科学的分析，一句话，继续深化改革，我们这个目标能实现，照我看，还能早日实现。

刘世俊：六十二载无悔从教初心

张新民　封宏砚　黄思伶

向荒沙滩要大学

1958年夏，庄严肃穆的天安门广场上，一群意气风发的年轻人在巍然矗立的人民英雄纪念碑前列队宣誓："响应党和国家号召，支援大西北建设，到农村去、到山区去、到边疆去！到祖国最需要的地方去！"整齐嘹亮的声音洋溢着热情与坚定，在天安门广场久久回荡。22岁的北师大应届毕业生刘世俊便是庄严宣誓队伍中的一员。他怀揣着最炙热的青春梦与赤子心，毫不犹豫地选择了支援宁夏。

"那是激情似火的年代，整个国家百废待兴，我们打心底里感激国家多年来对我们的栽培，一心报效祖国，到祖国最需要的地方成为我们的初心和理想。"眼前这位头发花白的刘世俊老人回忆起当年热血沸腾的一幕，仿如昨日。他饱经风霜的脸上，刻满了岁月留下的皱纹，那双温和的眼睛深邃而明亮，闪烁着慈祥和智慧的光芒。

建设宁夏是刘世俊填报的第一志愿。宁夏作为国务院刚批准成立、地处西北的回族自治区，仿佛一张白纸，百业待兴、生机勃勃，等待着他们去绘制又新又美的画卷。再加上在诗词作品中醒目出现的六盘山与贺兰山，对刘世俊来说也颇具吸引力，于是，填写分配志愿时他义无反顾地选择去宁夏。

  这70名北师大毕业生告别母校时，校领导语重心长地说："你们的满腔热情和雄心壮志非常可贵，但要做好迎接艰难困苦挑战的精神准备，你们的工作很可能要从扫盲开始。"他们从北京坐火车摇晃了三天两夜终于抵达了银川。下了火车，这些初来乍到的青年大学生便被眼前的景象惊呆了：银川站居然没有站台，一排排帐篷上分别写着"邮电""百货"等字样。虽然心中对大西北的艰苦环境有一些准备，但现实与想象仍然落差很大。令刘世俊和同学们感动不已的是，他们刚下火车，当地的乡亲就自发地围拢起来，他们激动地拉起同学们的手，欢迎这些年轻的大学生："你们是毛主席派来的大学生！"听了乡亲们的话，他们心里热乎乎的，感到宁夏的老百姓对他们充满了期待。再看到车站上摆放的成堆的建筑材料，刘世俊他们对这个城市也充满了憧憬。自治区领导前来看望这些毕业生时，给他们介绍自治区的发展规划，特别提到要成立宁夏大学，从此结束宁夏地区没有高等学校的历史。这让他们备受鼓舞，深切体会到自己身上肩负的重任。"宁夏大学在哪里？"出人意料的是，虽然宁夏大学已经招了首届学生，但没有校舍，只能暂借银川师范学校一角办学。9月15日，宁夏大学举行了首届开学典礼，师生见面时，年轻的老师们发现，一些大学生比他们还年长。一位学生走上前激动地对刘世俊说："老师啊！我们这些老学生，等啊等，等了多年，宁夏终于有自己的大学了！盼啊盼，盼了多年，我们能在家门口上大学了！"听了学生的肺腑之言，刘世俊的心灵受到强烈的震撼，更加意识到自己肩头沉甸甸的使命，他暗暗下定决心：就在这里扎下根来，全力建好宁夏大学。

  即将成立的宁夏大学，按三个学院进行招生，分别是宁夏师范学院、宁夏农学院和宁夏医学院。刘世俊被安排去了宁夏大学前身——宁夏师范学院。他和同事们把学校分给他们住宿的几间宽敞教室用来给学生上课，但生活用房严重短缺，怎么办？解决住房问题成为燃眉之急。刘世俊和同事们只在上午给学生上课，一到下午，一个个"白面书生"立刻换了行头，打夯、脱坯、拉砖、砌砖、上墙泥……师生员工齐上阵，自己动手盖房子。不少学生逐渐成长为盖房子的行家里手，老师也和这些学生们一起盖房建校。一个月的时间，20多间整齐的平房拔地而起。住房问题暂时得到缓解，还面临着其他生活困难：师范学校院内没有甜水，每天要用水车到很远的地方去拉食用水。为了节约用水，有些女教师甚至跑到隔壁的中山公园用湖水洗衣服、洗头发。"只要记着肩上的神圣使命，就没有什么迈不过去的坎，没有什么克服不了的困难。"刘世俊坚定地说。

1960年，宁夏大学迁到位于西沙窝的新校址。一望无际的沙滩上，孤零零地伫立着两栋没有上下水的楼房。新校园的教学楼和宿舍楼由建筑公司负责修建，但房子盖起来后，楼房周围留下了一座座小沙山，其中有一座达到了6米高，这给师生的出入带来了影响。于是刘世俊这些青年教师们每天就在吃过晚饭后开始"愚公移沙"。他们积极主动地背上背篓、扛上铁锹，把办公楼前的沙山一背篓一背篓地背走，用手推车运走。刘世俊回忆："我们当时不缺力气，更不缺精气神！"师生们日复一日地劳动，最终沙丘移走了，地面铲平了，道路铺好了，他们又修建出简易的操场。师生们高兴地说："这才是学校应有的模样！"

春天来临，全校上下又投入到美化校园的植树活动中。在老师和同学们的精心呵护下，一排排沙枣树、钻天杨点缀出荒凉西沙窝宝贵的绿色。入夜，拐角楼彻夜的灯光，更是当年西沙窝最绚丽的夜景。宁大搬到新校址时，正遇上全国性粮食短缺。创业维艰的宁大人又面临着忍饥挨饿的严峻挑战。宁夏大学人均一个月21斤粮食，一天不到一斤。在这样"低标准"缺粮的情况下，人们开始普遍出现了健康危机：身上浮肿，腿上一摁一个坑，眼睛眯成一条缝。学校为保证师生们的身体状况，采取了停上体育课与暂时取消晚自习辅导大一学生的措施，并组织师生们打沙枣树叶和榆树叶子准备充当粮食度荒。师生们的健康虽然每况愈下，老师们在饥肠辘辘的情况下仍然坚持讲课。课间休息时，学生把自己坐的椅子搬上讲台让老师坐，倒一杯白开水给老师喝。学校也采取了一些劳逸结合的措施，坚持上课。不少单位实施"关停并转"，"宁夏大学还要不要办下去？"经过全校师生的热烈讨论，一致认为：宁夏大学建校以来取得的成绩来之不易，绝不能半途而废！学校对困难形势进行了冷静科学的分析，采取了相应的措施，不仅在给区党委的报告中展示大家的勇气与热情，还提出暂时停办林学系、畜牧系、外语系，把没有学完的学生转到兄弟院校，以及继续开办部分师范专业和农学系，为全区中小学师资和农业生产培养人才等审时度势的具体方案。宁大人齐心协力，迎难而上，又一次经受住了严峻的挑战，继续砥砺前行。

校舍盖起来了，没有教材自己编……不畏艰苦、扎根西部的奋斗精神激励着最早的"宁大人"。刘世俊等老一辈宁大人用自己的双手与汗水在荒沙滩上建起了宁夏第一座高等学府。采访中，刘世俊自豪地说："我是这段艰难创业史的亲历者和见证人！"

一辈子就做一件事

"我这一生只做了一件事，就是在宁夏大学教书。"这是刘世俊发自肺腑的心声。六十二年，刘世俊秉承的教育理念支撑着他一步一个脚印坚守初心。

"作为一名教师，首先要肩负起这个岗位赋予你的使命。"人们都说，教师是阳光下最灿烂的职业，肩负着为国家培养人才的神圣使命，关系到一个国家、一个民族的未来。刘世俊对从事教师工作有着强烈的自豪感，同时怀有敬畏之心。他说："当老师不容易，要对得起这个神圣的称号。"刘世俊漫长的教学生涯中，在给学生传授知识的同时，更注重在道德情操、人格上的教育培养。同时，他特别强调以身作则。在他看来，身教重于言教，与学生朝夕相处要作出表率。"授业无止境"，刘世俊在教书生涯中，始终不断丰富自己的学识，力求给学生传授前沿的知识，开阔学生的视野。他绝不是单纯地照本宣科、千篇一律，而是在做一名园丁的同时也做一个瞭望者，站在学术的前沿，时刻跟紧时代的变化，跟上学科发展的步伐。

课堂教学是一门艺术。刘世俊十分注重改进教学方法、钻研教学艺术。只要站在讲台上，他总是全身心地投入其中，声音洪亮，语调抑扬顿挫，语言风趣幽默，引人入胜，亦庄亦谐，感染力很强。他很注重把现实生活中的语言素材引入课堂，注意中西融汇，古今贯通，形成自己语言学科教学独有的风格。他认为，实现教学目的、取得良好的教学效果，必须做到教学过程中师生的和谐互动。在几十年的教学生涯中，他一直在认真探索和践行这一教育理念，重视"教学相长"，在和学生的互动中，得到应有的启发，不时调整教学的重点和难点，以期得到理想的教学效果。育人育才，永不停歇。刘世俊先后为30多个本科、专科班级讲授古代汉语、现代汉语、汉语研究史略等课程，从1979年起开始培养汉语史专业方向的硕士研究生，培养了14届硕士研究生，其中两届为外国留学生。在1999年，刘世俊为了给当时刚来的年轻教师挤出时间和精力，更是选择了无偿指导研究生，甚至对研究生要发表的文章进行逐字逐句的修改……刘世俊在教学上的辛勤耕耘，为各行各业输送了大量的优秀人才。

在为学生打好专业基础的同时，刘世俊还深入开展学术研究，出版专著四部，发表专业论文十余篇，其中《评清代小说家的字词观》获自治区社科评奖论文一等奖；《语言美讲话》一书获自治区社科评奖专著二等奖。因在高校教育中作出突出贡献，刘世俊1993年享受国务院政府特殊津贴，还先后获得国家语言文字工作委员会授予的"全国语言文字先进工作者"称号、国家教委授予的"高等教育自学考试工作先进个人"称号,以及宁夏回族自治区授予的"有突出贡献的中青年专家""教书育人先进工作者"等荣誉称号。

  退休多年,刘世俊夫妇完全可以到更好更舒适的地方居住,然而,他们离不开亲手创建的校园。每当看到运动场上生龙活虎的年轻人,刘世俊总是跃跃欲试,看到重要的足球赛也会激动不已。退休后,他积极参加老教师合唱团,多次登台参加朗诵表演。庆祝宁夏大学建校六十周年的舞台上,有他慷慨激昂的朗诵;学校庆祝中华人民共和国成立七十周年的合唱比赛中,有他获奖的身影。前不久,他还应邀参加人文学院语言学及应用语言学硕士学位点申请方案论证会,提出"语言学科的建设要与区域文化建设实际相结合",得到与会专家学者们的一致赞同。在刘世俊眼里,当教师的历程是值得永远铭记于心的幸福之路,他最钟爱也最放不下的便是三尺讲台,他认为最幸福的事情莫过于与学生们的朝夕相处。"和学生在一起,我感到永远年轻、充满活力",刘世俊深有感触地说。他十分珍惜与学生们在一起的点滴岁月,这样的日子让他感到很充实、很幸福。即便在退休的日子里,他的心依然在学校、在课堂、在学生们身上。每当有学生请他为专著作序写评、修改论文,他都欣然接受,至今还不时有学生登门求教。刘世俊对所有学生来者不拒,倾情相助:"看到一届又一届年轻的学子,我觉得我的事业在继续、我的生命在延续。"

  每一个成功男人的背后都离不开一个非凡的女性。当谈及与自己共同来宁支援的爱人郭雪六教授对他的支持时,刘世俊说:"我们是同班同学,在烈士纪念碑前共同立下誓言,在宁夏大学艰苦创业过程中相互扶持、相互鼓励。共同的初心,让我们相濡以沫。执子之手,与子偕老。"他们的子女都不在身边,但他们把学生当作自己的孩子,与学生情同亲人。郭老师身患两种癌症,前后做了十一次手术。有一次手术后,出现严重的血栓,引起一只胳膊浮肿变黑,医生说唯有截肢才能保住性命,面对如此危急的病情,医生让一旁守护的学生通知患者家属签字。学生心疼自己的老师，恳求大夫："刘老师辛苦了一整天，能不能让他歇一歇，明早再过来签字手术。"此时，病危的郭老师随时都有生命危险，而呼吸机又出现了故障。两个学生二话没说，在老师身边用"手动呼吸机"延续着老师的生命。他们就像给自行车打气一样，轮换着操作，整整一夜未曾停止过一刻。看到这一幕，在场的医护人员无不为之动容。"我爱人的胳膊是学生用一整夜的劳累与血汗保住的，我永远感激他们！"这种不是亲人胜似亲人、血浓于水的师生情谊，成为刘世俊坚守讲台、热爱学生、忠于使命的不竭动力。

践行沙枣树精神

随着我国改革开放的深入，教育事业迎来了全面发展的春天，宁夏大学也踏上了新的征程。时任宁夏大学中文系主任的刘世俊，面对全新的挑战，意识到教学工作也必须顺应时代潮流，与时俱进。根据自治区党委"科教兴宁"的战略部署和宁夏大学"科技兴校"的方针，他和相关同志解放思想，齐心协力，自编教材、制订发展规划，用战略眼光在中文系相继开设了新闻、文秘等专业，为宁夏大学中文学科从单一的师范

2019年9月27日，档案馆口述档案采访工作人员与刘世俊（左三）、郭雪六（左四）合影

教育发展为综合性学科打下了坚实的基础；新设专业紧跟时代发展步伐，适应人才市场需要，获得了社会的广泛认可。新闻专业设立之初，由于没有足够的师资，大家集思广益，采取"送出去"培训和"请进来"教学的办法，借水养鱼，克服了师资困难，保证了新闻专业的健康发展，为社会提供了人才资源，推动了宁夏新闻事业的发展。

随着宁夏大学的不断发展，1989年5月已担任宁夏大学副校长的刘世俊又有了新的使命，他和学校党政领导一起，为满足宁夏经济发展和社会进步，提供人才保证和智力支持，进一步打破原有单一师范教育的框架，各系新的专业应运而生，将宁夏大学的建设推向了新的高峰。

作为一名学者型领导，在做好行政管理工作的同时，刘世俊始终将培养人才放在首要的位置。学位点建设是刘世俊分管的工作，经过扎实努力的准备，20世纪90年代初，一次性为学校增添了5个硕士学位授权点。留学生教育也是他的分管工作之一，由刚开始的只有两名留学生起步，经过不断提高教学质量，争取到了更多的留学生来校学习，还实现了招收留学生攻读硕士学位的突破。

宁夏大学建校之初，创业者们经常以沙枣树自励，刘世俊更是不遗余力地倡导和实践"沙枣树精神"。谈到沙枣树精神，刘世俊难掩激动之情，从他的语言和神态中可以清晰地捕捉到他内心深处对往昔岁月与沙枣树的热爱之情。他说："沙枣树能在干旱、寒冷、大风的天气中顽强生存，象征着老一辈宁大人艰苦创业的精神和品质，只要能扎下根来，就枝繁叶茂，本固枝荣。它不攀比，不炫耀，抵得住严寒，耐得住寂寞，面对艰难环境，顽强生存，不断发展壮大。"

在第35个教师节到来之际，自治区党委书记、人大常委会主任石泰峰代表自治区党委、政府及宁夏人民看望刘世俊夫妇，对他们"燃烧自己，照亮别人，把一生奉献给宁夏教育事业"的先进事迹极为钦佩，要求青年一代不能忘记老一代宁大人艰苦奋斗建校园、创学科的光辉岁月，学习他们"不忘从教初心，坚守育人使命"的宝贵精神。

如今，刘世俊已是耄耋老人，但老骥伏枥，壮心不已。他以一生时光实现了当年在人民英雄纪念碑前许下的诺言，手执教书笔的刘世俊，不仅在白纸上绘上了最美的图画，62年如一日精心呵护着教学园地中培育的小苗，更是以自身发光发热之躯，为持续发展的宁夏大学提供了不断前行的动力。他认为："走得再远，都不能忘记来时的路。"一代代宁大人不忘初心、牢记使命，将一座当年连校舍都没有的大学，建设成为国家"211"工程重点高校，现在宁大正朝着西北一流大学这一更高的目标攀登，他感到无比欣慰，对宁夏大学光辉的前景充满信心。

（供稿：王海文）

作者简介

张新民，1951年出生，山西新绛人，中共党员，主任科员，高级政工师。2002年获陕西师范大学文学学士学位。曾任《宁夏大学报》编辑部副主任。

封宏砚，女，1997年出生，河北平山人。2018年获宁夏大学汉语言文学学士学位、英语文学学士学位。现为宁夏大学2020级新闻传播专业在读硕士研究生。

黄思伶，女，湖南娄底人。宁夏大学2018级专门史研究生。在宁夏大学"口述档案"工作中，担任研究生组组长一职。

（学生记者徐玉昕、李建蕊、陈爱琳参与了本篇通讯的采写）

记者：请您介绍一下自己，并谈一下你们当时毕业分配的情况。

郭雪六（以下简称郭）：我叫郭雪六，生于1936年，而且是1936年正月初一的生日。

1958年是非常火热的一年，我们的心也是火热的。当时我们要响应祖国的号召，就是做一颗永不生锈的螺丝钉，要为祖国献出我们的一切。我们是北京师范大学毕业的，为了祖国的教育事业，立志要献出我们的青春，献出我们的生命。在这种情况下，大学毕业当时让我们填志愿，我们全部写的都是一切服从组织分配，领导让写得具体一点，我想具体怎么写呢？我们就打开地图，最南我说去海南岛，最北那时候就想到内蒙古，驰骋在草原上，多浪漫啊，我们就这样填。后来，系领导就跟我们讲，宁夏即将成立回族自治区，百业待兴，急需人才，你们可以考虑，我们立刻填了宁夏。

到了宁夏给我的一个最深的印象是什么呢？就是一下火车，宁夏当时根本就没有正式的火车站，只有"邮电""百货"的棚子扎在那儿，我们就进"邮电"的棚子里给家里打个电报。我们当时也没想过我们何时能回家乡，从没有这个想法，就觉得我们就是要到祖国边疆来扎根，所以呢，也不问那些，就报个平安。

那时候我才22岁，一位老大妈把我拽住，就说："哎呀，多俊的闺女啊！这不是毛主席给我们派来的大学生嘛。"哎呀！我就觉得特别温暖，这里的人民群众这么欢迎我们，多好啊！

记者：您在宁夏大学初创期间，对学校哪些事情印象较为深刻？

郭：那时候我没有觉得这个地方艰苦啊荒凉啊，我都不去想，我们到了我们住的那个地方，那时候就住在银川师范的一个教室里头。接下去自治区教育厅就来给我们进行第二次分配，当时就给我们宣布，我被分到宁夏师范学院，我老伴呢，也是分到宁夏师范学院，我们分到了一起。我那时候年龄小，是很活泼的一个小姑娘，我走到这个厅长面前，我就问他，我说："厅长，你不是让我们到宁夏师范学院，那么宁夏师范学院在哪儿呢？校址在什么地方？"他就指着前面一块空地，他说："就在这儿！给你们一张白纸，去画最新最美的图画。"那就是说当时根本就没有校址，要我们自己建。

所以在这种情况下，他们就和泥，这个泥怎么和呢？用稻草跟泥和在一起。我们就把小辫往头顶上面一盘开始干活，一块一块的土坯就弄出来了；拿一个筐子一块一块装上，蹬着、爬着把它们拉在一起垒起来风干。所以我第一次看《牧马人》里边有这个场景，我眼泪一下就出来了……我就觉得，哎呀就是说，我们当年就是这样，把这个土坯一块一块地弄，都弄好了以后就垒在那儿，让它风干。

一个月以后，差不多土坯也就干了，我们房子也就开始盖了。男老师跟学生一块吆喝着打夯，这样地基就打好了，然后用做好的土坯垒起了土坯房，完了上面还涂了一层灰白色的墙，真的很漂亮。

我们结婚的新房，就在我们自己盖的这个土坯房，我们在这个温馨的小房子里边请我们的同事、学生吃喜糖。那时候糖已经不是很好买了，吃的蜜枣，然后学校给我们摘了很多的花红果，大家在一块聚会，我们就这么结婚了。我们就在那儿住了两年，后来就有了我们的新房子。新教室也有了，是工人盖的砖房。一开始全校就4个系，就4个班，这就是我们最早的大学。

到了1960年通知我们，宁夏大学新市区的校舍盖好了一部分，大家可以搬过来。我们就从老城银川师范搬过来了。

搬过来以后，我第一次看到的是一片无际的沙滩啊。太惊讶了，我从来没看见过这么荒无人烟的地方，连一棵树都没有，邻居只有是远远地能看到的军区的营房。我当时真的心一下子就提起来了，我就想到，我们临离开师大母校的时候，一个党委书记送我们的时候说的一句话。他说："你们一定要做好艰苦的思想准备，你们要去的地方很艰苦的，你们不要老想着你们要教什么大学，你们要教什么中学，甚至于你们可能要从扫盲开始，所以你们一定要做好艰苦的思想准备。"

这个沙滩当时老百姓把这里叫西沙窝，就是现在的西校区。到了这儿以后呢，我一看这么荒凉，当时倒觉得有一个好处，那就是特别的安静。头一个假期，老伴提出了我们回一趟家，我说你回吧，我不回，我趁这么安静的时刻，在这儿好好看些书。我说这儿多好啊，这么安静，结果我就到图书馆借了一大摞的书。他走的头一天晚上，我就翻开了陀思妥耶夫斯基

刘世俊郭雪六夫妻合影

的《被侮辱与被损害的》的这本书，这个书里面写了一个垂死的老人，一条垂死的老狗，他从眼睛到动作，描写他们那种垂死的状态，我看了心里就有点紧张，就是也有点害怕吧。我就把书放下，打开窗户，哇！我一看外面，更吓人了，沙滩上都发着幽幽的绿光，这个绿光实际上就是磷火，因为沙漠那头就是乱坟岗。沙漠埋不住白骨，所以人的骨头就会发出那种磷光，那个俗话呢，就叫作"鬼火"。我一下就害怕了。第二天我也买了一张火车票，回了天津。因为我们刘先生就是天津人，结果大家都笑我，我说我害怕了，我也回来了。所以你们就可以想象这里是多么的荒凉，这是一个事情。

接下去，我们要建设我们的学校，那都是沙滩，又没有树，我们就开始修整道路，开始种树。那时候最容易种的、最容易成活的，就是白杨树。很快林学院的老师也搬来了，他们也弄了一些比较漂亮的

1985年3月23日，郭雪六讲授十九世纪俄罗斯文学概述

树木，就栽在学校中间的校园，然后呢，学校又给大家建了一个喷水池，觉得这沙漠里有这么一些水，就不那么干燥了。

  沙丘跟二层楼的楼房一样高，站在沙丘上就能直接爬进二楼窗户，不用走楼梯。我们得把它平了，怎么平了呢？每天吃完晚饭，老师们每个人背个背篼，义务劳动把这个沙一背篼一背篼背出去。学生们看着老师这样做，也都来和老师们一起劳动。花了将近半年的时间，师生们把校内的沙丘都背出去了，这时候校园的轮廓也就大致出来了。

  后来很多的老师离开宁夏大学以后，他们回来第一件事情就是去拐角楼。他们摸着拐角楼的一砖一瓦，就觉得特别的亲切，他们在这儿寻找自己的青春，寻找自己事业的开端，所以好多老师包括学生在内，都是流着泪在那儿摸这个拐角楼，所以现在的拐角楼，虽然多次修缮，但是完全保留原来的样子。

  我们就这样开始了我们大学的事业，当时学校的一个老校长叫刘继曾，他原来是一个老革命，很爱护我们，反复地跟我们讲："你们每个礼拜要读一本书，你们要多读书，有条件就送你们出去学习进修。"我呢,当时就被送到北京大学去,因为我是教外国文学的,就在北大西语系,可以和那里的老师一起讨论、备课,有什么问题啊,他们有很多很知名的老教授,比如冯至,我跟他们学了很多东西,进修学习大概有个一年半的时间,我回来以后,讲课就没有任何问题了。

接下去就是很艰苦的困难时期,所有的东西都有定量,粮食有定量,包括豆腐都有定量。虽然很艰苦,但是大家还是热情高涨。有一段时间,因为粮食短缺,很多的老师和学生都浮肿了,有的肿的眼睛就只剩下一条缝了。在这种情况下,当时学校的领导提出来,让大家讨论看要不要把学校继续办下去,因为太困难了,粮食短缺得很厉害。大家一致认为坚持就是胜利,就这样坚持下来了,度过了很困难的时期,我们就这么过来了。

记者:最后,请您谈一谈对我们当代大学生的建议与期望。

郭:我希望你们把宁夏大学艰苦创业的精神一代一代地传下去。我们祖国要想更美好、更强大,还是要靠你们,我们毕竟老了,我们这一代完成了我们这一代的任务,你们现在就要开始担负起你们这一代的任务,虽然有很多的不同,但是我觉得这个精神是一致的,你们要有这种精神的力量,匹夫有责,有这种责任感。

你们也是很了不得的,你们生在这么伟大、这么好的时代,我就祝愿祖国越来越强大,越来越美好。我真希望你们这一批年轻人再去奋斗一生,你们再让你们的下一代奋斗一生。

生命的高原

郭雪六

我22岁大学毕业就主动要求来宁夏,是第一批参加宁夏大学建设的教师。到如今(1996年),已近40个春秋,我已是年过花甲的老教授。尽管我至今仍在课堂上热情洋溢地跟学生谈笑风生,但38年来,风风雨雨,使我深深体会到做一个知识女性确实是艰辛备尝。其中,我体会最深的就是疾病对妇女的折磨。

人到中年,精神上的痛苦,生活上的压力,使我两次因妇科肿瘤住院手术。党的十一届三中全会后,自己从思想到业务上又一次获得解放。我倍加珍惜这来之不易的美好时光,把自己一腔心血倾注于教学和科研,恨不得一下子把被夺走的时间找回来,所以每天的日程都安排得满满的。白天在校内上课,晚上在校外授课,星期天还得到市上开文学讲座。当时学生和社会各界人士渴求知识,"攻关"的劲头真让人感动,因而也大大激发了我讲课的热情。要提高教学质量,就必须开展科研。于是每晚当孩子们都熟睡后我就开始写论文。当看到我的一篇篇文章登在报纸杂志上,对青年们学习外国文学起到一定的启迪作用,能够充实到教学内容之中,我感到从未有过的快慰。大学毕业时就立下的把知识献给人民的夙愿变成了现实,我不知疲倦地干着。然而始料未及的病魔又悄悄袭来,肚子不时地隐隐作痛,而我只当没事一样。但是半年之后，一天我正参加系内学习，肚子疼痛难忍，我硬是坚持到散会，坚持到托儿所去接孩子，竟晕倒在托儿所，经校医抢救，立即送到医院，开刀破腹，才查出病因。从此一发不可收拾，10年内，我竟开了7次刀，甚至有一年连开了3刀。其中两次是切除令人生畏的癌瘤。尽管如此，在教学科研上，我从未放松过自己。10年内我仍给10个本科、专科班级上过课，在校外也多次给高教自考生辅导过外国文学，此外还开出两门选修课，写出20多篇论文，编成3部教材。也是在病魔折磨我的10年里，我由讲师而晋升为副教授、教授。

对待疾病，我一贯持"既来之，则安之"的乐观态度。每次手术我都能与大夫密切配合，就是在手术台上，我也能和大夫进行愉快的交谈，以安定大夫和我自己的情绪。记得第一次手术时，大夫打开我的腹部发现满肚子的污血，为了找到出血点，几乎把我的内脏都翻了个遍，难受得我直想吐，我除了听大夫的大口哈气外，就去想些有趣味的事，突然觉得自己如《西游记》中的铁扇公主，有个孙悟空在腹中作法……注意力转移了，疼痛也忍受住了。然而6个小时的手术下来，毕竟失血太多，立即输血……在切除甲状腺癌手术时，要进行颈部清扫，颈部不仅有咽喉、声带，而且血管分布复杂。大夫都很怕碰着或伤着我的声带。为缓和紧张气氛，他幽默地说："这次甲状腺肿瘤切除后你就不能唱歌了。"我立即回答："不能唱歌没关系，只要能讲课就行。"大夫又说："只怕碰伤声带，也不能讲课了。"我鼓励大夫："你放心，我不能上课还能写书啊！"大夫开玩笑说："写书时可别写我们！"我认真地说："我会用自己的笔歌颂你们这些白衣天使。"5个多小时过去了，手术就在谈笑中完成了。

每次手术成功后，接着都要靠自己的毅力来恢复体力，尽快重新登讲台。我从来都是手术后第二天就坚持自己起来大小便。此时伤口还很痛，但为锻炼自己，哪怕是扶着床或是扶着墙，也要自己走几步，每天递增，不出一周，我就能在医院走廊里散步了。回到家，我坚持

1979年，刘世俊（右一）郭雪六（左一）一家

每天到操场上锻炼身体，学打太极拳，跳"迪斯科"，自编室内外适合自己体力的体操。开始活动10分钟，就觉得体力不支，我没气馁，哪怕每天能增加一分钟的锻炼时间，也觉得是自己的胜利，就这样我终于能在室外活动半小时，一小时……体力增强了，就开始看书、备课。可是毕竟因为手术次数多，而体力衰弱，出现过抬不起腿、腰酸、怕冷、整夜不能睡眠等情况。为此，就趁病假整修一番，心想这也未尝不是一件好事啊！于是取得心理上的平衡，不致因为生病失去时间而苦恼。

每次手术后，我都庆幸逢凶化吉，我拿着精心修改或是新写成的讲稿，重新走上讲台。我特意穿上色彩比较鲜艳、美观大方的服装，依旧神采奕奕。学生们用热烈的掌声欢迎我，我又看到他们年轻的面庞，专注求知的眼神，又感受到蓬勃的生机。我按捺不住自己的兴奋和激动，我又登上了讲台，但这次有更深的意义，我又一次战胜了病魔！

我于1958年从北京师范大学中文系毕业。当时我们这一批豪情满怀的大学生，抱着建设祖国边疆、为少数民族的教育事业献身的决心，奔赴宁夏。宁夏的黄土地、土坯房、一望无垠的沙漠，对我这个在南国长大的女孩子真是太陌生了。我们这批来自北京的大学生，正是要在这片黄土地上为这里建立起第一所大学。看着我们的第一批回汉学生跨进校门时的惊喜，看着他们的父母殷切期盼的目光，想着他们世代在这片黄土地上耕耘都没有见过大学，更没有想过上大学，我和我的年轻同事们热血沸腾，决心要把自己的热情和知识贡献给我们的学生。而宁夏的学生也热爱他们的来自北京、充满活力、有事业心的年轻老师们。从此，我和一班班的学生结下了深厚的师生情谊，也有了自己事业的"根"。每次我动手术时，都有学生几个小时地守候在手术室门口，都有学生陪伴在我的病床前，用棉球蘸着凉开水，一滴滴地滴在我干裂的嘴唇上。学生们不怕脏和累，日夜守护着，使许多医务人员感动不已，他们甚至认为这些学生就是我的亲儿女，因为是学生为老师尽了儿女之责。大夫和护士都以羡慕的口吻，来称赞教师的确是崇高的职业。正因为有这些情同儿女的学生细心的关怀和照顾，给了我战胜疾病的力量和勇气，使得我重新站了起来，踏上事业的新征程。

力量的源泉还来自家庭。我有个温暖幸福的家，我和爱人是大学同学，从友谊到爱情，到结婚，30多年来，互相鼓励，互相尊重，互相体贴。每次我动手术，他都能烧出最可口的饭菜送到床前，看着我一口一口地吃完才高兴。为此我还被同事们称为特殊的"美食家"。我们都是教师，很注意对儿女的教育。在品德、学习和生活上都严格要求他们，使得儿女从小就懂得尊重父母，尊敬师长，勤奋学习，热爱劳动。儿女在高中毕业后都顺利地升入了北京的重点大学，女儿还是训诂学专业的硕士研究生。他们大学毕业后都分配在北京工作。1991年，我在北京妇产医院做了子宫摘除手术，儿子、女儿轮流守候在病床前。术后，因麻醉，我呕吐不止，孩子们拿盆子接，来不及时，就用手接，还用热毛巾不停地给我擦洗，同时还抚慰我。他们用脸贴着我的脸,轻轻地喊:"妈妈……"亲切地说:"你真是个坚强的好妈妈!"孩子们的话如甘露般浸润我的心田,多么大的痛苦都被我化解了,我终于恢复了健康!万万没想到,1991年,这一年我竟然连开了3刀,而且有一刀是甲状腺恶性肿瘤。为了不耽误孩子们的工作,我在手术前没有把接连开刀的消息告诉他们。当他们在北京得知这个消息后,立即打电话来,电话里传来的话语,深情并充满信心:"妈妈太苦了,但我们相信妈妈能够再次战胜这可恶的肿瘤!"孩子们对母亲的信任,给了我再次战胜病魔的勇气。多么可爱的家!多么可爱的儿女啊!

事业和家庭是我战胜疾病的精神支柱,也是我作为一个知识女性能够战胜种种难关的力量源泉。

(注:本文撰写于1996年,曾收录于《光荣与希望》一书,2004年由宁夏人民出版社出版)

教育战线一颗永不生锈的螺丝钉

——郭雪六教授访谈

黄思伶

人的一生选择无处不在，不同的选择造就了千姿百态的人生。人总是在选择中前进的。1958年，北京师范大学中文系的同学们毕业了，郭雪六作为其中的一员，即将走上教师工作岗位的她又作出了怎样的选择呢？

到宁夏去，向西沙窝要一所大学

面对大学毕业填报志愿，郭雪六和同学们的心是火热的。当时年轻的他们决心响应祖国的号召，做一颗永不生锈的螺丝钉。为祖国献出一切，就是他们最大的心愿。起初，在表格上，大家毫不犹豫地写下了"一切服从组织分配"，后来，郭雪六和同学们知道宁夏即将成立回族自治区，百业待兴，急需人才，郭雪六和同学们就填了宁夏。

在毕业志愿再三修改的背后，是郭雪六这群年轻人对磨砺青春、焕发人生光华的无尽向往，是实践"哪里需要，就到哪儿去"的无悔誓言，是为国家奉献一切不可撼动的坚定决心……

郭雪六是南方姑娘，在大学毕业前的20余年里，见得多是南方的山清水秀与首都北京的大城市风貌，西北荒凉的沙滩和高高的沙丘似乎离她很遥远。而来到宁夏后，作为宁夏大学的第一代建设者，她见证了校园在青年师生们奋斗中的巨大变化。

1960年，宁夏大学在新市区的校址完工了一部分，师生们就陆续从老城的师范学校搬了过来。但来到这里后，尽管已经有几栋教学楼与宿舍楼拔地而起，周边的环境还是让郭雪六感到惊讶。郭雪六听老百姓说，这片沙滩叫作新市区，也叫西沙窝。西沙窝是片一望无际的沙滩，荒无人烟，连一棵树都没有，从校园向远处望，最近的"邻居"便是宁夏军区的营房，空旷、荒凉。除了沙滩，还有建筑队施工后留下的一座座沙丘，最高的一座甚至有五六米高。

尽管此时身处的环境与以往大不相同，但天性烂漫的郭雪六反而觉得别有一番景致。她说，"晴天的时候，沙堆发出金灿灿的光，真是美得不得了"。他们在沙堆上摘野生的沙葱，这些都是美味佳肴，然后在沙堆上晒太阳、锻炼身体，在宿舍里备课不便的时候，也来这里端着书本备课。

为了建设校园，郭雪六和青年教师们商议，齐心协力在校园里种树，修整道路，后来农学院的老师也搬了过来，弄来了一些高大的树木在校园里种上了。面对一座座沙丘，师生们在吃过晚饭后，共同出力，花费近半年的时间一背篓一背篓地将沙丘都移走了。校园的轮廓就这样慢慢呈现了出来。

郭雪六满怀期待留驻在这片沙滩上，不是幻想着这孤寂又萧瑟的沙漠自个儿能开出花来，而是在欣赏、感受它的美好的过程中，在与其相处、改造的日子里，赋予它新的含义，在荒芜中增添点绿色甚至是彩色，让那些过去的日子都成为可以歌唱的旧事。

坚守三尺讲台之初心

来到宁夏大学的郭雪六,刚从本科毕业不久,还稍显稚嫩,但从学生转换到老师身份,她却一点儿也不马虎。

刚开始的教学工作非常繁忙。在四个年级中,承担了多门课程教学任务的郭雪六,既要自己编教材、教课,还要撰写相关论文。在这种情况下,事业心、责任心极强的郭雪六不得不经常点灯熬夜,尽管有相恋多年曾是同窗、今为同事的刘世俊老师相伴,共同奋斗,但郭雪六还是觉得要以事业为主,先不考虑个人问题。不久学校又来了许多新老师,宿舍数量紧张,于是郭雪六同刘世俊商量,为了给新老师腾出宿舍,也为便于全身心投入教学,他们结婚后推迟了要孩子的计划。在这三年当中,郭雪六认真备课、编写相关教材以及大纲,看了很多书,同时还给银川师范代了一年的课。这样拼搏而充实的每一天,令她格外愉悦与享受。大女儿出生以后,将其送回了老家,这样郭雪六便专心钻研教学与科研。

多年的教学耕耘,让郭雪六收获了众多的荣誉,"教学一等奖""教书育人先进工作者",都是她辛劳付出的回报。郭雪六上课,精雕细琢饱含深情,备受学生欢迎。学生说她是在用心灵讲课,每次上课时都很有激情,通过她的言传身教,不仅为学生带来了文学知识的饕餮盛宴,更直抵学生们的心灵深处,助力莘莘学子绽放出最美的青春光芒……

无私无我、兢兢业业的付出,使郭雪六的身体备受煎熬。20世纪80年代,郭雪六患甲状腺癌,做手术后声带受损。术后仅隔半年时间,郭雪六又重新站上讲台,声音虽不似以往洪亮有力,但她依旧尽力让学生听清楚、上好课。后来,血栓的出现又使得郭雪六用右手写字困难,在这种情况下,郭雪六硬是逼着自己在短期内学会了用左手书写板书。1991年,她又抱病为1988级学生开设提高课现代派与俄苏文学,编出首次在中文系使用的新教材。尽管不断有其他的学校向刘世俊、郭雪六夫妇抛出橄榄枝,病痛也在不断地折磨着郭雪六,但她始终未曾考虑过离开宁夏大学。郭雪六就像是一颗为教育事业奉献、永不生锈的螺丝钉,教书育人近四十年,至今仍旧生活于此,堪把异乡当故乡。

螺丝钉最为平凡朴实,却是要想正常运转最不可或缺的一部分。郭雪六坚定地选择远方,扎根于国家边远地区、少数民族地区,笑对生活,任凭病魔怎样折磨,都撼动不了她那坚守三尺讲台的初心,这样的坚守初心,这样的无私奉献,只为把知识与信仰传播给莘莘学子,带给他们希望。这颗螺丝钉用最好的岁月诠释了她之于教育事业的理想,且愈艰难,就愈要做,就似那洪水奔流,遇着了数不尽的岛屿、暗礁,只为激起那朵最美丽的浪花!

(供稿:贾国华)

刘雅轩

刘雅轩，1942年1月出生，锡伯族，辽宁开原人，中共党员。历任宁夏大学实验工厂副厂长，印刷厂厂长。在校期间，多次被评为"优秀共产党员"，曾获自治区党委"先进生产者"称号。参加研制、主持生产的"学生天平"，曾获全国质量评比第一名，国家教委"全国普教理科教学仪器优秀研究成果"三等奖，宁夏大学"第二届科研成果"一等奖等。

记者：刘老师，请您简单介绍一下自己，另外，请您谈谈当时学校实验农场和奶牛场的一些情况。

刘雅轩（以下简称刘）：我叫刘雅轩，生于1942年1月11日，出生于辽宁省开元县，1962年9月28日来到宁夏大学实验农场。在这之前，宁夏石嘴山钢厂已经有七八个人来到宁夏大学实验农场。但是钢厂五六千人，是个大厂，他们来之前都不认识，有几个比我来得早，我是最后一个到的。

实验农场在那个时候很重要的，因为是困难时期嘛。那时候人们生活水平都还不行，蔬菜、肉、食油都还很少。那个农场办起来还很有作用，在食品这方面可以补贴一些给学校，在主食、副食、蔬菜等方面都能够提供一些补充，就有这么个好处。还有个奶牛场，一年产五六万斤牛奶，养的牛、羊、猪、家禽什么的都有，都可以给学校教职工和学生提供一些营养补充。

我是1962年9月到的，到1964年1月，学校要评这个先进工作者，把我给评上了，紧接着就参加了自治区的先进生产者代表大会。

我参加那个大会，农学系主任屈德林，后来是农学院院长，他代表先进集体，我代表先进个人，宁大就我们两个人参加了这个会议。

又过了一两个月，1964年的学雷锋活动，我成了学雷锋积极分子，也算是个先进，受到自治区团委的表彰，奖状什么的都发了。我在实验农场这一年多的时间，就有了这么大的荣誉，我觉得我这个人很幸运。

记者：刘老师，请您介绍一下您当印刷厂厂长时，印刷厂的情况。

刘：印刷厂当时是集体承包，没出效果，就把我叫去了。去了之后，领导让我当厂长，问我要什么条件，我说啥条件都不要了，可能的话再给拨点款搞点设备。第一次搞更新改造的时候就给拨款了，就更新改造油印讲义，那种讲义是蜡纸铺在钢板上，用铁笔在蜡纸上面刻字，把油墨铲平推匀，然后裹着蜡纸在油墨上一推，有时会因用力不匀模糊不清，油印时弄不好还会弄一手油污。学校给拨了点款搞平印，就是北京大学那个王选教授研制的平版印刷新技术，学校就要求把文字、讲义和教材一定要做好，我去的时候那个设备已经用了10来年了，老了，我去就想更新改造，改造改造，学校也给钱了，整个的话，改造的面不大。接着就是当时有个提法，宁夏大学要成立个出版社，为成立出版社做准备打基础，提高印刷能力，就先在这个印刷机上动动脑筋，有些设备也得更新，在铅印这方面就不发展了，再发展就发展平印了，等到第一次改造完了之后，第二次改造的时候，铅印就不用了，就用平印了，金属版印刷，承接出版社的正式图书，还有教育厅的试卷，高中会考材料，后来保密局的一些保密文件，我们也可以印了，也有这个印刷能力了。

铅印的时候苦，铅还有毒，整个那个周围空气都受影响，粉尘、雾气都有毒，铅一化，有时候还会烫伤人。最后铅都淘汰了，劳动保护这方面起码没问题了，能保证这个教学用的教材能按质量印出来了，日子就有点好过了，后来在上第二部设备那个时候，条件就比以前要好多了，印出来的东西也像样了，大家都认可，因为质量什么的都没问题，教委、教育部对印刷品也挺满意的，得了几个奖状，也挺受欢迎的。

记者：在当年艰苦的条件下，您和您所在的研究组是如何开展学生天平研究工作的？有哪些宝贵的经验？

刘：1980年还是1981年，时间我记不大清楚了，我找了个学生天平，学生天平可是重点了，我花的精力也多，用的心血也多。

学生天平是通过宁夏教育厅的教育物资站站长喜宝林，他也是北师大毕业的，我们关系处得都挺好的，他帮忙在教育部生产供应局搞到一份图纸，找到北京西单附近一个中学的复印机，把这份图纸印了大半夜。可能那时候用复印机的人也不是很熟，加上图纸份数也多，印的时间就长，快天亮了才印完，我们赶在上班之前，跑到生产供应

1975年，宁夏大学校办工厂工作人员合影（刘雅轩　后排左三）

局，把图纸还回去了。

我们复印了一份图纸，尽管不是很完整，但是已经是主要部件的图了，回来就通过自己的这个图纸进行生产试制，搞了好几个月，最后搞出来了，搞成了就用这个样品，把国家科委计量研究所的专家请来鉴定，经过他们鉴定，质量没问题，精度也达到了要求，批量生产是可以的，我们又努了一把力，就把这个模具、工具又进行了改造，改进了一下，就进行批量生产了，1984年全国质量评比，全国15家学生天平，我们拿到了第1名。

记者：最后，请您谈一谈对当代大学生的建议与期望。

刘：宁夏大学大有希望，省部共建，以前是省管，现在加个部管，前景会越来越好。希望学生不要急功近利，以前议论过这个问题，有些学生总是想走近道，这个不好，还要踏踏实实、脚踏实地、认认真真地做学问，不要搞虚名。

忆父亲

刘 莉

1942年,父亲出生于东北农村一个普通的少数民族家庭,他那做过私塾先生的姥爷给他起了个挺斯文的名——"雅轩",在当地这是个稀罕名,这也似乎预言了他的人生路。1962年的一个机遇,父亲打起背包来到了合校初期的宁夏大学,这个与"雅"最近的地方。他带着一份朴实的崇敬和热情投入到轰轰烈烈的建校大军中,成为了一名骄傲的宁大人。此后,四十年风风雨雨,一路走来,顺境与挫折、如愿和遗憾交织而行,父亲以一名普通的教育工作者身份见证着宁夏大学数十年的艰苦创业、辛勤耕耘、开拓进取。

20世纪70年代末到80年代初,宁夏大学由师范类学校向综合类学校转型,经过对工科院系及所属实习车间的几轮调整后,父亲来到了宁大实验工厂。1980年在全国教学仪器展上,他对学生天平产生了兴趣,在动手拆拆卸卸后,凭着多年的采购经验和对市场的敏感性,认为生产学生天平值得一试。于是,他拿着一份不完整的图纸,经过技术人员和全体试制人员的共同努力,一年后样品试制成功。其间,父亲一边做供销和市场工作,一边主持天平砝码计量鉴定工作,并制定了高于国家标准的正负8毫克的技术指标,1983年该产品在全国学生天平质量评比会中获全国质量第一名,1986年被国家教委评为"全国普教仪器优秀研究成果"三等奖,1988年获宁夏大学第一届科研成果一等奖……这些都是我在整理父亲口述笔记时才知道的。当时年纪还小,看着同在宁大工作的母亲,在繁忙的工作之后又在家里疲惫忙碌的身影,作为女儿的我不理解父亲为什么每天都要加班,还经常因为晕倒被叔叔阿姨送回家,现在看到那一张张的奖状,深深地为老一辈宁大人朴实而执着、吃苦耐劳、不畏艰辛的信念和精神折服。

1985年,在宁大校领导的推荐下,父亲到宁大印刷厂任厂长。那时宁大计划成立出版社,印刷能力是必须要提升上去的,而那时印刷厂的设备陈旧老化,各方面都非常落后。面对这样的情况,父亲在感谢校领导对自己的信任之余,也倍感肩上担子的沉重。企业化管理、独立核算和自负盈亏,这条路并不好走。说干就干,父亲和同事们经过市场调研多方论证,制订了详细的人员、经费和技改计划。在落实经费后,第一步首先对油印讲义进行了初级技术改造,将以往多靠手工完成的方式改为氧化锌版印刷,提高了字迹的清晰度和印刷速度。1993年,实施了第二步技术改造。要想印刷图书,就必须要提高排版技术,印刷厂以创新和发展的眼光,大胆投入经费,引进了北大方正高档轻印刷排版系统,以及一系列的较为前端的应用软件。经过多年努力,无数个日日夜夜辛劳的汗水换来了印刷厂新的改观,生产能力和效益大大提高,通过了宁夏新闻出版局、宁夏保密局等相关行业对印刷资格的认定,并获得了国家教委(现教育部)的表彰。

虽然在宁夏大学工作,可父亲却没上过大学,这是他始终感到无奈和遗憾的。恢复高考后,国家有了政策,招收群众推荐、单位评议和学校复审合格的人员上大学,父亲有幸被选上可以去西安交通大学就读,但到最后由于年龄超过规定一岁,父亲与心中那座期盼已久的大学殿堂失之交臂。虽未能如愿,但父亲从不气馁,先后参加了内蒙古党校、北京经济函授大学的经济类专业中专及大专课程的学习。后来在拿到知识分子津贴时他很高兴,觉得自己也是个小知识分子了。父亲常对后辈说,要珍惜现在这么好的环境,既要仰望天空也要脚踏实地,希望孩子们有志有为有抱负。

刘莉和父亲在宁夏大学建校60周年庆典活动中留影

父亲说过:"只要把心态摆正,就会是公平的;一个人的能力、作用不管大小,只要毫不保留地发挥出来,社会是承认的;认准方向不懈努力向前,终会有收获;脚踏实地,一步一个脚印,到一定时期再回想,自己的脚印还是清晰的。我一直是个幸运的人,遇到帮助我的好人多,使我受益很多,非常感谢!""说我好的人有,说我坏的人可能也有,但不会多。我觉得我没多好,但我不坏。心态正,公平认真,不做坏事,多年相处的人都了解我,不会四面玲珑、八面圆滑,只会踏踏实实做好我自己的工作,大家都对我很信任,支持我,说我好,我听了很受感动,我付出的辛苦得到了同志们的认可,这就够了。""生在旧社会,长在红旗下,在祖国蒸蒸日上的年代长大,受的教育就是热爱祖国,为建设繁荣富强的社会主义祖国贡献自己微薄的力量。"这些话朴实得有些可爱,但简单中蕴含着做人的哲理,令人内心深处感受到丝丝的感动与敬重。

父亲和母亲作为老一代宁大人,拼搏、奉献,凭借着"不怕困难,不畏风寒,根深叶茂,本固枝茂"的"沙枣树"精神,负重拼搏,不断进取。如今宁夏大学在各级领导和新一代宁大人的辛勤耕耘下,在优秀人才培养、科学研究、服务社会、文化传承等方面都作出了突出的贡献。这是父亲一直期待的目标,也是我们今后必须坚持努力的方向。

(供稿:王斌)

作者简介

刘莉,女,1971年出生,辽宁开原人,锡伯族,现在宁夏大学计财处工作。

干一行爱一行，绵延不绝宁大情

——记宁夏大学实验工厂原厂长刘雅轩

黄思伶

1962年，年仅20岁的锡伯族青年工人刘雅轩，从宁夏石嘴山钢厂调到宁夏大学实验农场工作，没想到，这一干就是四十多年。他将热情与青春洒向了这片苍茫的戈壁滩，不论工作岗位如何变动，始终踏实肯干，不停地思考、学习，哪里需要，就到哪里去，干一行爱一行，构成了他人生的坚持与底色。

好男儿志在四方，这是一条举世公认的真理。刘雅轩也不例外。他出身于辽宁开原一户普通农民家庭，但他却没有止步于此。1959年2月，有了外出当工人的机会，他便从辽宁奔波到在太原钢铁公司培训的宁夏石嘴山钢厂徒工大队，年底跟随着徒工大队来到了石嘴山钢厂。1962年，钢厂下马，他来到宁夏大学工作。刚开始，他在宁夏大学的工作只是在实验农场当农工和保管员，这对于出身农家的他来说，算是干起了老本行，但他以农为荣，服从分配，劳动积极，毫不懈怠。在这样的情况下，他不仅在1963—1964年连续两年被评为学校"五好青年"，1964年还被宁夏大学推选为"社会主义建设先进工作者"，出席了宁夏回族自治区社会主义建设先进工作者代表大会，同年被自治区团委授予"学习雷锋积极分子"称号。踏实肯干的优秀品质,让他在众人中脱颖而出。但对于年轻人的历练,还需要时间来检验。1967年,刘雅轩先后被调至后勤处办公室做办事员和宁夏大学机械厂当工人。办公室的工作繁杂而琐碎,工人奋力生产自然是辛苦的,又逢特殊年代,工作之艰辛可想而知。但这些对刘雅轩来说都不过是身处其位、应该干好的事情,他从不嫌苦和累,从一线工人慢慢成长为车间领导小组成员,再到后来的机械厂负责人之一。

从基层一路历练而来的刘雅轩,在宁夏大学机械厂和无线电厂合并成立实验工厂之时,成为主管供应、生产(机械产品)、销售工作副厂长的不二人选。尽管只在此短短工作了五年,但刘雅轩全程参与"学生天平"的选型、研制、生产,极大地提高了工厂的经济效益和社会效益。制作一个达到国家标准的"学生天平"不难,但要在全国多家制造教学仪器的厂家中更有优势、更有销路,则是需要多动脑筋的。于是刘雅轩一边做供销工作,一边参与选购材料、标准件等,联系协作单位,还主持砝码的质量计量鉴定工作、工艺过程,制作工艺设备和制定高于国家标准的企业标准。最小砝码的允差是正负10毫

1984年,刘雅轩在深圳教材展销会上留影

克，刘雅轩选择的是8毫克，虽然增加了制作难度，但保证了产品质量。在全体试制人员的反复共同努力下，终于试制成功。该产品一经面世就备受好评：1983年在全国15家学生天平质量评比会上获全国质量第一名，受到教育部奖励；1986年又获国家教委"全国普教仪器优秀研究成果"三等奖；1988年又获宁夏大学"第一届科研成果"一等奖，使得该教学仪器后来甚至成为工厂的主导产品之一。

无论在什么岗位，始终不变的是刘雅轩年复一年的踏实肯干和永不停歇的思考。刘雅轩文化程度不高，工作后也没有专门学习的机会，但他谦虚好学，不耻下问，始终把努力学习以提升自己的学历与能力作为主要目标。对知识的欠缺与渴求，他从不隐瞒，更没有觉得有什么难为情。最终他通过三年的函授学习，如愿以偿掌握了系统的专业知识，思路有了极大的提升，经营管理水平也明显提高，工作大有起色，不久后凭实力取得经济师职称。

正是这份不变与坚持、干一行爱一行的人生底色，使他赢得了领导的充分信任。1985年，宁夏大学印刷厂实行多人集体承包，但经济效益没有起色。夏宗建副校长便去找刘雅轩，让他去印刷厂任厂长，做带头工作，问他有什么要求，可以提出。面对领导的信任和期待，刘雅轩什么条件也没讲，就到了印刷厂。在摸清情况后，刘雅轩主动承担油印讲义技术改造工作，添置了以前没有的胶印，即平版印刷（铅字印刷属于凸版印刷），并且按计划第一步上氧化锌纸版印刷，第二步上金属版印刷（PS版），第三步上彩色印刷和彩色包装装潢印刷。每一步都计划有方，步步推进，针对性和操作性很强。在他的带领下，印刷厂业务顺利地完成了第一步、第二步的跨越：1993年承印8种出版社图书，10门课的高中会考纲要，是建厂以来承印书刊最多的一年，新增排版能力达到每年1000万字，工艺设备也基本配套。通过对印刷厂设备大规模更新改造，讲义印刷技术改造工作显现成效，在为教学科研做好服务的同时不仅为学校节省了资金，还受到了国家教委的表彰。

虽成效与荣誉并行，但其间刘雅轩攻克的难题不少。当年大多数印刷企业都是处于多年经营困难、效益低下、僧多粥少，又属特种行业受限制较多的形势下艰难生存的，而宁夏大学印刷厂在这样的背景下，十多年时间里，每年都能完成各项计划，并做到了年年都有盈余，这与时任厂长刘雅轩正确的经营决策有密不可分的关系。尽管刘雅轩1985年才接触印刷，对他来说毫无经验可学习，但凭着一股钻研攻坚的韧劲，决定了他在决策思想方法的正确性、技术的先进性和经济的合理性三个方面始终走在时代前沿，使得印刷厂越办越好。刘雅轩有一套自己严格遵循的决策程序：首先，是发现问题和确定目标，确认需要决策的事项，也就是寻找差距（差距＝理想状态－现实状态）；其次，是制订选择方案，做好可行性分析；再次，是确定评价标准，做好方案评价和选择；最后，是决策的实施和修订。实践证明，刘雅轩所进行的工作都是成功的。在生产中，各类机械设备时有故障，身为厂长的刘雅轩虽身居领导岗位，却始终同普通工人奋战在一线。早上班、晚下班是他在印刷厂的常态，各个车间加班时，他总是和工人们一起加班。印刷厂没有专职机电维修工，设备坏了，刘雅轩就第一时间赶到现场弄清原因，责任到人，能自己解决的就自己解决，修不了的就请外厂的人修理。有一次，他在市里开会，当知道厂里打字机出了故障无法生产时，他马不停蹄连夜赶回厂里排除故障，直至深夜……这样的事情，刘雅轩做了很多很多，所以在被评为校级"优秀共产党员"时，印刷厂的工人们都这样评价他："我们的厂长是好厂长！"听到这样的话，刘雅轩淡淡地笑了。他说："说我好的人有，说我坏的人可能也有，但不会多。我觉得我没多好，但我不坏。心态正，公平认真，私心不重，不做坏事，我付出的辛苦得到了同志们的认可，这就够了。"

刘雅轩生在旧社会、长在红旗下，在祖国蒸蒸日上的年代长大、接受教育，使他在多年的工作实践中，始终保持着踏实肯干与不停思考学习、干一行爱一行的热情。他的心不是那招摇的枝杈，而是深藏地下静默的根系，不为尘世的一切所蛊惑，只追求为建设宁夏大学与社会主义贡献自己的力量。

岁月荏苒，宁夏大学跨越了一个甲子，如今已获得长足的发展。61年前，此地千般荒凉，却不乏刘雅轩一般之先驱者以此为梦；煌煌岁月，当日之播种、扎根，61年后之今日已绿荫如盖，悠悠而绵延不绝。刘雅轩，以他的志向、热爱、奋斗和业绩，成就了一段他与宁夏大学深厚的情愫。

（供稿：王海文）

马玉树　孙 静

马玉树

　　1936年7月生，北京人，中共党员，教授，硕士研究生导师。曾任宁夏大学马列主义教研室主任。从事马克思主义理论教学与研究40年，出版合著或专著共15部，发表论文40余篇。创立宁夏大学马克思理论教育硕士点。主持并完成国家级及自治区级科研课题4项。曾获教育部"曾宪梓教育基金会高等师范院校教师奖"和中共中央组织部、宣传部、教育部党组共同授予的"全国普通高校党的建设与思想政治教育先进分子"称号。

孙 静

　　女，1939年12月生，河北卢龙人，中共党员，高级政工师。1954年参加工作，1965年调到宁夏大学工作至1994年退休，曾任宁夏大学夜大学办公室主任。

记者：马老师，请您介绍一下早期马列教研室的一些情况。

马玉树（以下简称马）：我是1960年到的宁大。宁夏的高等教育始于1958年，当时建立了三个学校，一个农学院，一个医学院，一个师范学院。我1960年从中国人民大学毕业以后，分配到了宁夏农学院的，但是在农学院的时间并不长，到1961年的时候，自治区党委决定把三个学校合并成一个学校，就是宁夏大学。为了成立宁夏大学，开始做调查研究的工作，我也曾经参加过一段。到1962年的9月份，宁夏大学正式成立。我从那个时候开始一直到2002年退休，一直在宁夏大学，所以我这一辈子和宁大的关系很深，2002年退休以后，也并没有完全退休，在学校做了教学督导员，到2006年，我才彻底不干了，彻底退休。

宁夏大学的马列教研室最早不是独立的，它是和政史系（后来叫政治系）合在一起的，一直到改革开放以后，它才独立出来，成立单独的马列教研室。我于1986年到马列教研室当主任。当时马列教研室很不完整，人少，课也开不全。坦率地说，当时领导也不怎么重视。

我去了之后，首先就是调人进来，目的是为了把课开全，规定的几门课程都要开出来，所以头一件事就是做的这个，逐渐充实教师队伍，把课开全。下一步呢，就是建立正常的教学秩序，正常化以后进一步就是教师要培训提高，目的就是提高教学质量，因为当时的情况是，学生对思想政治理论课都不大重视，课也不好讲，所以要把教师的水平提高，这样课堂教学才可以取得更好的效果。所以我去了之后基本上就是干了这么几件事儿，三年吧，大概到1989年，这个教研室就像个样了。

记者：马老师，请您谈谈建立马克思主义理论教育硕士点的情况。

马：经过多年筹备，1998年马克思主义理论教育硕士点批下来了，开始招收硕士研究生。硕士点一共有两个研究方向：一个是研究邓小平的社会主义市场经济理论，再有一个就是研究邓小平理论。我们这

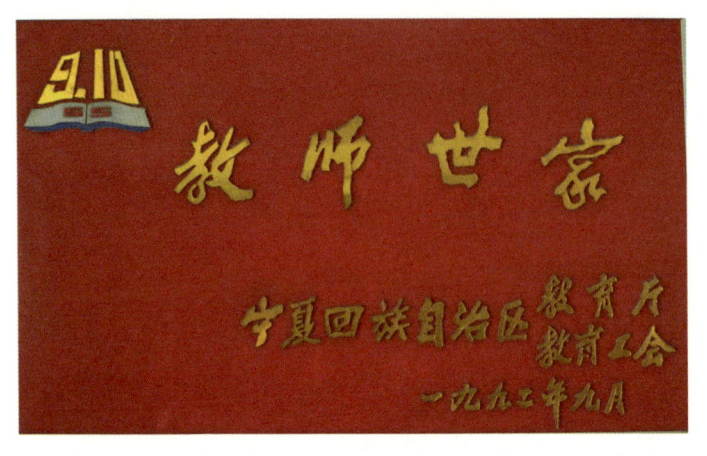

1992年，宁夏教育厅授予马玉树、孙静夫妇"教师世家"牌匾

个硕士点，一直到我退休共培养了41个法学硕士。他们现在分散在全国十一二个省市，包括山东、福建、河北、北京、云南、辽宁等，这些学生，硕士毕业之后都发展得很好。

记者：孙老师，请介绍一下您在宁夏大学的工作及当时学校的相关情况。

孙静（以下简称孙）：我原来在北京市教育局人事处工作，1965年我们结婚之后，来到了宁夏。1965年我来的时候还挺荒凉的，宁夏大学有一栋旧楼，就是原来的那个物理楼，党校的一栋楼，附中那边有一所交通学校，再就是棉纺厂、军区各有一栋楼，剩下的什么单位都没有，全是沙漠。当时组织部部长就说："那你去宁大附中吧。"宁大附中在旧的飞机场旁边，在那待了几年后，我调到宁大，在宁夏大学夜大学（任）办公室主任，搞行政工作一直到1994年退休。

记者：请谈谈您小时候印象中的宁夏大学。

马谦（马玉树、孙静的儿子）：在我记忆里，宁大湖水特别得清，芦苇特别得绿，鱼非常多，咱们现在能看得见的就剩一点了。坦率地说，宁大湖对于很多宁大人来说，都是一个不可忘却的记忆。一般提到宁大湖，就想起我们的校园，现在改名叫金波湖了，实际上在我们心中还是喜欢叫宁大湖。宁大湖的变迁实际上也证明了宁大的变迁。我记忆当中，宁大湖的周边是很荒凉的，尽管有很多原生态的东西，如有沙漠，在我们记忆当中，就现在这个体育馆的位置，过去老飞机

马玉树在书房

场尽头有一大片的坟地。现在随着发展，我们看到了许多变化，校园越来越大，湖泊越来越小，说明我们学校这两年发展得很快，学校越来越好。

青青马兰花

马　谦

　　我的父亲马玉树1936年7月15日出生于北京,在京读小学、中学。1951年在抗美援朝的声浪中,参加中国人民解放军保家卫国。复员后于1956年考入中国人民大学,学习马克思主义理论,1960年毕业后被分配到宁夏大学工作。在学生思想理论教育岗位上工作了46年,退休后还做了三年校级教学督导员。

　　无论教学还是工作,父亲始终坚持"严肃认真,一丝不苟,兢兢业业,追求卓越"的自我要求,为本专科学生讲授理论课、专业课十门,为研究生讲授公共理论课与学位课四门;主持或参与自治区及教育部规划研究项目9项,两次主持自治区高等学校学生思想理论课教材编写工作,发表学术论文40余篇,出版专著、教材15部,先后获得

1997年,马玉树授课中

自治区及教育部优秀科研成果奖10次。1993年在宁夏率先创办马克思主义理论教育硕士点,培养了41名硕士,其中一半获得博士学位,他们分布在11个省市工作,都是业务骨干,他们中间不乏青年长江学者这样的高端人才。

1995年父亲被国家人事部、教育部评为全国优秀教师,并授予"全国优秀教师"奖章;2000年被中共中央组织部、中共中央宣传部及教育部党组共同授予"全国普通高等学校党的建设与思想政治教育先进工作者"称号,予以表彰奖励,教育部通令部属期刊,自治区党委宣传部通令《宁夏日报》、宁夏电视台、宁夏人民广播电台专题报道,宣传其执着追求、勤业敬业的事迹。

父亲自1986年任宁大思想理论课教研室主任,认真抓好课程建设、师资建设、教研室各项制度建设,至1998年,其已成为宁夏高校同类教研室中课程质量最强、教师水平最高、科研成果最多的教研室。在完成本职教学与工作任务的同时,积极参加社会学术活动。先后参与组建了宁夏哲学学会、宁夏高校思想理论教学研究会,担任秘书长、会长和名誉会长;受邀到区内外高校、机关、部队讲学,足迹遍及区级各厅局、各县市,为干部及公务员理论教育作出了应有的贡献。1995年起,受自治区党委指派,三次担任宁夏回族自治区公务员考试考官,一次担任内蒙古自治区公开招聘副厅级领导干部的考官,均受到主办单位好评。

作为一名教师,他敬业爱生,潜心教学,是一位深受学生爱戴的好老师,至今他教过的那些学生们仍念念不忘"我们的马老师"。作为一位教研室主任,他待人诚恳,包容大度,为师生创造了一个宽松和谐的发展环境,至今那些当年的同事们还常常自豪地谈起"我们的马列室"。可以说,他一生致力于学习、研究、传承和践行马列主义毛泽东思想,出色地扮演了组织和社会赋予他的每一个角色。每每提及此,父亲总是对自己几十年教书育人实践和成果充满自豪感和光荣感,他对大学精神的深刻理解和热情赞美感染着我们。

1965年初父亲与母亲结婚,1965年秋天就把我母亲从北京调到宁夏工作,母亲先是在宁大附中工作,1985年开始参与筹建宁夏大学夜大学工作,直至退休。

父母亲热爱党、热爱祖国、热爱宁夏、热爱教育事业、热爱宁夏大学,为宁夏大学的建设与发展贡献了青春、贡献了终身,实现了他们当年的诺言。他们就像大漠戈壁里的马兰花一样,深深根植于此,并在严酷的环境下依然迎风盛开怒放。

一所大学,就是一本由一代一代师生共同书写的书,就是一座由一代一代师生共同建设的精神家园。作为在宁夏大学校园出生的第一代人,我于1985年进入宁夏大学图书馆工作至今,先后从事过图书流通借阅、中文文献采访、古籍整理与研究工作,发表学术论文十余篇,著有图书馆学专著两部,两次获得宁夏回族自治区哲学社会科学优秀成果评选三等奖,现在是研究馆员。时光荏苒,不觉已悄然在宁夏大学图书馆工作了35年,也像父亲一样为宁夏大学奉献了自己的青春。

愿我们每一个宁大人,都能在"我们的大学"这本厚重的书上写下我们自己辉煌的一页,不断为我们这座神圣的精神家园增光添彩。

(供稿:王海文)

作者简介

马谦,1967年出生,北京人,满族,研究馆员。1985年进入宁夏大学图书馆工作,先后做图书管理员、中文文献采访等工作,目前从事古籍整理研究工作。

奉献了青春献终身，献了青春献子孙

——访谈马玉树、孙静夫妇

黄思伶

人们常把教师比作园丁，他们在生命所有的季节播种，真正的喜悦不仅存在于学生成长成才的日子里，更在日日、月月、年年的劳动过程之中。马玉树与孙静这对夫妻，20世纪60年代从北京奔赴宁夏，来到了宁夏大学，他们像沙枣树一样在这里生根发芽、枝繁叶茂、开花结果……

遇见，即由青春至终身

在党和国家"到边疆去，到艰苦的地方去，到祖国最需要的地方去"的号召下，1960年，马玉树从中国人民大学马克思列宁主义基础系毕业后，服从分配来到了宁夏。当时的宁夏大学被一片苍凉的黄沙围裹着，一刮沙尘暴，马玉树打回来的饭，里面就掺满了沙子。老师们的日常生活用水也十分困难。那时，马玉树夫妇住在学校教师宿舍中，楼里未通水，要用水就只得去外面提。老师们喝水、做饭，就靠着外面的一个水龙头。面对艰苦的环境，没有一个人抱怨，更没有人

1998年,马玉树(右一)与马克思主义理论教育专业硕士研究生合影

打退堂鼓,马玉树说:"我们苦中作乐度过了那段岁月,习惯了也就不觉得苦了。"

一路走来,可谓曲折、坎坷,可对马玉树夫妇丝毫未造成影响,他们在各自的工作岗位上都成绩斐然。宁夏大学成立马列教研室后,师资力量不足,时任主任的马玉树就把各科任课老师找来,将当时培养方案中规定的几门课全开了,紧接着就是建立正常的教学秩序,让学生学有所学,进一步提升教师水平,提高教学质量。经过三年的努力,宁夏大学马列教研室走在了全区高校马列教研室的前列。与此同时,自治区组织宁夏高校"两课"教师编写教材,编写者多是由宁大马列教研室的教师担任。

随后,马玉树创建了马克思主义理论教育硕士点,该硕士点一直到马玉树退休共培养了41名法学硕士,在全国十余个省市服务。其间,马玉树不断深耕教学与学术,制订研究生培养方案、组织硕士点的教学工作,教学秩序稳定,教学效果良好,学生们在老师的指导下,发表了多篇学术论文，其中很多受到专家好评。与此同时，马玉树还撰写了多篇论文与著作，完成了多项国家级、区级课题，并于1993年获得教育部颁发的由曾宪梓教育基金会授予的"高等师范院校教师奖"，1995年被国家人事部、国家教委评为"全国优秀教师"，2000年，由中共中央组织部、宣传部、教育部党组共同授予他"全国普通高校党的建设与思想政治教育先进分子"荣誉称号。

1970年前后，孙静负责附中学生的毕业分配工作，因大量学生上山下乡，一部分学生等待分配工作，工作难度很大。在校党支部的领导下，孙静全力投入工作，解决了学生和家长的顾虑，保质保量地完成了任务。在宁夏大学夜大学连续几年主办高教补习班时，通过与学生逐个谈心、家访，逐渐摸清了他们的思想脉络，有针对性地教育、引导，让他们鼓起勇气刻苦学习，提高了成绩，不少学生还考上了各类高校。

在黄沙中成长起来的宁夏大学，在马玉树、孙静等一代代人的努力建设下，逐渐发展壮大。身为共产党员的马玉树、孙静，有信仰、有目标，他们在各自的工作岗位上感受时光温热，辛勤耕耘在宁大的青春岁月，心满意足地收获那华枝春满，天心月圆。

留下，践行初心和使命

马玉树、孙静两位老师留在了宁夏大学奉献光与热，他们的孩子也是如此。儿子马谦现在是宁大图书馆的研究馆员，另一个也留在了宁夏工作。

1985年，马谦进入宁大图书馆工作，先后从事了6年图书的流通借阅工作，接着是26年的图书采购工作，近几年开始做古籍整理工作。图书流通借阅日工作量很大，当时书库处于闭架、半闭架管理，师生们查询目录卡、写好索书条后，由马谦和同事进行寻找，一个普通的工作日里，跑库路程有数公里。马谦在平凡而又忙碌的工作岗位上，服务了数以千计的莘莘学子。随后长达26年的图书采访工作是马谦为宁夏大学及宁大图书馆持续发展助力的重要阶段。除了对当时已有古籍、书籍进行整理与分配外,为满足师生对新知识的渴求,还加紧订购新书。当年订书只能通过报纸上的社科、科技、古文新书目了解相关书籍,把订购情况交给新华书店业务部门,让他们向出版社调过来。一批新书过来最快需要半年,书到了之后再验收、分类、编目、入藏,最终呈现给广大师生。改革开放后,可以到一年召开一次的图书书展选购。于是在学校资金支持、图书馆工作人员的多年努力下,到2002年逸夫图书馆建成启用之时,宁大图书馆已有各类藏书120多万册。

作为宁夏大学第一代子弟,马谦在宁大湖畔长大,将父母那辈的接力棒接过来,薪火相传,始终兢兢业业地为宁大奋斗与付出。而他的儿子,高校毕业,学成归来,又供职于银川中关村创新中心,沿着祖辈父辈的促进,在宁夏开拓着高新技术产业。

多年过去,马玉树、孙静两位老师仿佛仍在那斑驳的光影里来回走动,一位用他略显枯瘦的手在黑板上擦写,给同学们仔细讲解;另一位心怀温暖、面带笑容地与落榜考生交谈,鼓励他们不抛弃、不放弃,努力向阳生长。阳光透过树叶的缝隙洒下斑驳的树影在他俩的身上,那各自独立却又琴瑟和谐的身影就像是珍藏了多年的油画,令人如痴如醉。而后继者追寻着那身影,不断奋力向前,多年勤恳付出只为实现那不变的誓言、崇高的事业……

回望宁夏大学风雨60余年所走过的路,有利于我们停下来整理行囊、理清思路、走向未来。马玉树、孙静一家三代人,用实际行动在宁夏这片热土上,书写下"奉献了青春献终身,献了终身献子孙"的书香传奇,他们一脉相承的热血,在每个宁大人的血管里流淌,众人拾柴火焰高的力量使宁夏大学的明天将会越来越美好!

(供稿:张惠)

乔治华

　　乔治华，1936年7月出生，河南省内黄县人，中共党员，副教授。1957年从银川师范保送到西北师范大学学习，1961年来到宁夏大学数学系任教，曾多年担任物理系、化学系、数学系及地理系四个系的数学教学工作。教学期间，他编写了《初等几何》讲义，开展启发式教学方法，提高了教学的质量和效率，并在全校做了教学改革的报告。曾获得"优秀共产党员"称号、教学优秀奖、科研论文优秀奖等荣誉。

记者：请您简要介绍一下自己。另外，请谈谈您给学生讲授过的课程。

乔治华（以下简称乔）：我叫乔治华，河南省内黄县人。我在宁夏大学应该说一直是双肩挑，在教学方面我承担的课程也比较多，担任过（本系）初等几何、初等代数、解析几何、中学数学教学实践、数学点集拓扑等课程，还给硕士研究生教拓扑学；在外系，如物理系、化学系、地理系三个系我都教过高等数学，我是一直代课不断，这个是在业务、教学方面的基本情况。

记者：在当年艰苦的条件下，您是如何开展教学活动的？有哪些较突出的成果和经验？

乔：1965年，我学习毛主席的启发式教学方法，运用在教学上做了一些教学改革，利用讨论式的教学方法启发大家讨论，有些知识有一点疑问就可以讨论，一道题要几种解法，一题多解嘛，大家讨论得比较热烈，师生比较有兴趣，课堂比较活跃，大家也就受启发，所以，后来又在墙报上做了一些这方面的工作，写了论文，大家还可以

1962年1月15日，乔志华（前排中）与宁夏大学数学系部分年轻教师合影

发挥讨论。这样的话他们（学生们）觉得好，就写报告推荐到（学校），校党委建议推广我的教学方法，让我根据学生的报告，在全校做了一次教学方法改革的报告。这是1965年，那是在数学系1966级做的教学方法改革方面取得的成果。

1991—1992年上课的时候，全校评这个优秀教学奖的时候，我被评为优秀教学奖。

记者：您在宁夏大学工作期间，对哪些事情印象比较深刻？

乔：因为我是1961年8月份来到宁夏大学的，所以当时全国的情况都是低标准时期，每月是半斤油，三十斤粮，就是刚够吃饭，当时生活条件比较艰苦，有的老师在政治学习的时候，火炉子旁边，就用铁丝穿了一串红薯片，这样烤着可临时充饥。过年过节，有时候发肉片嘛，分点肉啊，有的老师怕有猪囊虫，有的老师说，怕什么，它也是蛋白质，所以说，当时有肉吃就不错了。

还有一个老师，是物理系的老师，人家把死鸡埋到地下了，他就扒出来又煮着吃，这说明当时生活条件很差。还有一个中文系吴老师，后来调西北大学去了，那还是比较好的一个老师，他结婚没有好点的衣服穿，向我们系里谢老师借呢子上衣来作为结婚的衣服，可见当时的条件艰苦啊。还有一个老师是北京大学毕业分到这的，寒假回去以后，回来穿了一个棉大衣，看上去有些小，于是我就问你这个棉大衣是哪来的？他说："这是我妹妹的棉衣。"从这些例子来看的话，当时教师这个情况是比较艰苦的。

1962年1月15日，大家说是为了改善生活，元月春节快来了，我们这里的老师大部分当时都没有结婚，单身汉到新城一个清真食堂去吃了一顿羊肉泡馍，就算是改善生活了。当时我们照了一张我们改善生活的照片留作记念。

但是当时学习都抓得比较紧，而且多数青年教师也没有结婚，专心地投入学校工作。分到大学了，就觉得任务重，年轻老师都集中在那个最早的筒子楼上,我也在那个楼上三楼的第20号吧。当时,那里灯几乎是昼夜通明,老师备课很有专心致志、发愤图强的精神。那时我觉得跟现在有些学生相比就不能比了,那时相当的有朝气,有那个苦干奋斗的精神,条件虽然差,但是大家因为是那个时候大学刚过来,情绪比较饱满,政治气氛比较好,所以学习工作劲头也比较大,因此,学校当时看到这种情况给老师们电费减半。当然我也不例外,每到开夜车,开到十一二点的时候,我就要到外面看星星,怕近视,我看星星,一方面,是凉快,吹一下凉风;另一方面,就是防止近视眼。所以,有时候开夜车甚至开到凌晨。因为我们数学系着重习题演练,不是看看电影、看看话剧就当作专业了。我当时感觉到,因为我是师范来的,人家都是北大等名牌学校毕业的,我这西北师范学院比人家要差一些,所以我就得拼命干啊,学习、备课啊,都比较认真,每天都熬到很晚。

记者:您对宁夏大学目前的工作有哪些建议?对学校未来的发展有什么期望?

乔:现在随着师资队伍质量要求的提高,不但要求现职三分之一的老师是博士生,将来还要求进来的教师二分之一以上都是博士生,所以学校科研能力很强,现在我们宁夏大学有一批研究中的项目,在全国都是领先的。从建校60年大庆能看到咱们毕业的学生在全国科研中领先的项目是有的。所以我们希望在将来能够有更多的世界级的文章和世界一流的成果能够在我们宁夏大学出现。

希望我们宁夏大学能够达到全国一流水平,我觉得这还是有希望的。因为在国家的重点帮助之下,加上我们能穷则思变,不甘落后,相信通过自己的苦战和辛勤努力,一定能结出丰厚的成果,宁夏大学将来一定能够进入全国先进行列。

我是一棵沙枣树

乔治华

我于1961年8月被宁夏回族自治区人事局统分到宁夏大学。那时，学校只有一座办公兼教学的主楼和满住着青年教师的拐角楼，以及路东边的大礼堂兼食堂，形成一块三角地带。主楼东边有文科楼和化学楼，再加上南边的几间平房，那里是车库和小商店。这就是学校的中心。

学校的东南方穿越一条不大的水沟，溪水清清，从西南向东北方向注入芦苇塘。在这条小河的西边有几排平房是西家属院；小河的东边为东家属院，它与宁大附中相连接；小河南边的高岗上的平房区称为宁大南家属院。

现在宁大怀远校区的灯光球场和网球场原本是一片沙丘，经当年师生们用小车推土平整改造修建而成。它的南端有小红楼，为女生宿舍；北部有大红楼，为农学院和图书馆。

由于宁大是在沙滩上建起来的，道路很不平整。学校中心南北走向的主干道是由原数学系1964届学生和教师植树造林劳动修建而成的，它与两边笔直高大的杨树林一起构成一条美丽的林荫大道。

宁夏大学在建校初期以教学为中心。1957年我从银川师范中师毕业时，以全优的学习成绩被保送到兰州的西北师范学院（现在的西北师范大学）数学系。在校四年学习成绩除两科是"良好"外，其余均为"优秀",但刚来宁夏大学初上讲台讲起课来并不轻松。要讲好课,先要备好课。我深深体会到人们常谈起的一个道理:"要给学生一杯水,自己首先要有一桶水。"正如孔子所说:"学然后知不足,教然后知困。"于是,我深入钻研教材,广泛翻阅参考书,收集资料,认真批改作业,了解学生情况,改进教学方法,就成了我教好课的关键。刚毕业初上讲台的青年教师是需要再学习的。理、化需要做实验,数学需要做习题,一时间比赛看谁做得多,成了风气。白天时间不够用,晚上都在"开夜车"。你看吧!白天和晚上没有人串门、闲聊,更没有人"打牌"。有时甚至从晚上一直备课到黎明。这使我想起一部苏联电影叫《这里的黎明静悄悄》的台词。"眼睛太疲劳啦!"我就到院里走走,看看天空远处的星星,预防近视。现在的年轻人常逛"夜市",可当年我们所住的拐角楼,晚上灯光明亮,没有叫卖声,真像一个人们拼命汲取知识营养的"夜市"。

1964年,我从拐角楼搬进了东家属院的土窑洞房,住了多年。从东家属院到主楼中间隔着一条小河沟和水滩地,没有路灯,晚上外出辅导学生,行走很不方便。从大漠新市区到闹市老城,有一条从学校东北角草洼地穿过的银川市2路公交车线路,但我们是不多进城的。大家都自觉地克服工作、生活、交通等各方面的困难,艰苦奋斗,积极努力完成各项任务。"在生活上向低标准看齐,在工作上向高标准看齐"成为当时的时尚口号。记得1962年6月15日,我们数学系的几位年轻教师想改善生活,结伴到银川新城聚餐,不过是一碗羊肉泡馍了之。直到20世纪80年代改革开放初期,这可是唯一一次教师聚餐啦!在粮油"低产量"的年代,那次聚餐还是很有滋味的。

宁夏大学是在广大师生艰苦奋斗中创建的,今后的辉煌仍然需要"艰苦奋斗",它是中华民族的优良传统,是实现中华民族伟大复兴"中国梦"的必由之路。作为"人类灵魂工程师"的教师,也是需要"言传身教"代代相传的。

由于工作需要，多年来我担负过多个系科的教学任务。其中有数学系本、专科的解析几何、初等几何、初等代数等。还在数学系1966届的初等几何教学中，上课时进行"启发式"教学法的实验。课堂讨论一题多解，开动脑筋，创新思维，气氛热烈，效果好。学生们以班级的名义打报告给校党委，建议推广我的教学方法。于是在一次全校教职工大会上我介绍了这个教学方法。

1981年8月至1982年7月，我在厦门大学进修现代数学拓扑学课程。返校后我新开设了数学系本科生、硕士研究生的点集拓扑和拓扑学两门必修课和选修课，兼学生论文指导教师，并于1983年和1984年参加了全国拓扑学研讨班，进一步深造提高。

我在担任数学系1978届年级组和教学领导小组组长期间，领导进行了教材和教学方法的改革实验，师生下厂结合实践学习和锻炼。在数学系我新开设过教学实践课，参加和领导历届学生到中学进行教学实习。1964年到吴忠地区实习，我任金积中学实习领导小组组长。当时，物理系指导教师张奎在一次节日里在金积剧院演唱的歌曲《汽车司机》博得阵阵掌声，唱响了金积镇。此外，我还任教过物理系、化学系、地理系本科生的高等数学课，并获得1991—1992学年年度宁夏大学"教学优秀奖"。结合教学，我撰写发表过论文多篇并获奖，其中有几篇还被《中国数学文摘》杂志摘要刊登。我于1979年评定了讲师，1987年晋升为副教授。

我对党有深厚的感情，1949年6月入团，1955年高中一年级时开始申请入党。大学期间和毕业来宁夏大学后继续靠拢组织，要求进步，申请入党。先后担任过数学系教工团支部书记、校团委会委员。在确立共产主义世界观和人生观、加强党性修养方面，我一直坚持努力学习和锻炼，1973年6月22日被批准加入中国共产党。

1980年起我任数学系教工党支部书记，曾给全系学生入党积极分子上党课。1987年起又兼任数学系党总支副书记，直到1990年后才由

2018年，乔治华（前排右）出席宁夏大学建校六十周年庆典

年轻人接班。1985年"七一"，由于党性强，能坚持原则，党建工作突出，我被评为宁夏大学"优秀党员"。

每年全校新生都要军训，并到部队"拉练"，1987年我负责数学系新生军训，被学校军训团表彰为"军训先进连"。

我把毕生的精力贡献给了宁夏大学，做了一些平凡的基层工作。艰苦奋斗，忠诚党的教育事业，为国家为党的事业培养接班人，实现了我在大学毕业分配志愿表上填写的"党的事业的需要就是我最高而唯一的志愿"的承诺。我的学生遍布宁夏甚至走向全国或在国外工作，可谓"桃李遍天下"啦！许多毕业班回宁夏参观访问聚会，邀请我参加座谈。每次参加这样的座谈会，我都十分欣慰，更加感到教师工作的意义和价值，也更深刻地体会到为国家培养人才比生产一般物质意义更伟大。过去，我常在银川各中学指导学生教育实习，每次只要到教师办公室，数学组的实习老师都站起来向我问好，他们都认识我，这让我总是感到很高兴。请允许我举几个我教课班级毕业后留校工作的优秀学生，经过自己的努力和组织的培养成长起来的优秀的管理干部。他们中有：李星、赵维素、谢建勇、牛晓宇、王茂元、郭万恒、韩惠丽、祈泽平、赤学礼、刘富祥、冯秀芳、陆美石、杨莲卫、刘永霞、顾锋、纳殿文，还有专职教授张启敏等。青出于蓝胜于蓝，黄河后浪推前浪，历史在前进！

人生的价值在于奉献而不在于索取，也可以这样表达为一个减法：A–B=C>0。其意义为：贡献–索取=推动人类进步的正能量。如果是负值就不好啦！

2018年9月，学校召开建校60周年庆典，校领导函请我参加。作为"宁夏大学创校荣誉纪念奖"获得者的代表之一（共计10位代表），我在热烈的掌声中被志愿者搀扶着走上颁奖台，上级领导给我颁发并佩戴一枚金质奖章。上海交通大学、阿拉伯联合酋长国迪拜大学等各校及有关上级领导对学校表示祝贺，这使我深受鼓舞！宁夏大学正成为中外闻名的全国"211"重点大学，它必将在习近平新时代中国特色社会主义思想指导下，为实现伟大的中国梦，为实现中华民族的伟大复兴，取得更加辉煌的成绩！

在宁夏大学，我对自己的评价是：我是一个园丁，我是一株小草，我是一棵沙枣树。

衷心感谢党对我的关心、教育和培养，感谢宁夏大学各级党政组织对我的关爱和支持，我要不忘初心，牢记使命，为共产主义事业奋斗终生。

我现在已是一位80多岁的老人，我写了四句诗，聊以自勉：

苗出豫北内黄川，
花落结果贺兰山；
教育贡献香火艳，
菁菁潺潺万万年。

（供稿：翟伟）

乔治华：讲台育人才　赤诚写春秋

于晨曦

今年84岁的乔治华，曾经站在宁夏大学的讲台上整整36年，退休后也始终没有离开他心爱的教育事业，被宁夏理工学院返聘，继续承担教学工作达10年之久。他说："教学对我来说不只是一份工作，更是生活的第一需要。"他用自己的行为诠释着对教育事业的炽热情怀，书写着一个人民教师平凡而光辉的岁月。

一生所愿，三尺讲台育人才

1961年，乔治华以优异的成绩从西北师范大学数学系毕业，主动申请到地处西北塞上的宁夏大学任教。当问到为什么选择来刚成立不久的宁夏回族自治区工作，乔老师这样回答："因为我的叔叔是解放军，我对党的感情是很深的。我是要求进步的，我想去党最牵挂的地方。"就这样，乔治华来到了宁夏大学，而且再也没有离开过。他在宁夏大学工作期间，除了担任数学系的教学工作，还担任物理系、化学系等系的教学工作，在三尺讲台上辛勤耕耘了数十载。

乔老师一生所愿不过三尺讲台。因为热爱自己的工作，乔老师总是会琢磨怎么教，用什么方法去教，才能让学生更快更好地接受这些知识。琢磨着，琢磨着，乔老师就有了自己的想法。早在20世纪60年代，他就率先在课堂上大胆开展启发式教学模式，引导学生在课堂上充分讨论，激发学生的学习积极性和创造性思维。每节课前，乔老师都会准备几个题目，让学生充分思考和讨论。"每种题目都能有好几种解法，学生们的思维总是十分活跃"，说到这里的时候，乔老师的脸上露出了欣慰的笑容。不仅如此，他还制作了墙报，将学生撰写的优秀论文、好的解题方法都张贴在墙上，以便于学生们能够随时学习，相互交流，共同提高。这种教学方法极大地提高了教学质量和效率，深受学生们的欢迎，并由学生主动提出在学校推广。于是在1965年，乔老师在全校做了教学改革报告，向大家介绍这种教学方法。

乔老师不但教学能力强，还为人和善，待人亲切，深受学生们的敬重。1991年和1992年，他连续两年获得教学优秀奖。"我对教学十分感兴趣，对数学也有很强的兴趣，我认为数学是一门有条理的学科。"乔老一直在讲授和数学相关的课程，如初等数学、高等数学、现代数学拓扑学等。在教学生涯中，他不但独立思考和琢磨，还积极参加学校组织的各项培训和学习，主动去厦门大学进修，不断提高自己的教学能力和水平。"我是离不开学生的，教学就是我最爱的事情，和年轻人在一起，能使自己年轻。"当时宁夏大学两任党委书记都曾邀请乔老师去校党委工作。由于乔老师为人忠厚正直，老师学生们都很信服他，学校想让他到学校纪律检查委员会工作，但是他没有去，因为他不想脱离教学，只想安心地教书。

"我就是要做一颗永不生锈的螺丝钉。"退休之后的乔老师并没有放下自己心爱的教学事业，而是接受了宁夏理工学院的邀请，授课长达十年之久。在这十年中，他的教学成绩显著，他教授的班级曾连续两年在全区统考中获得第一名。

一篇赤诚写春秋

刚到宁夏大学工作的时候,乔老师还是一个血气方刚的小伙子,70年后的今天,他已是白发苍苍的耄耋老人。谈及刚来宁夏大学工作的日子,乔老师不由得感慨:"那个时候条件差啊,吃一顿羊肉泡馍都算是最大地改善了。"当时条件艰苦,许多老师吃饱都很难。开会的时候,常会有老师在炉子边上放几个红薯烤着吃。虽然条件艰苦,但是每个人都十分乐观,身上仿佛总有着使不完的力气。

"因为我是西北师范大学毕业的,周围的同事很多都是北大、北师大毕业的,我心理压力其实挺大的。"深知自身不足、谦虚好学的乔老师利用所有的节假日和闲暇时间刻苦学习提升自己。他在习题本上写下"人就是要不断提升自己的"。在这种信念的支持下,乔老师一直努力学习,不断提高自己的教学水平。

"当时在宁大,老师们的学习氛围是非常好的。"那时,乔老师他们这一批年轻的老师都住在拐角楼,晚上下课回来,都在自己的寝室

2019年10月18日,档案馆口述档案采访工作人员与乔治华(前)合影

里面安安静静地看书。夏天宿舍热,大家都开着门,每个人都在看书写教案,"大家都在那里安安静静的,你都不好意思去串门、去别人的宿舍里面聊闲天。"乔老师说。"数学系就是要做习题的,每天晚上我们这些老师都点灯熬夜,看书、做习题到凌晨一两点。"年轻的老师、新成立的学校,都在不断努力着。学校看到青年教师们的这些努力,也想办法出台了一些好的政策,如将每个老师的电费减半,让老师们能够轻松看书、做习题。

乔老师一生都在教育岗位上默默奉献着,他不但认真讲好每节课,还编写了《初等几何教程讲义》等多部教材和学习参考书,受到了广大师生的好评。此外,他还承担了校、系一部分党政工作,先后担任系团支部书记、校团委委员、系教工党支部书记、系党总支副书记等职务。在他任职期间,行政工作成绩突出,还发展了一批老教师入党,调动了老教师们的工作积极性。

乔老师自从当了老师之后,就没有离开过他心爱的讲台,教过的学生不可计数,可以称得上是桃李满天下。在宁夏大学工作期间,他始终不忘自己的初心和使命——那就是为国家培养优秀人才。他是这样想的,同时他也是这样做的。

乔老师将自己的青春和热血都奉献给了宁夏这片热土,奉献给了宁夏大学,他的名字会被历史记住,也将激励无数宁大人继往开来,为宁大的发展不遗余力。

(供稿:胡彬)

秦文忠

秦文忠，1937年12月出生，山西洪洞县人，中国体育科学学会会员、全国体育史学会分会会员，中国少数民族科技史学会副理事。1951年考入银川师范学校，1962年进入宁夏大学体育教研室任教，直到1998年退休。他长期致力于西夏军事体育、回族体育和近代体育三方面的理论研究，成果丰厚。一手挖掘回族体育项目"打瓦"，带队比赛获得第七届全国少数民族运动会竞技表演第一名，并被评为宁夏回族自治区"民族体育先进个人"。

记者：请您简要介绍一下自己，并谈谈学校当时成立体育系的背景。有些什么体会及难忘的经历？

秦文忠（以下简称秦）：我叫秦文忠，1937年生，山西洪洞县人，汉族。我在1962年以前是搞体育专业，体育也比较全面，田径、体操、游泳、跳水、武术，所以这个技术方面有一定成就，这是学生时代。在1956年参加过全国第一次体操比赛，在天津举办的全国体操锦标赛上获得"二级运动员"称号，1957年在上海参加过全国体操锦标赛。1958年在银川兰州联合举办的游泳、跳水比赛中，获得1米跳板跳水第一名，3米跳台跳水第一名。1959年，在北京参加中华人民共和国第一届全国运动会，之后就在体委做运动员，也就是体操运动员。最后我到了学校教书，教书这个职业我还是比较喜欢的，到了中学以后，教的方面还有一定成就。在银川二中教书的时候呢，就在那样艰苦的情况下，学生也取得了很好的成绩，在全区田径体操运动会上，二中拿到了总分第一，然后就因为这个，结果就把我调到宁大附中了，这样就步入了宁夏大学。一开始，宁夏大学的条件也比较艰苦，外地来的老师就自己和泥、盖房子，比较艰苦。那时候我在附中那边，条件还比较好一点，有房子，不用搬砖，不用和泥。来到宁大以后，环境比较差，只有3栋楼，办公楼、教学楼、大红楼，大红楼是图书馆，还有其他的办公地点都在那，那个拐角楼是宿舍楼，我调过来就住在那个拐角楼，那是老师居住的。当时主要的系别有中文系、数学系、物理系、化学系还有马列主义教研室。其他的没有正规起来，学校架子虽然是搭起来了，但是条件很差，周围像现在的体育场、对面的财校（宁夏财经学校）都是大沙包，周围全是沙子，同学们勤工俭学把沙子灭掉了，把校园平整了。

当时教学方面，宁夏师范学院只有一个体育教研组，就两三个人，而后发展到1976年，有六个人，一个女的，五个男的，就把整个学校的体育课承包了。困难是困难，当时困难在啥地方呢？那时国家处于困难时期，同学们除了正常的生活之外，还得去外面到处挖野菜，找粮食吃，搞"小秋收"运动，补充吃不饱的困难。那时没有体育系，体育组成立是在1976年之前，我觉得一个师范学校必须要有体育专业，所以我就向学校领导建议，那个领导是个老革命，现在还健在，我说咱们这么大学校应该有一个体育专业，最后学校就开始办体育系，当时条件是只有六个人，只有两个老师在上课。怎么办？我们就找准了方向，到了隆德县，就准备要办体训班，这是1975年。因为那儿的学生球打得好，县上体育活动搞得好，最后我们就到那儿去和他们联系，我们想办体育系，当时口号是："先上马后备鞍。"结果我们去了五个专业老师，在那办了体训班，四十多个人，当地的隆德体育中学，还有隆德的各个小学的老师都集中培训，进行试验，给体育系的成立打个基础。在那儿办了半年，完了以后，就摸索了一点经验，教课都还不错，当时我教的是田径课程（有田赛、径赛、跨栏、标枪），这些个项目都有，周企良教的是篮球、排球；夏松寿、张和平教的是体操，总算是把这个任务完成了。回来以后，紧接着1976年宁大就成立了体育系，体育系成立之后设备是很差的，连个田径场也没有，体育馆也没有，啥都没有，不像现在啥都有，那时候老师就是一门心思把课带好，再就是因地制宜，能上啥课上啥课。体育系成立之后的第一件事，我们招了第一届体育系的学生，招来了以后，虽然条件艰苦，但是得到学校的大力支持，从各个学院调人，也分配来好多的工农兵学员，充实、壮大了体育系，体育系也有了起色，但是条件还比较艰苦，尤其是体育系当时上课很艰苦，冬天受冷、夏天日晒，风沙大，比较艰苦，我记着有一次刮龙卷风，给学生上田径课的时候，很美丽的姑娘被沙子全糊上了，光剩两眼睛。尽管这样，但是学生上课没一个跑的，都坚持下来了，最后老师说："下课。"学生才都走了。当时场地不行，就土场子，那个就是外面挡不住风寒和沙子，很艰苦的。最后给的这个风雨操场，也就是现在的体育馆，实际上是过去学校准备要勤工俭学办的校工厂的一个场地，我给我的一个老乡（当时的主任）说了之后，就把这场地给了宁大体育系当体操馆，这时候就能挡风沙了，上体操课也可以了，但是还是艰苦，还是不行。现在的篮球场这么多，当时的篮球场是我们三个老师看着建筑工人搞的一个水泥场地，完了以后就紧接着搞了一个沥青的篮球场地，搞了一大片，有两个篮球场、有两个排球场，是沥青面的，这就算是场地有了平面了，不再是疙疙瘩瘩的，不是土场子，这个就是条件稍微有点改变。这几年，体育学院投资力度逐渐加大了，后面的田径场整个改了，网球场、排球场都成塑胶的了，设施改进了，算是可以了。

那时候冬天还开滑冰课，比较寒冷，现在宁大怀远校区后面基本都是农田，马路南边都是湖，冬天开展滑冰运动。滑冰很艰苦，学生们挺喜欢，冬天滑冰得先割芦苇，芦苇割掉了以后上冰课。冬天主要是上冰课，其他（体育）课的内容全都停了。

虽然是艰苦，老师们觉悟还是比较高的，都坚持上课，在这个艰苦的环境下，把冰课都上下来了。

当时招收的第一届（1977届）学生啥情况呢？因为这么多年没招生，好多的体育精英都招来了，男男女女，要个子有个子，要样子有样子，姑娘都是漂亮的，小伙子都是高个子，都确实是学体育的，最低都一米七几，就是大个子，体育成绩也不错，有一个学生跳高跳了2.02米，是个军区的小孩。我们的篮球在区上的比赛中赢得了冠军。那时候也选拔出了些优秀的学生，比如俞建华就留校了。

还有一个就是当时体育理论的课也逐渐完善起来，当时上体育理论、人体解剖、运动生理，还有运动生物力学、运动生物化学，因为我有点技术，学校就派我到北师大去进修了几次，时间是从1981年一直到1985年。1981年，由教育部和国家体育总局牵头，委托北师大体育系，把全国各地各个大学的体育系的老师组织起来，办了一个全国高等师范院校体育史培训班，学习了半年。在那次培训班上，北京师范大学的徐永昌教授讲了中国古代体育史、北京体育学院的教授谷世权讲了中国近代体育史、沈阳体育学院的武恩莲教授讲了世界古代体育史、天津体育学院的孙金亮教授讲了世界近代体育史。还有东方体育史专家拉克教授讲了世界近代体育史。1983年，由北京师范大学体育系牵头，办了体育史教育培训班，由成都体育学院院长周西宽教授讲了世界体育史。成都体育学院熊晓正教授讲了中国古代和近代体育史。1985年，由国家体育总局、文史委员会、北京体育学院主办的全国体育史教学培训班上，由德国科隆体育学院莱默教授讲了世界奥林匹克运动发展史，全国文史委员会的委员也参加了这次培训。通过以上的培训，不仅充实了体育史的教学内容，而且使参训教师教授体育史课程有了依据，该门课程也成了体育课程的新型学科。

外地来的老师，北师大分来的多，其他华东师大、北京体育学院的都有。就是抱着为建设大西北、建设祖国、奉献祖国而来，有奉献精神，而且都还劲头挺大的，没什么怨言，艰苦就艰苦了！

体育方面也培养了些人才，我在宁大附中时培养了好几个学生，有一个进了体育局，也就是有个主攻竞走的学生当了主教练，名字叫李宝山，现在还在；还有一个学生打篮球打到宁夏篮球队，还挺好，因为他在附中的底子好。我们都给学生上体育课，你得朝这个方向去努力、去看书、去研究，当时有个研究方向叫体育史，除了把规定的中国古代体育史、中国近代体育史、中国当代体育史、世界古代体育史等，这些课教完了以后，我就觉得这东西有点浅，想着要写点东西，就开始研究理论，研究理论我从三方面着手：第一，就是研究西夏军事体育，我写了一篇文章，在1984年第一次全国体育史论文大会上，论文被收录了，以后我就开始从这个方向研究；第二，就是研究贺兰山岩画与北山岩画中的体育动作，这个我也是找的学生开的车，找的学生照的相，把那些岩画拍下来，从古代的岩石画中寻找有体育方面的内容，也写了些东西；第三，就是注重研究回族体育，回族体育内容还是比较丰富的，主要是挖掘了很多的东西，我还写了一本书，就回族体育文化发表了自己的见解。

记者：您对母校目前的工作有哪些建议？

秦：我觉得宁大的学生，全区的学生，和全国学生一样（要做到）一条叫勤奋学习，这是个关键，要把学生的思想状况抓好，现在的学生都不大勤奋，要让他们好好学习，要有人管理好他们，抓紧学生思想教育，管理好学生，创造出新的成绩来。

体坛勤耕耘　成果满凤城
——记宁夏大学民族体育学专家秦文忠教授

徐自立

秦文忠教授一生酷爱体育运动，喜好钻研体育史，如今虽已年过八旬，身体仍十分硬朗，且热爱读书，笔耕不辍。

读初中时的秦文忠就表现出了卓越的体育天赋，在田径、体操、游泳等方面都取得了骄人的成绩。1951年考入银川师范专科学校，在体育方面开始了系统的学习和训练。那时候，秦文忠就意识到体育训练固然重要，但是文化知识的学习也马虎不得，他将二者放在同等的位置，两头抓，绝不放松任何的学习机会。1956年，他参加了全国第一次体操比赛，获得"国家二级运动员"的荣誉称号。后来他被分配到自治区体育局做体操运动员。其间，整个体育界的发展开始下滑，陷入低迷，各个体育运动队全部都解散了。这时秦文忠意识到做运动员不是长久之计，吃的是青春饭，自己得重新思考今后的发展方向。他考虑到自己是师范专业毕业的，有做教师需要的专业知识，又做过专业运动员，有体育实践知识，便决定做教师，没想到这一干，就是40年，直到退休。

后来，秦文忠被分配到银川二中负责体育教学。那个时候条件比较艰苦，虽然中学的体育设施比较简陋，但是同学们对体育的热情却很高涨。由于专业知识、文化知识素养都过硬，再加上秦文忠教课有方法、有目标，所以深受学生们的爱戴。课堂上，秦文忠是学生的好老师；课后，他就化身为学生们的大哥哥。在他的带领下，在自治区田径体操运动会上，二中以总分第一拿到了冠军。后来秦文忠又被调到宁夏大学附属中学任教；1962年，秦文忠进入宁夏大学体育教研室任教。

当时宁夏大学还没有体育系，只有体育教研室，学校各方面条件都比较差，没有一个像样的操场给大家上体育课。秦文忠和教研室的老师带着学生把学校里的大沙包铲平，整理出一块上课的场地。在这样的条件下，体育教研室六个老师撑起了全校的体育教学。到了1976年，学校物理、化学、中文等都有专门的系，但是没有体育系。1975年，秦文忠就向学校领导任世声建议，认为学校应该设立专门的体育系。但当时体育老师只有六个人，师资跟不上，就算成立了体育系，课程也难以展开。他就和教研室的老师商量，准备在隆德县办体育培训班。当时体育系的口号是："先上马后备鞍。"他同四位专业老师到隆德中学，得到了隆德县教育局局长刘金声（后任宁夏大学党委书记）和隆德县中学的大力支持，举办了中小学教师体育培训班，把隆德各个中小学的优秀体育老师都集中起来进行集训，既培养了人才，又充实了教学内容，为宁夏大学体育系的成立打下了坚实的基础，经过半年多的培训，大家都摸索出一些经验，负责具体教课的老师教得也不错。当时秦文忠教的是田径课程，包括田赛、径赛、跨栏、标枪等项目，半年以后，秦文忠他们回到宁夏大学，继续推进体育系的建设工作。

在秦文忠的热心推进下，1976年体育系终于成立了，但设备很差，没有田径场也没有体育馆。秦文忠一门心思想把课带好，他认为要因地制宜，克服困难，坚持上课。体育系成立后，高考招了第一批学生，还招收了工农兵学员。当时室外上课很艰苦，冬天寒风割脸，夏天烈日暴晒，风沙又大。有一次秦文忠给学生上体育课时，银川突然刮起了龙卷风,他和学生全身都被沙子糊了。虽然风沙很大,但是没一个人退场,师生们都坚持了下来。

经过教学后,秦文忠越来越意识到场地太破旧,硬件设施跟不上,对教学质量有很大的影响。他又找到校领导任世声,向他说明了情况,领导当下就同意把学校的校工厂厂房帮体育系改造成风雨操场,这样学生上体育课就有像样的场所了。但光有操场还不够用,秦文忠和系里几个老师商量着给学校修几处室外场地,他带着两个老师去水泥厂拖水泥,建了个水泥篮球场,完了以后,紧接着又修了一片沥青场地,划成了两个篮球场、两个排球场,这就算是正式有场地了。可以说,这些场所都是现在宁大体育系的前身,秦文忠所做的一切都是体育系的基础工程。他和周企良教授、夏松寿教授等人,更是为宁夏大学体育系的建立发挥了重要的创办、组织作用。

学无止境,秦文忠并不满足知识方面的传授,他有更高的追求。从20个世纪80年代起,他不仅为学生开设田径课,而且依据自己的知识积累,为学生们讲授中国古代体育史、中国近代体育史、中国当代体育史、世界古代体育史等课程,他既注意讲好技术课,也不忘做学术研究,提升自身的理论业务水平。他结合宁夏地域特色,认真研究西夏军事体育,发表了一篇文章并在第一次全国体育史论文大会上做报告,之后他继续向着这一方向潜心钻研,陆续发表了论文《西夏军事体育与科学技术》《贺兰山岩画中的体育略考》及《回族传统体育》《回族体育文化》《宁夏当代体育》等相关著作,其中《贺兰山岩画中的体育略考》一文还获得2007年第八届全国少数民族运动会论文优秀奖。

在教学中,秦文忠既重言传也重身教。他常说的一句话就是:"要做一个好人,做一个对社会有用的好人。"1998年,秦文忠光荣退休,退休后他继续发挥余热,曾带领宁大附中的学生参加自治区少数民族运动会。当时,自治区民委邀请秦文忠挖掘宁夏回族青少年传统体育项目——"打瓦"。他委托宁夏大学附中成立该项目的训练队，这一竞赛项目从规则的制定、队伍选拔训练到场地绘制，他都全程参与。2002年，宁大附中参赛队在全区运动会上获得该项目的第二名。2003年，宁大附中参赛队凭借这个项目获得第七届全国少数民族运动会竞技表演第一名。2019年，"打瓦"队参加第十一届全国少数民族运动会，获得第一名的好成绩。

如今，秦文忠教授虽已年过八旬，但他仍热心体育事业，以自身的人格魅力和饱含正能量的言行影响并教育身边的人，"爱国、敬业、诚信、友善"的价值观在他身上得到了充分体现。秦文忠在体坛辛勤耕耘的敬业精神令人感动，他的育人努力在凤城银川留下了骄人的成果，他是一位优秀的体育教师，也是一位胸襟广阔、具有无疆大爱的长者。

（供稿：王斌）

孙占科

孙占科，1938年11月出生，宁夏中卫人，中共党员。1959年从银川师范学校毕业后到宁夏师范学院（现宁夏大学）工作。曾先后任宁夏大学物理系实验员、宣传干事、图书馆秘书、教务处学生科科长、学生处副处长、学生处处长、党委统战部部长、宁大附中党总支书记等职务。多年来从事行政管理工作。工作期间，形成第一个《宁夏大学学生手册》《宁夏大学学生奖学金改革实施办法》《宁夏大学学生文明宿舍条例》《宁夏大学学生违纪处罚条例》《宁夏大学先进达标班集体评定办法》等重要文件。1988年被评为自治区"民族团结先进个人"。

记者：孙老师，请您谈谈在宁夏大学工作的主要经历。

孙占科（以下简称孙）：我叫孙占科，81岁，宁夏中卫人。1959年7月银川师范学校毕业后，被分配到宁大的前身宁夏师范学院工作，在宁大工作了40年，一直从事行政管理工作，而且在工作当中作出过一些贡献，为学校发展壮大起了一定的作用，由此也感到自豪，1998年年底光荣退休。

在这40年间，1959年开始在物理系实验室工作，在实验室当时购买仪器设备。物理系是1959年才开始筹建的，筹建的时候物理系只有三位职工，物理系的负责人张德澂，新分来的教师张奎也就是前（宁夏大学）校长和我，我们三个人筹备物理系的建立。1959年开始招第一届物理系的学生，因为当时购买仪器设备时，买了一台长江牌的35毫米的电影放映机。

到了1960年夏天，要放暑假了这台电影机谁都不会用，放了暑假学校里就安排我找地方学习使用电影放映机，最后自治区有个电影训练班，人家是一年制的，已经开学8个月了，我是8月初去插班学习的，学到10月底结束。我学了三个月，基本上学会了操作规范，掌握了理论知识，最后经过考试合格结业。11月份回到学校，学校这个放映机开始试运行。

当时学校非常重视，因为那时学校是1960年8月份从原来银川师范学校（现在中山公园的后面）搬到这个现在的新校址，当时是个大荒滩，就三个单位：宁夏军区、地矿局和宁大。站在这个高台上，只能看到这三个单位，再都是一片荒漠。当时我就开始电影试放，因为放电影工作需要，又把我从物理系调到学校团委当干事，然后开始就放电影。因为那时候学校文化生活很贫乏，什么活动也没有，因为没有什么相应单位，所以一放电影非常吸引人。当时，我带了张汉升、刘振中、李维明、周鹏起、郝德欣一共5个职工跟我一起放电影。从此后，我不管到哪个单位都是放电影的，一直放到"文化大革命"开始。

　　1962年9月30号宁夏大学正式成立，然后学校机构调整，三个学校合并，就宁夏农学院、宁夏师范学院、宁夏医学院合并以后成立宁夏大学，当时学校9月30号正式开的庆祝大会，最后职工又重新调配，把我又分到党委宣传部当干事。当时党委宣传部主要任务就是政治思想教育，主要抓干部的这个政治理论学习。那时候政治理论学习非常重要，每周两次，两个白天，全区都是一样的，宣传部主要是抓理论教育抓学习，最后是了解这个职工的思想动态、学习情况等。

　　还有那时对各种反动思想特别重视，经常抓典型，了解一些不好的思想动态，写简报，向上报告。在宣传部干了一年以后，1963年又把我调到总务处，总务处有几个科，派了一个处长，把我调去给处长跑腿办事，在总务处待了一年。1964年宁夏大学正式成立工会，然后就把我又调到工会，工会当时就有一个兼职主席，我一个兼职干事。工会的主要工作，因为当时这个地方很偏僻，没有什么文化生活，除了放电影以外，每周两次电影礼拜三、礼拜六，然后就是再组织开展些文化生活；再一个就是和团委联合办舞会，和有些单位搞联欢，因为当时宁大都是年轻教职工多，找对象很困难，所以专门找一些女同志多的单位，搞联欢为了解决恋爱问题；再一个工会就是搞这个文化活动办舞会，每周办一次舞会，当时舞会是工会搞了一个"草原乐队"，以畜牧系老师为主，购买了一些西洋乐器，每周办舞会，乐队就这个班子；再一个工会就是给职工联系在附近单位参加一些文化活动，当时宁夏军区经常有演出，还有新城有个剧院经常有演出，主要负责给职工联系购买票或者包场组织职工去看。除此之外，每周晚上，就聘请一些青年教师、青年职工给讲课，除了扫盲以外就讲一些基本的常识、社会知识；再一个就是办高级班，主要学习古典文学，当时中文系的刘世俊、李增林、黄建新等，好多老师给讲课，讲古典文学，这个一般都是在业余时间，办了一年多两年，后来，"文化大革命"开始就停止了。

1968年我下放到干校,就到农场去劳动,就是当时机关的干部或者部分教师都下放到农场去劳动。当时农场就二百职工,编了两个连,我是一连一排二班的班长,职工在农场劳动。我是1968年10月份

1960年,孙占科为宁夏大学师生放电影

到农场的。1969年3月,学校整个机关全部搬到青铜峡农村去插队劳动。到6月底,又全部回到学校,我又在农场劳动。到1970年5月份,学校办了一个师资培训班,把我从农场抽回来在物理系当辅导员,到年底结束,1971年就把我分配到办公室当办事员。当时办公室办事员主要管劳动,就是每周都组织职工到农场去劳动,我的任务主要是管劳动。到了1974年,因为当时图书馆工农兵学生开学以后需要看书,图书馆需要增加人,就把我调到图书馆当秘书,一直干到1977年,图书馆我是比较年轻一点,就抽我在中卫下农村,干了一年,到1977年年底回来。回来以后呢,学校又任命了新的校长、书记,就是恢复正常了,当时回来以后又把我分到新成立的落实政策办公室,当时"文化大革命"受迫害的比较多,平反冤假错案,我在落实政策办公室干到1979年,到1979年完成任务就撤销了。后来,又把我调到教务处学生科当干事,后来当科长。1980年,全国关照少数民族教育,招了第一个少数民族预科班,当时这个还没有单独设置,学生科管着,我兼的班主任,就这一班40个学生,我管了一年毕业以后,在这个民族预科班的基础上,就正式建立了一个组织,有专门的工作人员。到1981年

学校就开始扩大招生，我在学生科一直干到1984年，学校机构改革成立了学生处，我到学生处当副处长，后来当处长一直干到1992年7月。1992年7月后，宁夏大学当时成立统战部，把我又调到统战部当部长。1994年，我到中央社会主义学院去学习统战工作，去学习别人的经验，学习统战工作知识。1995年年底，学校又把我调到宁大附中，担任党总支书记，带了几个人成立了个新班子，整顿宁大附中的工作。1996年、1997年干了两年半，基本上学校稳定了，恢复了教学秩序。

宁夏师范学院是1958年建立的，当时我在师范学校上学，师范学院也没有校址，一切都靠的是师范学校，当时在1960年就开始在这筹建新校址，建了三栋楼。1960年暑假，就从银川师范学校搬到现在的这个地方。当时搬了以后非常艰苦，一片大荒滩，学校高低不平，周围都是沙丘，连路都没有，出楼门就是沙滩、沙堆，当时学校很艰苦、条件也很差，什么设备也没有，搬来以后呢生活非常困难，正遇上低标准，你要想进一趟银川城很难，只有一趟二路公交车，两个小时一趟，每天还没有保障，你要进城去还回不来，当时条件就这样。以后呢，生活是非常艰苦，那时候低标准吃菜都没有，学生职工都是如此。到了秋天，我们上贺兰山去采野菜和榆树叶子，到农村秋收以后的田地里去挖菜根、捡菜叶。生活是非常艰苦的。最典型的一件事：1960年冬天第一年就是取暖，啥设备都没有，没有煤炉，没有烟囱。当时，就是职工自己都在房间砌的土炉子，都砌土炉子，砌上炉子还没煤，那时候还急忙运不来，团委书记组织我们职工去火车站背煤，大家拿着盆子拿上袋子去火车站背煤，第一年冬天就这么去了，第二年冬天就有暖气了。1961年开始修锅炉，买了一台锅炉，买了一台锅炉不是现在焊接的，那是从外地买来的一个整体的一个锅炉，从火车站卸下了火车，往学校搬运，没有起重设备、也没有运输设备，怎么运来这个？就是在地下铺些圆木滚子，那个锅炉就在木头滚子上面，前面一个拖拉机拉着，然后好多人就在旁边扶着走，先慢慢走，然后就后面的那个拱子就往前这么倒着。从火车站拉到学校，一个礼拜才拉来，我们都去帮忙，才拉回来。

学校高低不平的是沙丘，学校领导带头每天利用业余时间，早上起床不用组织，都自觉地来了，车拉肩挑人背，就把那个学校周围的土堆都背掉了。我有张照片就是站在那个土堆上面，看着比楼还高。当时就是这么把这个学校环境改善的。校园整理好开始植树，后来条件好转，我上学的时候1958年，咱们修西花园这个飞机场，当时宁夏连个轧路机都没有，我是学生1958年暑假把我抽来了，一部分学生来修飞机场，我干了10天，一小时一换班，就是拉这个石磙压那个飞机场的跑道。那时多艰苦，在那时候学校条件非常差。参加工作因为我经常跑外面，学校里有一辆自行车就是最幸运的，学校给我分了一辆公用车，我出门开始骑车子，我进城办事，办各种事情都非常方便。

因为恢复高考，1979年开始已经正式招生了，我调到学生科一直到（升格为）学生处。当时学生那个管理工作，也做了一些事情。

第一个事情，就是我们根据国家教委当时的设计管理办法，制定了一个《宁夏大学学生手册》。这个学生手册把学生的各种活动都规范了，包括遵纪守法的一些规定。搞了这个学生手册以后，为了引起学生重视，我还组织了一次学生手册考试。就是组织学生看、学习，然后组织全校学生，统一时间统一出的卷子，开卷考试。学生可以拿着手册出的题目，你不看你都找不着，找不着答案，相当严格，还进行了考试评比，就是对先进单位、先进班，考试好的个人进行奖励。

在学生处工作期间，因为这个学生处最大的两项任务：一个是招生，一个就是分配。招生自治区有统一规定。当时突出的问题就是少数民族入学，因为当时自治区全部都提的是，少数民族的入学率要和自然人口的比例相匹配。但是当时宁夏少数民族高校学生入学率只有百分之十几，我们宁大是最高的。我在任的时候最高达18%。当时宁夏的少数民族人口比例是30%，还差得很多，后来经过我们的努力，少数民族教育就开始发展起来了。

记者：您对学校目前的工作有哪些建议？对学校未来的发展有什么期望？

孙：我希望学校领导或者师生员工，继续发扬艰苦奋斗的精神，团结一心，根据社会发展和经济建设需要，及时调整学校的专业设置，为培养有基础理论、有专业才能的、德智体全面发展的新型人才努力！

自豪，我是宁大人

张新民　封宏砚　徐欣瑞

1958年10月，伴随着宁夏回族自治区的成立，来自农村，刚满20岁，在银川师范学校读书的我，升格为宁夏师范学院——宁夏大学前身的第一代"宁大人"。

1959年，我从银川师范学校毕业，被分配到刚开始第一届招生的宁夏师范学院数理系当实验员。也就是在这一年，学校买了一套电影放映机，可是没有人会用，于是学校派我去自治区教育厅办的电影放映班学习。三个月后我通过了考试，熟练掌握了电影放映技术，开始给全校师生和学校周围的居民放电影。从在数理系当实验员起，我先后在校团委、党委宣传部、总务处、工会、图书馆等多个单位工作过，但是放电影一直是我的兼职工作。无论是在师范学院的西马营老校区，还是搬迁到新市区西沙窝新址，也不论是在学校餐厅还是露天操场，春夏秋冬，寒来暑往，每周一次或两次的放电影我坚持了六年之久。在那个文化生活极其匮乏的年代，看电影成为宁大师生和附近居民的盛大节日，电影给大家带来了寓教于乐的鼓舞和欢欣。六年时间，百余部黑白彩色电影、上千场次，男女老少数万名观众，在银幕前的喜怒哀乐，成为宁大创建初期那个艰苦岁月我终生难忘的记忆。

宁大建校初期，师资力量薄弱，但尊师重教的氛围很浓。我记得那时宁夏师范学院是北京师范大学对口支援的学校，物理系开始招生以后，北师大派来了一位教学经验丰富的教授，叫冯钟泰。我作为实验员，服从系里的安排，负责照顾冯老的生活。冯老是研究表演实验的著名专家，很敬业，相当负责任。由于物理系刚成立，刚分来的来自各个学校的老师缺乏高校教学经验，冯老便认真地给每个教师安排讲课，仔细检查他们的教案并亲自试讲、指导，培养老师们的课堂教学能力，效果显著。我很敬佩这位老先生，经常听他讲课。其间，发生了一件轰动全校的《孙占科背教授》故事。

那是1960年的春夏之交，天气渐暖。有一天，冯教授生了病，行走不便。我带着他去看病，可是学校条件艰苦，没有汽车，用车要去宁夏交际处借，我连忙跑到交际处，可交际处也没有车可用，我想找个架子车拉着冯老去医院，被他拒绝了。我搀扶着他到了医院，看完病回学校时突然下起了倾盆大雨。马路上的积水很深，冯老拖着病体无法趟过漫着积水的马路。于是我脱下鞋，光着脚毫不犹豫背起他蹚水过了马路。但凡遇到有积水的地方，我就背起老先生。老先生很感动，把这事告诉了其他老师。老先生的学生——后来当了宁夏大学校长的张奎把这件事写进了他的回忆录《追忆西马营》。看到文章，我才知道这件小事给冯老先生留下了很深的印象。

1961年秋，根据国家"调整、巩固、充实、提高"的方针，自治区党委决定将宁夏师范学院、宁夏农学院、宁夏医学院合并为宁夏大学。在合并后的宁夏大学，我服从组织的安排，搞过接待、采购，烧过锅炉，进过农场，下过乡，在农村参加路线教育，担任过物理培训班教导员。1979年恢复高考后，我调到教务处担任学生科副科长，负责学生管理工作。那时，学校有些管理制度还不大健全。有一次，校党委书记夏森在学生食堂捡掉在地上的馒头，一个学生把穿戴朴素的他误认为"清洁工"，随手把自己吃剩的馒头扔在地上，遭到夏书记的批评，这个学生嫌他多管闲事，发生了争吵，引起很多学生围观，有一位老师认出了夏书记，学生一哄而散。夏书记让我调查处理此事，我对该生进行了批评教育，同时建议校领导要走到学生班级、宿舍，召开各种类型的座谈会，建立健全规章制度。

根据国家教委颁发的学籍管理规定，我在深入调查研究的基础上，主持制定了宁夏大学第一版《学生手册》，起草并制订了《宁夏大学学生违纪处罚条例》《宁夏大学学生文明宿舍条例》《宁夏大学学生奖学金改革实施办法》《宁夏大学先进达标班集体评定办法》等一系列规章制度。

1980年，为发展少数民族地区民族教育，宁夏回族自治区根据国家教委在高等学校开办民族班的指示精神，在宁大开设宁夏首个少数民族预科班，我担任第一届班主任。当时少数民族预科班只有40个学生，我对每个学生都很熟悉，也尽心照顾他们的生活起居。撒承贤是首届少数民族预科班理科班的班长，他学习勤奋刻苦，做事仔细认真，我对他印象很深，后来他成为1981级宁大物理系学生，毕业后留校工作，成了我的同事。根据他的表现，我提名他评选优秀党员、先进个人，后来他担任了宁夏大学党委副书记，自治区教育厅工委书记。

1984年，我担任学生处副处长，主持学生处工作期间，我始终心系少数民族预科班的办学情况。当时国家教委在呼和浩特召开全国少数民族招生工作会议，我代表宁夏参加了会议。国家教委要求少数民族入学率要和自然人口比例相匹配，宁夏少数民族人口比例占了全自治区人口的30%，而少数民族入学率只有13%。会议结束后，我思前想后制定了详细方案，想努力达到国家的要求，为此我专门写了《办好少数民族预科》和《做好高等师范专业招生》的文章，在高等教育研究学报等刊物上发表，并且积极向自治区领导建议，增加少数民族招生，扩大少数民族预科招生名额。自治区教育部门采纳了我的建议，少数民族预科招生规模逐年扩大，如今发展到宁夏大学少数民族预科部，基本达到了近30%的少数民族学生入学率。

1986年，我主持学生处工作期间，宁夏大学学生处被评为"自治区双文明先进集体"。1988年，我荣获自治区"民族团结先进个人"荣誉称号。1992年，我被调到刚成立的宁夏大学统战部，任首任部长。1995年年底，担任宁夏大学附属中学党总支书记，直至退休。

宁夏大学建校至今，走过了62个春秋，我从当初20岁师范生走到今天，见证了宁大从无到有、从小到大、从弱到强的全过程，与宁大结下了深厚的情缘。1960年的暑假，学校搬至新校区后，那时只有三幢楼孤零零地挺立在连绵的沙丘里。生活条件异常艰苦，"文萃楼"周围全被沙丘包围，突兀的沙丘有的有一层楼高，别说是搞运输了，就连条像样的路都没有。如今的金波湖，原来都是沼泽洼地，校领导便带着全体职工开启了"搬沙填洼地工程"。全体教职工早上一起床就背着背篓和布袋子，拉着架子车去运沙子，下午吃过晚饭接着干。就这样手拉肩背，半年后沙丘填湖工作终于完成。同年的冬天，天寒地冻，取暖成了大问题，"没暖气""没火种""没烟筒""没煤炭""没运输工具"。在这样艰苦的条件下，为了取暖，学校发动教职工手工砌土炉，一个教室两个大土炉。炉子有了，校领导带领着教职工和学生们揣着兜子、拿着布包到火车站背煤，把煤面子捏成煤球放到炉子上烤，就这样解决了冬季取暖的难题。

1961年的"低标准"，由于分到的粮食不够吃，很多人都饿肚子，饿了就喝水，整个人都浮肿了。为了解决生活困难，校领导带着教职工去挖野菜、挖菜根、捡菜叶子。学校周围是一片荒滩，我们只能到贺兰山上去摘榆树叶子做成馒头吃，馒头都是绿色的。

有人问我，这一路走来有哪些遗憾。其实，我觉得自己这一生很美满，老伴很支持我的工作，我从银川师范学校、宁夏师范学院到宁夏大学，多次调整工作，每次都听从组织安排，总是全身心投入工作，很少顾家，两个孩子都是当老师的老伴带大的。她把两个孩子培养得很好，都是大学毕业。儿子哈工大毕业后，成为令我骄傲的航天人，孙子和外孙也大学毕业了，出国留学归来，准备读博士。我很感谢宁大，也很感激我的家人。我想对宁夏大学年轻一辈学子说："如今学习生活的条件好了，希望青年人能永远铭记宁大人不怕困难、艰苦创业、以苦为荣、以苦为乐的不平凡岁月，继续发扬不畏风寒、扎根西部、根深叶茂、本固枝荣的'沙枣树精神'，让宁大精神代代相传。"

（本文根据孙占科口述录音整理。供稿：王海文）

孙占科：为学校建设出力而自豪的宁大人

辛婉怡

20世纪60年代，宁夏大学餐厅每到周三和周六晚上，都聚集着很多观看电影的人，他们中有在校的学生和教师，有学校附近单位的职工，还有一群顽皮的孩子。在文娱生活匮乏的年代里，观看电影成了最受欢迎的活动。每当人们聚精会神地观看电影时，总能看到孙占科忙碌的身影。

1959年，宁夏师范学院在筹建物理实验室时，购买了一台"长江牌"35毫米电影放映机。由于学校缺乏电影放映方面的技术人员，校领导便挑选了在物理系工作的孙占科负责这项工作。经自治区文化厅介绍，孙占科插班到已开课半年的自治区电影

1974年，孙占科（前排左三）辅导学生

放映班学习电影放映技术。学习时间紧、任务重,孙占科挤出一切时间自学落下的课程,积极参与课程实践,钻研电影放映技术。功夫不负有心人,年底电影放映班毕业时,孙占科不仅顺利通过了学校毕业考试,而且在电工基础课程的考核中取得了全校第一。

掌握了电影放映技术后,孙占科回到学校开始每周二次的电影放映工作,一放映就是六年。"即使被调到别的工作岗位我也要坚持放电影。"孙占科说。他专门有一个小本子,详细记录着自1960年开始播放的片名和放映时间。《杨门女将》《穆桂英挂帅》《平原游击队》《小兵张嘎》《冰山上的来客》《青松岭》……随着电影的持续放映,观影人数增多,电影放映场地不得不从学校餐厅挪到大操场上,放映场次由每周一场增至每周两场。影片中一帧帧精美的画面伴随人们茶余饭后的交谈走过了那段难忘的岁月,留在了那一代宁大人的记忆深处。

孙占科家中至今还珍藏着一张老照片,照片中年轻的他站在土堆上,比旁边的四层教学楼还高出一些。"那时新市区十分荒凉,教学楼周围是高低不平的大沙丘和水坑。"孙占科说,"学校领导带领大家利用课余时间劳动,老师和学生们每天一早醒来就自觉加入到劳动的队伍中,车拉、肩挑、人背,终于铲平了沙丘,也填平了水坑。"

1978年,孙占科在宁夏大学留影

1960年学校刚搬到新市区，生活异常艰苦，又赶上"低标准"时期，吃菜都成了问题。孙占科就和其他老师一起上贺兰山采榆树叶，在田里捡菜叶挖野菜，用野菜和着面蒸成菜馒头充饥。宁夏师范学院搬至新市区的第一年，没有采暖设备，大家只能在房间里砌土炉子取暖，煤是大伙带着盆和麻袋去火车站运回来的。1961年，学校为了解决供暖问题，从外地购买了一台锅炉。整体焊接的锅炉体积庞大，没有起重和运输设备，大家一起想办法，把几个圆木滚子铺在大锅炉下面，前面找了一台拖拉机慢慢牵引着前进，后面的人不断把圆木滚子替换到前面，用了整整一个星期才将锅炉运回学校。那年冬天，全校师生终于用上了暖气。

1964年，宁夏大学工会成立，孙占科被调到工会担任干事。他说："在工会的工作我印象最深刻。"热心教职工文化生活的孙占科同时兼职放广播、办舞会、组织文艺演出。当时宁夏大学单身青年教职工较多，为帮助他们解决个人问题，孙占科专门联系新城毛纺厂一起搞联谊活动，积极为广大青年教师拓宽交友渠道。为了尽可能地丰富教职工的娱乐生活，孙占科跑遍全城各演出单位，记下近期的演出表，拿回学校后分发给教职工，统计完观看演出的人数后再提前买票。"我印象最深的是有一次陕西碗碗腔一个著名剧团要来银川新城剧院演出，许多老师都很想去看，当时真是一票难求。"孙占科说："我费了一番周折后终于买到了票，晚上派学校的大轿车送教职工去新城剧院看演出。回来的路上大家都很高兴，反响很好。"除了组织教职工观看电影和演出，学校分配几间房间，用作教职工的活动室，还专门购买了跳棋、扑克牌、康乐球等娱乐设备。每到下午下班时间，他就提前打开活动室，方便教职工娱乐，等活动结束后，他把活动室打扫干净才回家。

1979年恢复高考后，孙占科被调到教务处学生科负责学生管理工作。鉴于在校学生人数多，学籍管理查询繁琐，孙占科专门制作了学籍管理卡片，每张卡片上标有学生的姓名、出生日期、民族、专业、入学时间等信息，按年级和姓氏首字母排列，方便快速查找。他还根据国家教委学籍管理规定，主持制定了宁夏大学第一版《学生手册》。为了督促学生学习和阅读《学生手册》，孙占科还组织了开卷考试，在各单位间进行评比。在多年的学生管理工作中，孙占科主持制定了很多重要文件，如《宁夏大学学生奖学金改革实施办法》《宁夏大学学生文明宿舍条例》《宁夏大学学生违纪处罚条例》《宁夏大学先进达标班集体评定办法》等文件。

1980年，为发展少数民族教育，国家决定有计划、有重点地在全国高等学校开办民族班。孙占科据此在宁夏大学创办了第一个少数民族预科班，并担任班主任，负责管理和组织教学。1981年，宁夏大学第一届少数民族预科班正式成立，开始扩大招生。孙占科本着重视少数民族教育的原则，只要政策允许，尽可能地照顾少数民族学生。在他的努力下，少数民族学生的升学率从13%提高到了18%，少数民族学生的受教育水平得到显著提高。发表在《高等教育研究学报》上的《办好少数民族预科之我见》《高等师范专业招生之我见》两篇文章是孙占科多年来从事少数民族教育工作的经验总结。1986年起，孙占科担任学生处处长，在他主持学生处工作期间，宁夏大学学生处被评为"自治区双文明先进集体"。1988年，孙占科荣获自治区"民族团结先进个人"称号。

1992年，本应退居二线的孙占科因为熟悉教职工、熟悉学校情况，被委以宁夏大学党委统战部部长的重任；1995年年底，他被任命为宁夏大学附属中学党总支书记直到1998年年底正式退休。孙占科说："我虽然离开了学校，但我非常关心学校的发展和建设。能为学校的建设出一份力，我很自豪。"

（供稿：马海龙）

王力行

　　王力行，1929年9月出生，江苏南京人，副教授，曾任宁夏大学教务处处长。1952年，浙江大学药学系毕业后，响应党和国家的号召，主动来到宁夏工作。1958年，加入宁夏医学院的筹建队伍。1969年正式进入宁夏大学从事教务管理工作，他曾为体育系讲授《运动生物化学》课程，同时开展行政与教学工作，想方设法开展教材采购。2018年，获宁夏大学"创校荣誉纪念奖"。

记者：请您谈谈您在宁夏大学工作的主要经历和一些印象深刻的事情。

王力行（以下简称王）：我叫王力行，江苏南京人，1929年9月25日（出生），大学毕业以后，我被分配到宁夏工作，一直到1990年退休。

我是1952年从浙江大学毕业分配过来的，因为当时解放时间不太长，很多青年都是像我，立志到祖国最艰苦的地方、最需要的地方去工作。

1952年，我先被分配到西安行政大区，再由西安分配到宁夏，开始是在卫生处工作，后来因为宁夏卫校缺少化学教师，他们就找我，问我能不能够兼课，为宁夏卫校担任兼课教师，我说可以。所以那时候呢，就到宁夏卫校兼课，兼了一个学期以后，人家不让我回卫生处了，就直接到卫校工作了，一直到1958年。宁夏医学院成立的时候，当时我是在筹备工作组里面，作为一个成员，作为建校（筹备组）的成员，所以从1958年开始，在宁夏医学院工作，后来三个院校合并，成立宁夏大学。

当时是"低标准"，大家都是一样的"低标准"，粮食少了，油也不用说了。你说有困难，那大家都有困难，没有什么好说的。我当时浮肿得比较厉害，脸都变形了，那也没办法，大家的情况也差不多。孩子们大多肚子也饿，当时我们喂了几只老母鸡，下个蛋就给孩子吃，还用粮票换过鸡蛋。

记者：在当年艰苦的条件下，您和您所在的系、教研组是怎样开展实验工作的？

王：我和其他的老师，到西安医学院取经去了，因为他们是老校，办学的时间长，尤其是向他们化学实验室取经。理论部分当然好说，大家就有教材备课，我们化学组老师有四五个，分配任务以后，你讲哪一部分，他讲哪一部分，个人那就准备去。实验就不一样了，在实验室里头，要动手，实验虽然有实验教材，但你不做实验那还

1972年，王力行在会议中发言

是过不去，所以做实验的时候，你自己得先去准备一番，实验自己做成了，你才能教给学生。

实验课和理论课还是有一定的差别。实验，你必须要做，你自己要先做一遍。刚开始建设经费上，有一定的限度，再加上你想搞一点新的东西，没有新的仪器和设备，课程是开不了的，大型的设备肯定也一下买不起，也没有那么多的经费，只能从小实验开始，然后逐步再做稍微难一点的实验，实验室的建设它也有过程，是逐步逐步完成的。

记者：您感觉学校哪些方面的变化比较大，另外，您对学校目前的工作有哪些建议？

王：学校变化当然还是很大的，拿师资来说，过去宁夏大学，普通大学毕业生来求职都会要。现在我听说，当老师要求还挺严格的，你不是博士研究生就当不成高校老师，所以现在的宁夏大学，跟全国形势也差不多，这个形势很好，有了高水平的老师，那他教出来的学生也肯定比较好一些。所以，我建议在引进师资时，坚持这样的高标准。

父亲往事点滴

王 琦

父亲王先仁（王力行）作为宁夏大学、宁夏医科大学等学校的第一代建校人之一，把自己的青春和知识全部奉献给了宁夏的教育事业。父亲更是祖国西北边陲宁夏高等教育从无到有快速发展的参与者和见证人。

认真、坦荡、忠诚，低调、简朴、和蔼、平凡，便是父亲一生的真实写照。父亲对我们说得最多的就是要懂得"感恩"。首先便是国家的大恩。他经常以自己为例，告诉我们他是受国家助学金资助的大学生，理应用实际行动报效祖国。1952年他从浙江大学药学系毕业时，完全可以留在杭州或其他大城市工作，但他积极响应国家支援边疆的号召，分配到了大西北甘肃兰州卫生局，但他还想申请去更艰苦的地方，又二次分配到离兰州四百多公里的银川（银川当年归属甘肃省）。离家很远，但他一直不忘父母的养育之恩。从工作开始，便把自己工资的一半寄给父母贴补家用，即使自己成家，有了孩子也从未间断，直到二老去世，他的孝行持续了近40年。

父亲大学期间曾任团支部书记，他帮助同学的事迹和所起的表率作用，曾在当时的《中国青年》杂志上有过相关报道。他在青年时期就积极向上、乐于奉献。他原先的姓名是王先仁，20世纪60年代将名字改成了王力行，取身体力行之意，便是一种信念的体现，那就是对共产主义坚信不疑,为此他积极志愿加入中国共产党,无奈因自己的大哥在台湾,便一直被党拒之门外,直到20世纪80年代初期,才得以实现夙愿,但他却毫无怨言地在工作和生活中始终用党员的标准要求着自己。如今已年过九旬的他,还念念不忘过去的组织生活,亲自去宁夏大学按时缴纳党费。

国家和学校的事情永远是放在第一位的,这似乎是父亲这一茬20世纪50年代大学生们的共同特点。几十年如一日的早上班、晚下班,无论是教学工作还是行政工作,永远是兢兢业业,勤勤恳恳,一丝不苟,严肃认真。记得父亲有一次腿部患丹毒引起全身性感染而住院治疗,但他只在病房待了两三天便嚷嚷着要出院回去上班,坐卧不安的,眼看他的嘴角都急出了小水泡,医生不得已便让他出院回家,第二天他便去了办公室。

有时我们向他提起,如果你大学毕业去大城市、去研究所工作,那一定能作出更大的成就的。而他却说,事情总是要有人干的,西北

1997年,王力行(右一)与外籍专家合影

也是需要有人来建设的，好男儿志在四方。朴实的语言透露出他对当年选择的无怨无悔。

父亲做任何事都身体力行，但从不张扬。每天上班他总是第一个到办公室，做卫生，打开水，即使升任处长后也是如此。

我们先后搬了三次家，无论是住平房还是住楼房，他始终坚持清扫整个院子和单元楼道，无论冬夏始终如一。"一个人做点好事并不难，难的是一辈子做好事，不做坏事"，父亲总这样说，他也是这样做的。20世纪50年代末，他曾经救过一位因煤气中毒的年轻同事，现在虽天各一方，直到今天他们还保持着联系。

父亲淡泊名利，从来没有利用职权为家人朋友谋过私利，甚至在评职称、涨工资、分房子这些正当事情上（他的英语很不错，当年职称考试曾考过宁大第一名）。他常挂在嘴边的话就是，不要争，现在条件已非常好了，留给那些有困难的老师们。从他退休时还是副教授职称就可以看出他的为人。当年像父亲一样的年轻人满腔热血建设国家，放弃了个人应有的利益。

如今已是耄耋之年的父亲，经常会有他曾教过的学生来家探望，一些当年他招生的与他年龄相差无几的老同事们常常用电话微信问候他。

父亲一生没有惊天动地的事迹，他就是一个平凡一生的教育者，平凡中见真情，平凡中见真心，学生却是桃李满天下。

无论是在爷爷奶奶家还是自己家中，他都在努力地做个好儿子、好丈夫、好父亲。我们家是严母慈父，印象中，由于物质的匮乏，有一点好吃的，他从来都是不吃的，都是留给我们。他勤俭节约，舍不得浪费一点东西。

我们小时候几乎没有父母的陪伴，生病的时候都是被父母锁在屋子里的。我有好几次生病了，本来说好的在家陪我，但我睡醒起来，他们都已经上班了，桌上多数是父亲写的纸条，叮嘱我在家休息，旁边碗里放点糕点糖果。

20世纪60年代初期,母亲去农村医疗队,父亲去农村劳动,我们被安置在学校托儿所。每周日,父亲都会提着大番茄来托儿所接我们回家待一天,这是我们最开心快乐的时候。这种特殊时期的特殊经历,也使得我们养成了独立的个性。

当年父亲全身心扑在工作上,对我们的学习关注度是不够的。上学后我们问的"为什么"太多了,为了拓展我们的知识面,父亲便买来成套的《十万个为什么》,让我们自己在书本里寻找答案。我们兄弟姐妹几个的化学成绩都不错,得益于他的专业背景及循循善诱的家庭影响。

父亲在子女的教育上,把道德要求放在第一位。他常说,做人一辈子,人品做底子。他的身体力行、言传身教,潜移默化地影响着我们健康成长、成才。

父亲就是我们人生道路上的榜样!

(供稿:赵芳红)

作者简介

王琦,1963年出生,教授,硕士研究生导师,现任宁夏医科大学国家级基础医学实验教学示范中心常务副主任,兼任宁夏生物学会免疫学专业委员会副主任委员,宁夏医学会微生物与免疫学分会委员,自治区政协第十一届委员会委员。

无言付出，贵在力行

牛露露

"我姓王，叫力行，身体力行的力行。"已是耄耋之年的王力行老师，在接受采访时面带微笑，解说着自己的名字。但你可能不会想到，眼前这位慈祥、儒雅的老人，已扎根宁夏67年。从金陵古城到西北大漠，"祖国哪里需要，就到哪里。"从宁夏卫校到宁夏医学院再到宁夏大学，他始终不辞辛劳，踏实做事。2018年，他获得宁夏大学"创校荣誉纪念奖"。他的身体力行是一种奉献，他的无言付出是一种荣誉。

1929年，王力行出身于江苏南京。1952年，他从浙江大学药学系毕业，因祖国需要，跨越千里，从江南水乡来到了塞北江南。当时，国家号召青年知识分子到东北去、到西北去。王力行主动要求去西北最艰苦的地方。他先是来到西安行政大区，后又从西安分配到了银川。

当时的银川隶属甘肃省，教育发展落后。在银川市内，没有一所高等教育院校，最高学府是银川一中。药学系出身的王力行，被分配到宁夏卫生处工作。1953年，宁夏卫生处的下属单位卫生学校急缺化学教师，王力行被紧急调至宁夏卫校担任化学教师。这一时期，他脱离行政职务，专门从事教学工作。1958年，宁夏回族自治区成立，宁夏医学院、宁夏师范学院、宁夏农学院三所院校开始筹建，从北京、西安等地而来的"支宁人"纷纷前来支援建设。北京师范大学、西安第四军医大学的知识青年边建设、边教学，为宁夏高等院校的拓荒工作挥洒着汗水。

王力行是宁夏医学院的创办者之一，他见证着宁夏医学院的建立。宁夏医学院是在宁夏卫校的基础上一砖砖地建起来的。当时，以任治云等人为领导的宁夏医学院筹备组成立，大家一起挥着铁锹脱土坯，推着板车拉设备，干劲十足。王力行就是其中一员。据他回忆，当时，三个人一组拉设备，路面极其曲折颠簸，一上午最多来回一趟。1958年，三所院校面向宁夏本地招生，开始边建设边学习。当时，宁夏医学院招收了一个班，师资十分紧缺。西安第四军医大学和东北某高校的一批老师及时补充，加入到了宁夏医学院的教师队伍。王力行也在此时从筹建组中抽调出来，担任化学教师，讲授有机化学。为了吸取更多的教学经验，王力行还与一些老师亲自跑到西安医学院去取经，参观其他高校的化学实验室。一年之后，王力行离开教学岗位，进入宁夏医学院教务科，担任教务科副科长。

20世纪60年代初，全国进入低标准时期。谈起困难，王力行却轻描淡写，"那个时候，大家都困难，我没觉得有什么特殊的"。实际上，当时他的家中已有了两个小孩。为了让孩子能吃上鸡蛋，补充上营养，他曾从银川跑到永宁、贺兰等地，用粮票换取鸡蛋，也曾特意养了几只老母鸡。但他本人却舍不得吃一个鸡蛋，更是因营养缺乏而全身浮肿，导致脸部变形。

1963年，王力行的家中有了老三。在临盆的那一天，王力行正在学校上班，爱人挺着个肚子来到办公室找他。王力行看了一眼爱人，只简单地说了一句："你去医院吧。"接着继续埋头做工作。爱人只好硬撑着，独自走到医院。回忆起这件事时，爱人充满了委屈，"我当时一个人走到医院，立马上了产床，而他却不离岗位一步"。当年，王力行在宁夏医学院工作，爱人在宁夏卫校上班。一家五口的房子是爱人单位分配的一套家属房。十分简陋，室内又很潮湿。爱人希望他能向宁夏医学院申请一间房子，他却从来没有向学校提过一句。

1969年，学校开始调整领导班子与机关人员，王力行被调至宁夏大学教革组（即现在的教务处）。初期，李占仓、侯来光、张秀林、郝绍光等先后担任过教务处领导，领导变动频繁，人员流动大，几乎没有正式的工作可做。当时，一个专业只招收一个班，全校的学生有几百人。在招收工农兵学员时，学校教学遇到了一些特殊情况。这批学员年龄普遍偏大，基础底子薄。在学期后半阶段，部分人开始跟不上进度，尤其在学习数理化类课程上很是吃力。于是，大量学员自动退学。直至1978年，学校的教学才算真正进入正轨，招收的学员质量普遍提高，教务处也开始进入常规工作。

教务处的常规工作包括教材采购、课表编排、学籍管理等。这一切，都紧密围绕着教学展开。教务处的工作具有独立性，它与各院系之间属于平行关系，而非是领导与被领导的关系。作为行政部门，它需要为各个院系提供服务。其中，教材采购是教学开展前的必要工作，也是教务处的主要工作。在每个暑假前，教务处都要向各院系发放一份教材申请表。这份表中包括各门课程需要的书目，相应书目需要的数量等。根据各院系提交的申请表，教务处将进行统一汇总，然后发函至各个院校或出版社进行订购。其间，如果遇到无法采购或超出采购数额的情况，教务处则需要派人到外地协商。每一学期，王力行都要按部就班进行这一系列的工作。在教材送达银川后，他需要立即到车站去取书。从宁夏大学到旧火车站，他骑着一辆自行车，急匆匆地赶往。返校时，经常是负重难行。

80年代，宁夏大学体育系打算开设运动生物化学课程。运动生物化学与体育运动涉及的身体代谢等密切相关，所以开设相应课程是非常有必要的。受体育系主任委托，王力行开始担任运动生物化学课程的教学工作。这一段时间，他长期处于"双肩挑"的状态，一个肩头挑着行政工作，另一个肩头挑着教学任务。运动生物化学课程在全国

2019年7月15日,档案馆口述档案采访工作人员与王力行(右二)合影

算不上新,但对于宁夏大学的师生来说,这门课程却从未见过。为了顺利挑起教学的担子,王力行抽出大量的时间来学习。在他看来,一个好老师就要不断地给自己充电,一旦自己的电量释放不出来,就没办法传输给学生知识的能量。为此,他参加了华东师范大学开设的运动生物化学短期学习班,进行了两周的学习。此次培训一方面有助于提升教学水平,另一方面可以对其他院校的课程教材与实验设备进行了解。培训结束后,他收获颇丰。之后,他又继续搜集教学资料,自学消化知识。同时,在参考其他高校教材的基础上,他还参与编写了一本实验课程教材。运动生物化学课程正式开设后,一学期近50个课时,全靠他一人讲授。对于这门课程,王力行仍有些遗憾。由于实验器材的匮乏,实验课始终无法开设。"运动生物化学虽是一门理论课,但也需要实践去充实,但真正实施时,实践部分就极为欠缺。"

"双肩挑"时期,王力行兼具教师和教务管理者两种身份,处于教学与行政两种工作模式。他讲道:"行政与教学差别还是蛮大的,在'双肩挑'的那一段时间里,自己还是比较辛苦的。行政处理的事情比较繁杂,要经常性地与本校的各院系,与其他高校保持联系。而教学工作处理的事情比较单纯,只需要一心搞好教学,上好课程即可。"后来,一批优秀的生物化学教师接班,他才放下了肩上的一个重担,开始专心从事教务工作。在教务处时,他总是第一个到办公室,打扫卫生,照顾同事。但这一切,他却谈得很少。

1990年,王力行正式从宁夏大学教务处退休。虽已年满花甲,但他仍坚持在教务处继续工作。教材一到,他还是习惯性地骑车取书,一做又是两年。

作为最早一批"支宁人",他一直在见证着宁夏大学以及整个宁夏地区的变化。其中,他感触最深的是宁夏大学各个院系的成立。原来的宁夏大学是从宁夏师范学院中衍生出来的,本是培养师范类型的人才,只有数理、政史、中文三个系。而今,宁夏大学已成为综合性大学,发展至二十几个院系,专业也日益增多。同时,他希望宁夏大学能不断引进优秀人才,提高教学质量,尽可能使学生受益。

无论是教师还是教务,无论是教学还是行政,王力行始终尽职尽责,默默做事。他总是把学校和学生放在第一位,无暇顾及家人。每当提到"成就"和"贡献"时,他就强调,自己做的事情很少、很小。他一辈子都在用实际行动践行着自己的初心——无言付出,贵在力行。

(供稿:赵芳红)

王庆同

　　王庆同,1936年10月出生,浙江嵊州人。中共党员,教授。1958年从北京大学中文系新闻专业毕业后来到《宁夏日报》担任记者,后到盐池劳动、工作。1983年到宁夏大学中文系任教,参与新闻专业的创办。在省以上公开刊物发表论文8篇。其中两篇先后获自治区第三次、第四次社会科学优秀成果论文三等奖。出版《桥梁与手杖——外国新闻写作技巧评析》等专业著作4本,另有《边外九年》《毕竟东流去》《四十七岁才开始》等几部散文集出版。

记者：请您简单介绍一下自己。

王庆同（以下简称王）：我叫王庆同，1936年10月在南京出生。

1958年（我从）北京大学中文系新闻专业毕业。（毕业后）第一志愿来宁夏，先在《宁夏日报》做采编工作，后来到盐池劳动、工作。1983年8月调入宁夏大学中文系，参与创办新闻专业最初的那些具体工作，还在新闻专业教书，一直到1996年退休。退休以后返聘到新闻专业教书十年，那就是说70岁告别了讲台。现在退休已经23年了，告别讲台也已经13年，现在的身份是宁夏大学退休教授。

记者：请介绍一下您当时在宁夏大学工作的情况。

王：宁夏大学办新闻专业，是适应当时宁夏新闻单位急需新闻人才的需要，由自治区人民政府在1983年3月26号，以正式文件确定，要在宁夏大学增设新闻专业。我是1983年8月由自治区党委组织部下调令，直接从盐池县委宣传部副部长这个岗位上，调到宁大中文系，参与这个新闻专业最初的创办。1983年的8月份，新闻专业的教师，最初的时候只有两个人，一个是从宁夏日报社调来的肖保航，一个就是从盐池（县委）宣传部调来的我。当时中文系系主任王十仪给我写了个条子，就是："王庆同任中文系新闻教研室负责人"，后来我是（被）任命为新闻教研室主任，前后是11年。这样我就从1983年8月份开始，做一些新闻专业最初的创办工作，包括制订新闻专业的教学计划、新闻专业的设备采购计划、新闻专业学生的阅读书目。新闻专业要请中文系的老师来上基础课，这是最初的情况。

1983年的10月份，新闻专业第一届学生就进来了，进来以后我开了一门新闻采访学，肖保航开了一门新闻事业概论。这就是中文系新闻专业，由最初的两个教师开出来的课程。考虑到这个新闻专业，教师比较缺乏，学校决定从历史系、中文系当年的毕业生中，留4个人，到新闻专业来教书。他们毕业前的一年，就送到天津师范大学新闻系进修新闻专业。所以1984年秋天，历史系毕业的陈旭兰、中文系汉语言文学专业毕业的薛金强，就回到（宁夏大学）新闻专业开课来了。程旭兰开的中国新闻事业史、外国新闻事业史，薛金强就接过了我的新闻采访学。

我在新闻教研室当主任这11年当中，从外面请来专家学者，到这里来讲课、讲专题，与学生座谈，有60多人。这60多个（专家学者）毫无例外都是我的朋友，我去（请）求他们，都是很痛快到这里来（讲课）。这60多个人包括区外区内的（专家学者），都还是很有修养的，都愿意来给我们新闻专业贡献力量，报酬也是很低的。同时我们学校里面的各个单位，其他部门的一些老师，我也去请他们来给新闻专业开专题（授课），（这些老师）都很支持（新闻系的工作），这里面包括吴家麟。吴家麟当时已经是校长了，我去请他给新闻专业讲新闻与法。他讲得很好，在那么忙（的情况下），都来讲课。请（历史系的）刘彤讲这个国际关系，请（当时）图书馆馆长张先畴来讲自然科学知识，拓宽学生的知识面。又请图书馆的几位老师联合起来讲《文献简说》。这些课我跟你讲，出发点是要扩大学生的知识面，要给他们很多工具，让他们自己走路。刚开始（新闻系只招）一个班，后面连着招了三届，1983级、1984级、1985级。这三届100多人，毕业以后绝大部分都留在了宁夏，把宁夏新闻行业的这种（对新闻人才的）饥渴感，稍微缓解了一下。

我刚来宁夏大学的时候，就我一个人，没有房子，住的招待所。（当时的）招待所就（在）今天幼儿园对面，现在叫群贤楼。刚开始没有房子给我，一个人的房子都没有。后来给了我三间平房，这个平房现在都已经拆掉了，（也）在幼儿园对面，我才把我的家属从盐池搬到这里。在平房住了一段时间，前面的6号楼盖起来了，就在平房前面，给我换了一套80平方米的房子，我在那里住了十几年。后来这栋楼盖起来了，又分给我一套，我已经住了23年了。1958年宁夏大学创办时来这里的老教师，（当时）什么都没有，就这个地方，一个沙

1984年11月，王庆同（中）到天津看望正在天津师范大学新闻专业进修的年轻教师滩他们自己盖（学校）。

　　西北地区的新闻专业，宁夏大学开设是最早的。其他早一些创办的是西北大学新闻系，是1984年创办的；兰州大学的新闻系是1985年创办的；内蒙古大学的新闻系晚一些；青海还没有新闻系。他们（其他省区）后来办新闻专业也动过调动我的脑子，我如果到那里去，可能比在宁夏环境会好点，兰州、西安都比银川大多了。但我都根本不考虑，我觉得我最初选择的就是宁夏。1958年我大学毕业选择就是宁夏，到了半途，再换陕西、甘肃，我很生疏，环境很生。我到那里去，参与这个新闻专业，我觉得我有很多不利条件。

　　而且我在宁夏有许多有利条件。我在宁夏的新闻专业没有不认识的人，（宁夏的）新闻单位几乎都认识王庆同，因为我最早在宁夏（新闻战线工作过）。我到这些单位去请人、安排实习，（被请的人）从来没有推辞过，所以我也没有（调）动。（工作）中间有很多十字路口，有很多选择的机会，但是我懂，还是选择这个岗位，说到底原因跟我的性格(有关)。可能我觉得我比较适合教书，比较适合教师这个岗位。

记者：最后，请您谈一谈对我们当代大学生的建议与期望。

王：我希望新闻传播学院的学生能够在政治上、思想上、心理上、学业上，有一个全面的规划，为自己作出一个设计，朝这个目标去努力。能够自觉地，而不是盲目地；能够主动地，而不是被动地去完成自己的目标，培养自己为党和人民的新闻事业贡献力量的这种意志。能有一种担当情怀、敬业精神、责任意识，将来在工作岗位上作出无愧于时代的贡献。

新闻专业的创办与我的教书生涯

王庆同

1983年春,我在中共盐池县委宣传部工作,私下得到一个信息:宁夏大学打算在中文系办新闻专业,已决定调《宁夏日报》工交部副主任肖保航到新闻专业教书,还在考虑调我过去教书。

我很矛盾。走,可以回到专业上(当年学新闻,做新闻,如果教新闻,总还是本行)。可是盐池待我不薄,组织出面把我家属"农转非"才一年,马上走人张不开口。

趁到银川办事的机会,我拜访肖保航同志。他力劝我也到宁大,并说他想教新闻理论这一块,请我负责教新闻业务这一块。我说:那好,我们一起去教书。

后来我又与中文系党总支书记黄厚载见面。黄厚载说:自治区批准在宁夏大学办新闻专业,宁夏大学决定在中文系开这个专业,下半年招生,《宁夏日报》让肖保航同志来教书,还推荐你过来,看你是不是愿意,有什么要求。我说:盐池对我很好,我有点张不开口。他说:这个你不用管,组织上调你。我说:我孩子多,希望解决一个招工指标,另外,我家属七人户口要一次迁入银川。他说:会向学校党委汇报,你回盐池等消息。

回盐池三四个月以后,大约是这年的8月,银南地委组织部打电话说，自治区党委组织部通知你去报到，另行分配工作，已经告诉县委组织部，你走就行。我离开盐池到自治区党委组织部报到，组织部办公室同志用一张二联介绍信介绍我到自治区党委宣传部报到，我到自治区党委宣传部，办公室同志在那个介绍信上签注意见，让我到宁夏大学报到，我拿着这个调令到宁夏大学党委组织部报到。记得是宁大党委组织部的郭惠珍同志接待我，她说您到中文系报到。就这样绕了一个大圈子，我又与黄厚载见面了，他说，新闻专业还有两个月就要进学生了。

1983年10月，宁夏大学新闻专业招进的第一届学生，是为西北部地区最早开办的大学本科新闻专业。

我刚到中文系时，系主任王十仪说，你有早年在《宁夏日报》发表文章的剪报吗？我把千辛万苦保存下来的部分剪报交他。几天后，他写了一张便条给我：中文系研究决定王庆同为新闻学教研室负责人。

这样，我主持了最初的新闻学教研室工作，包括制订新闻专业教学计划、学生阅读书目、资料和设备采购计划，并与给新闻专业上基础课的中文系其他教研室老师沟通，向他们说明新闻专业对该基础课的要求等，同时通报学生的反馈情况。

我离开新闻岗位已经20年，现在要准备好一门大学新闻专业本科的课程，谈何容易啊！我只有一个办法：熬夜。几年时间，脑门头发基本"熬"光。

我早年在《宁夏日报》工作，宁夏新闻单位的老人都认识，我去找资料、办事情，都给予支持。全国编写、出版新闻方面的工具书是几年以后的事情，市场上连《辞海》都买不到，我托熟人才买到一本。系里支持从中国人民大学资料室复印了一些资料回来，中文系资料室增订了几种新闻期刊。后来又开设了新闻阅览室、新闻摄影暗房，支持新闻专业专业课的开设。

肖保航经过进修、准备，首先给1983级一年级下学期开新闻事业概论课。我在1984年8月给1983级（二年级上学期）开新闻采访学课。随后，肖保航开出新闻理论课，我开出新闻写作学课。那时的肖保航和我真是"火烧眉毛"——新学期一到你就得上讲坛——唯有减少睡眠时间可以"救"我们。

校、系为加强新闻专业教学力量，从中文系、历史系1980级三年级学生中选择薛金强、程旭兰两人到天津师范大学新闻系进修两年。次年，又从中文系1981级三年级学生中选择王健、王凤琴两人到天津师范大学新闻系进修一年。他们都很努力，完成进修任务留校在新闻专业任教，经过认真备课，先后开出新闻采访学（薛金强）、中国新闻事业史、外国新闻事业史（程旭兰）、新闻摄影（王健）、报纸编辑学（王凤琴）等课。

1984年10月，校、系决定让我代表宁夏大学中文系新闻专业去北京参加中国新闻教育学会成立大会，当选为该学会理事（后还担任该学会西北分会常务理事）。我利用此次北京之行的机会，到天津看望正在进修的上述四位年轻同志，在一起度过愉快的一天。

此前的1984年2月，宁大党委任命我为中文系党总支书记，兼新闻学教研室负责人，还教专业课。1984年年底，肖保航任新闻学教研室主任，1986年秋肖保航离开宁夏大学，同年10月学校任命我为新闻学教研室主任。从此，我专任新闻学教研室主任到1996年年底退休。这样，我先后任中文系新闻学教研室主任（负责人）11年多。

1986秋至1987年冬，在校、系的支持下，新闻专业连续邀请彭正普（郑州大学副教授）讲名记者研究、孙文铄（暨南大学教授）讲中国新闻事业史、沈如钢（中国社科院研究生院教授）讲新闻学原理、刘树田（兰州大学新闻系主任、副教授）讲新闻事业概论。一方面是给课堂带来一些学术前沿信息，另一方面是让年轻教师跟班听课，为他们提高教学水平创造条件。

新闻专业连招三届学生（1983级、1984级、1985级），此后隔年

1987年，刘世俊（前排左五）、王庆同（前排左六）到西安检查1984级新闻专业学生实习情况

招生。在这个过程中，新闻学教研室的力量得到加强，1996年年底我退休前，先后调进新闻学教研室的老师有杨培明、陈淼、杜桂林、花三科、刘滢、岩宏、李苗、邬志斌、谢明辉。加上肖保航、王庆同、薛金强、程旭兰、王健、王凤琴共计15人（当然是有进有出）。

新闻专业是个开放的专业，需要经常吸收"新鲜空气"，为教师、学生提供开阔眼界的机会，所以，在1983—1996年的13年，据我工作笔记，邀请自治区内外专家、学者、领导来讲课、做报告、讲专题，有名有姓的78人，其中记录了讲授内容的52人（名单略）。多数有报酬但标准低；有的本单位车送来，有的乘公交车来（如孙道珍）或骑自行车来（如王一宁），有的走来（如朱载文），有的冒雨来（如顾页、戴邦、卢惠民），有的带病坚持来（如钱蒙年，一度左腿有疾，他坐在讲台前，把左腿抬起来放在另一个椅子上坚持讲课），有的为保证不迟到，头天晚上住宁夏大学招待所（如杨占山）。他们都抱着为宁大新闻专业作贡献的目的而来，其情其意令人感动。特别要感谢为邀请这些人来宁大而热心搭桥的几位朋友，由于米寿世、顾页、苏振祺的帮忙，使我们顺利邀请到蒋齐生、郑德芳、戴邦、卢惠民、孔令铎来宁大新闻专业作报告。

中文系各教研室老师为上好新闻专业的文学、语言、文艺理论等基础课尽力。有的是一人把一门课读完，有的是几个人联合起来把一门课讲完。都能精心备课，认真授课。郭雪六教授讲俄罗斯文学，刘世俊教授讲古代汉语，李增林教授、唐骧教授讲中国古代文学，陈学兰教授、阎承尧教授讲中国现当代文学，高葆泰教授、吴宗渊教授讲现代汉语，李镜如教授讲文艺理论，俞灏东教授讲东方文学……都给新闻专业学生留下深刻印象。特别是各位老师都与新闻学教研室配合得较好，按照新闻专业教学的需要适当调整内容，突出重点，保证新闻专业学生人文素养基础打得较好，功不可没。大众传播手段本身包括电影，我征得系领导同意后与中文系青年教师高伟商量，是否可以为新闻专业开电影史课，他非常支持。经过几个月准备，开出了这门课。他优雅的讲课风格为学生津津乐道，学生也喜欢听他的课。

宁夏大学其他系（单位）的同志应中文系新闻专业之邀，为这个专业的教学贡献力量。校长吴家麟教授精心准备《新闻与法》专题，观点鲜明，例证充分，风趣生动。历史系教授刘彤为新闻专业学生开国际关系和国际政治经济史课，宁大图书馆馆长张先畴教授开《自然科学知识》专题（他自刻自印讲义），宁大图书馆几位老师合作开《图书检索》专题，校长办公室主任周鹏起开新闻摄影课，都受到学生们的欢迎。

新闻学教研室的老师，有的通过外出进修，有的通过与外地教师沟通或自己精心准备，也开出一些新课。花三科老师开出《古代诗词与新闻标题》专题，程旭兰老师开出公共关系学课，薛金强老师开出舆论学课、新闻传播理论课，王凤琴老师开出新闻事业概论课，以满足新闻专业招生开课的需要，丰富了教学内容，开阔了学生视野。（他们在我退休后还开出一些新课,这里从略。)

我在中文系新闻专业13年(退休前)经历四位中文系主任——王十仪、李增林、刘世俊、张海滨,和曾任中文系党总支书记的黄厚载、韩振西、张廷杰,都很关心新闻专业。他们帮助解决各种具体问题不遗余力。新闻专业本身就是中文系的一个专业,他们恪尽职守,尽了努力。

宁夏新闻工作者协会、宁夏新闻学会(内部习惯简称"两会")于1987年初补选我为"两会"常务理事,并担任宁夏好新闻评委多年,使我与宁夏新闻界的联系进一步加强,有机会参加新闻界前辈萧乾、穆青来宁时召开的座谈会,聆听他们的回忆和感言,与萧乾先生还持续交往10年,获益匪浅。此前我作为中国新闻教育学会理事,多次参加年会、研讨会,聆听新闻界前辈温济泽语重心长的讲话;结识外地一些大学新闻专业(系)负责人,遇见我当年在北大中文系新闻专业上学时的老师罗列、甘惜分、郑兴东、洪一龙、方汉奇、何梓华、秦珪等,聆听他们的会议讲话或与我私聊,使我吸取养分。我在云南大学新闻专业负责人高宁远的帮助下于1989年2月开出传播学课,学生听了觉得新鲜、有用。

宁夏大学兑现承诺,我的家属七人户口于1983年8月16日迁入银川市朔方路派出所;我的大女儿于1983年9月进入宁夏大学幼儿园工作;给我分配了住房(先住平房东五排第二家,后搬进新盖的楼房),我得以安心备课。我想说,宁夏大学在调我来教书这事儿上是很严肃的,承诺的一定做到,我除了背水一战,别无选择。

1984年到1986年连着开了三门课:新闻采访学、新闻写作学、外国新闻作品选评。随后,稳定两年,1989年2月开传播学课,1992年8月开毛泽东新闻思想研究课,1994年8月开社会调查原理和方法课、1996年8月开基础写作学课。1996年年底退休后,应宁夏大学新华学院之邀,当他们新闻专业的顾问、"主任专业老师",又新开新闻传播理论课（2005年8月）。这样，退休前后在宁夏大学新闻专业教书20多年间，共开过8门课。其中新闻写作课作为系、校重点建设课，多次修订教学计划，并建立包括10套手写闭卷试题的题库。

新闻采访学、新闻写作学、外国新闻作品选评、社会调查原理和方法、毛泽东新闻思想研究课都配有我自己从报刊和参考书中手抄摘录编成的教学参考资料（引文资料、作品资料、作业资料、参阅资料），共13种91.5万字，校内油印。其中，毛泽东新闻思想研究课的"引文资料""作品资料"（合计4万字）是我请我的大学老师甘惜分教授帮忙找到资料才编成的。据反馈，学生喜欢这些资料，认为有用。有的学生现在还保存着。

在教学方法上，作了一些引导阅读、加强实践、听取反馈、注重理解的探索。以新闻学教研室名义，几次印发《新闻专业学生阅读书目》，引导、推动学生课外阅读。上新闻采访学、新闻写作学课，每学期组织三四次随堂采访实习（即不停课，组织学生利用课余时间在校内采访或带学生到区内各地采访）。1983级、1984级学生随堂采访后，我以中文系新闻学教研室名义给部分采访对象寄《征求意见书》，听取采访对象对采访学生的印象、评价、意见、建议，在作业讲评和后续讲课中，引导学生注意这些问题。新闻写作学课，每学期组织一两次课堂讨论；多次做随堂练习（如发给学生一份材料，要求十分钟内写出导语）。还组织学生不定期评报，我对评报意见进行讲评。在毛泽东新闻思想研究、传播学课上，有时让每位学生当堂写张字条，说一说听课后最喜欢哪一部分并注明理由——学生对这些措施反映较好，觉得能说出自己的理解，是个锻炼。

新闻专业三年级有一次停课实习（停课一个学期）。校、系对新闻专业实习经费给予保障。我事先通过各种关系包括请《宁夏日报》总编辑顾页给陕西省委宣传部领导、内蒙古阿盟记协领导写信，联系、落实好自治区内外的实习单位，并设计一种表格，让实习学生把所有采编的稿件登记在表格上，以便具体掌握学生的实习状况。事先作实习动员，除了在政治、业务、纪律方面提出要求，还强调在办公室要主动扫地、倒垃圾、打开水、擦桌子。我和系领导、同事先后到西宁、兰州、西安、包头、呼和浩特、阿左旗和自治区各地检查学生实习情况。在宁夏大学首次教学工作会议上我汇报了新闻专业重视教学实践的做法。后来《新闻专业三届实习的管理》（刘世俊、王庆同）获宁大优秀教学成果二等奖。我把这个经验带到中国新闻教育学会年会上交流，获得好评。

学生实习很努力，实习单位评价较好。在《甘肃日报》实习的1983级学生张天星执笔采写的《"老国救"翻身记》被评为甘肃省1986年好新闻一等奖。

实习结束后要指导学生举办实习成果展。学生对此很感兴趣，因为这是他们第一次"真刀真枪"到新闻单位"干活"，见了成果就有一种"成就感"，推动着他们积极投身到实习成果展的筹备工作中。展出那天，我先作较详细的总结汇报，请邀请来的校、系领导，新闻单位、自治区党委宣传部（或新闻出版处）领导参观、讲话，学生受到鼓舞，也扩大了新闻专业的影响。我手头保存着一些领导同志参观后在我们简陋留言本上的留言，如自治区政协副主席张源留言"好极了张源1986.10.6"、《宁夏日报》总编辑顾页留言"把你们的智慧献给党的新闻事业"、《宁夏日报》资深记者毛弋留言"任重道远，希望同学们为党的新闻事业的发展，努力工作，奋勇直前！"、自治区党委宣传部新闻出版处领导孙宗树留言"宁大新闻班1984级的同学们在实习的道路上已经迈出了坚实的一步，望继续这样扎扎实实地走下去，不断地探索，充实自己，把自己造就成为优秀的党的新闻工作者"、新闻出版处领导雷振云留言"祝宁大新闻班百尺竿头"、宁大副校长夏宗建留言"千里之行始于足下"、宁夏大学副校长刘世俊留言"实习结硕果实践出真知"、宁夏大学党委书记夏森留言"理想是指路明灯。没有理想，就没有坚定的方向；没有方向，就没有生活"。这些留言，对师生都是一种鼓励。

从1983—2007年的20多年，听过我一门或几门课的学生有800多人，包括宁夏大学新闻专业、公关专业、文秘专业的学生。如果算上宁大夜大、函授、自考听我课的学生，那就还要多一些。有的学生至今与我保持联系。

退休前，为宁夏和内蒙古的新闻单位采编人员和企事业单位、部队的新闻通讯员结合实际讲新闻课数十次；编写宁夏自考新闻学、传播学考试大纲并作辅导；积极参加宁夏大学夜大学、宁夏老年大学的新闻、文秘专业授课；指导宁夏大学夜大学学生毕业论文写作并主持毕业论文答辩多次。

不是说我校内外的课讲得好，只能说我尽力了。

在中文系党政组织的关心下，在同事们的支持下，我教书育人取得了一些成绩。新闻学教研室被评为校级先进教研室（1989—1991年度），我个人多次获宁夏大学教学质量一等奖，还被评为校级"教书育人先进个人"。给新闻专业1987级任班主任两年（1987.8—1989.9），班级被评为"学校劳动先进集体"；给1989级任班主任一年（1991.8—1992.8），班级被评为校级"优秀班主任"。积极参加学生的活动，对学生多方关爱，真诚沟通，严格管理，《通过各种渠道，做好教书育人工作》（总结报告）获宁夏大学优秀教学成果二等奖（王庆同，1993年）。1991年，获全国"优秀新闻工作者"荣誉称号；1990年、1994年两次获宁夏"优秀新闻工作者"荣誉称号。

退休以后，还教了10年专业课，应邀做媒体读者调研工作（6年）、新闻点评新闻审读工作（11年）。继续做社会通讯员培训和新闻采编人员继续教育、资格培训工作，合计讲课数十次。为新闻单位招聘而出题、阅卷、主持面试多次。获"中国新闻教育贡献人物"（2008年）、"感动宁夏人物"（2009年）荣誉称号。

退休前13年间在区内外公开刊物发表专业论文13篇，多篇获区内不同档次奖。在内刊发表论文22篇。出版专业著作4本，其中2本获宁夏优秀社科著作三等奖。退休后撰写四位数的报纸专栏短言论、随笔；出版散文集、回忆录5本，其中1本获宁夏"五个一工程奖"。

我之所以把宁夏大学新闻专业的创办与我的教书生涯放一起说，是因为如果分开说，可能有许多重复。但这丝毫不是说宁夏大学新闻专业是我创办的，我只是参与了创办。在比较知情的人中间，我保存的第一手资料较多，就写了这个史料。集体主导不容抹杀，个人作用也是存在。我觉得这样看比较符合辩证法。我不敢贪天之功为己有。这个史料的写作是否符合辩证法，尚望友人指谬校正。

（供稿：张惠）

感激与祝福

张　强

从《现代生活报》2003年12月19日创刊到现在,《话一段》专栏共刊发了400多篇。有读者评价《话一段》就像一颗一颗"珍珠",我的老师王庆同教书就是这么一位4年多时间里专心串起这些"珍珠"的智者。

在《话一段》编发过程中,我感受着王老师的历练、智慧、专注、豁达、清晰。他身上散发的这些高贵品质,是我心中最珍贵的精神财富。王老师年轻时蒙受苦难长达17年。2007年7月中旬的一天,为《话一段》的结集出版,我随王老师去他劳动过的盐池县苏步井乡体验。40年前他居住过9年的"喂猪房",如今已夷为平地。王老师随手捡起一根小棍子,在地面上画了约3米宽的一个圈,他站在圈中间,对着我们和围过来的乡亲说:"这就是我的房子,我回来了。"王老师,这一天您让我看到了最伤感的一幕。

可是,从1983年我有幸成为王老师的学生起,25年间我们从来没有见过王老师伤感过。生活给予他的磨难、惊喜、成果、幸福等全成了营养和智慧。所有的无助、困窘和尴尬都被他承接。我们从王老师身上得到的永远是体贴和善意。我们所有的努力都不会落过王老师的眼睛,从他那儿得到的总是鼓励。王老师让我们感受到生命的无限宽度和广度，感受到生命从任何一天或每时每刻起都可以是起点，都可以走向一个无限开放、灿烂的空间。所以，在70岁的时间，王老师依然可以串起最宝贵的"珍珠"，这就是《话一段》。

1983年秋季我考上宁夏大学第一次看见王老师时，他从劳动和生活了17年的盐池举家迁回银川，开始迎接新的生活新的工作，这一年王老师已经47岁了。如今我们这一茬学生正好接近王老师执教我们时的这个年龄。想想王老师二十几年来的迎接、坚持和收获，我们哪还敢懈怠呢。47岁才是开始，无限的希望还在后头呢！

唯有感激，唯有祝福。

（本文是为王庆同教授著作《话一段》撰写的感言。《话一段》，宁夏人民出版社2008年8月出版发行）

2010年5月中旬的一天，我出差到深圳，与在这个城市工作的大学同学尚浩相见。我们一起喝酒聊天，回望大学二十多年前的青春岁月。谈起王庆同老师，他说："我们的学校环境、实力、声誉不是最好，但我们遇到了一位好老师。"我说："大学四年好些课连教材都没有，有王老师我们就什么也不缺。"

敬爱的王老师，1983年10月初的一个黄昏，您和陈森老师来到宿舍看望刚刚入校的我们。我们这些跨进大学而满心惊喜、好奇、向往的学子，第一次看到了您像父亲般慈祥、善良、疼爱的目光。这一年您刚从劳动和改造了十几年的盐池举家迁回银川，开始参与创办宁大新闻专业，迎接新的生活和工作，这一年您已经47岁了。您的身上甚至还没有完全抖落掉盐池的泥土。

从1983年47岁起，历经磨难、困窘、无助之后的王老师拥有了最喜欢的工作，因为工作，王老师没有一天早睡过。王老师前前后后一共开了八门新闻专业课，其中，他自己编写的四门课的讲义，最后变成了四本教学参考书。大概这段时光里的三五年内，王老师的头发掉光了。

王老师工作时的形象,永远定格在每一个学生心中。他手中的笔在47岁之后一刻都没有停过。虽然60岁就退休了,但他还

1996年,新闻教研室教师合影(王庆同　后排中)

是应邀在学校上课。直到2006年,已经70岁的王老师才正式告别讲台。

47岁以后宝贵的时光,王老师把所有的精力都用在新闻专业教学上,让他的精神、专业知识,能在几百名学生身上延续下去。学生们在宁夏和祖国各地各自的岗位上发挥着作用。王老师说:"这是我一辈子的光荣,一辈子的幸福。"

2004年王老师结束校外兼职的时候,我向他表达希望他在《现代生活报》开设个人评论专栏的想法,他愉快地答应下来。从这一年起,他把看到的、感受到的、思考过的东西与读者一起分享。六年过去了,年过七旬的王老师几乎每天都要敲打电脑键盘,内心的思考与和谐在键盘上流淌成数十万文字。《现代生活报》"话一段",《法治新报》"今日声音",《法治新报》"每周阅评"等,这些个人评论和报评,基本上都是通过我的邮箱接收,变成报纸上的文字与读者见面。每个周末,我的手机都会接收到王老师"阅评已发"四个字,我看到后总是回复三个字:"谢谢您。"

我是王老师数百名学生中最幸运的一个,因为近10年以来,我能与王老师一起工作,一起办报,一起分享工作的价值和乐趣。在这个过程中,我比别的同学更大面积地阅读、学习、领悟、感受王老师的历练、智慧、专注和清晰。我总是在一种被激励、被关爱的精神推动

中前行。

47岁才开始。王老师的经历和精神品质让我们感受到生命的无限宽度和广度,感受到生命从任何一天或每时每刻起都可以是起点,都可以走向一个无限开放、灿烂的空间。

2019年7月17日,档案馆口述档案采访工作人员与王庆同(中)合影

47岁才开始。我向认识的朋友、同事讲起王老师的经历,每个人都会被感动。我讲王老师47岁才开始的人生,每个人都被激励。

47岁才开始。以此为书名并做成这本书的愿望是:礼赞我们敬爱的王老师;传扬他钟爱工作、永不言倦的生命价值观!

看见这本书的同学、校友和读者朋友,让我们共勉,47岁才开始,无限的希望总在"开始"的后头呢!

(供稿:王海文)

作者简介

张强,1963年10月出生于宁夏固原,宁夏大学中文系1983级新闻专业学生,中共党员,高级记者,现任宁夏日报报业集团总编辑助理兼《宁夏法治报》社总编辑。

后　记

经过精心筹备和两年的辛勤工作，《贺兰山下种树人——宁夏大学口述实录》（第一辑）终于和广大读者见面了。

挖掘、抢救、编研宁夏大学弥足珍贵的历史记忆，记录先行者们艰苦而坚实的创业足迹，珍藏并传承前辈们用智慧与汗水浇铸出的"宁大精神"，是我们档案人的历史机缘和现实使命。2018年暑假前后，几名德高望重的老教师的相继离世，促使我们加快了开展这项工作的脚步。

在数百名离退休老领导、老教师中，遴选50名左右作为访谈对象，对我们来说是个不小的挑战。为此，我们以宁夏大学六十周年校庆"创校荣誉奖"颁奖名单为基础，兼顾不同学科专业、校区分布、历史沿革等因素，经请示最后确定了入选名单。

通过半年多的档案查询、电话咨询、登门拜访、资料整理等前期准备，2019年6月至11月底，档案馆对入选的老领导、老教师先后进行了深度采访。采访摄制组顶着炎炎烈日，放弃假期休息，涉足北京、上海、福州、昆明、贵阳、郑州等地，用镜头记录下一组组感人的瞬间，保留下大量生动鲜活、启人心智的音像档案，征集到不少珍贵的照片、手稿、著作、证书等实物档案。2018年8月，我在校订完成三本校庆丛书交付出版社后，立即赶往北京采访了重病中的原校长张奎，两个月后，张校长溘然长逝，这既让我们哀痛，也让我们深切体味到"抢救式"做好口述档案工作的重要性和紧迫性，认识到校史档案工作无可替代的价值。

为编撰成书，载入史册，自2019年12月起，档案馆（校史馆）全体老师倾心投入，对100多万字的访谈资料，进行了仔细甄别和反复筛选，前后增删、补正达7次之多，再次经口述人审稿、授权，于2020年8月底最终定稿，交付出版社。

本书共收录52名老领导、老教师的采访口述实录内容（含对已逝世的几位老师相关内容的补录）。分为"采访视频文字""人物通讯""亲友回忆文章"三大版块，以期立体呈现被采录对象在宁夏大学工作、生活的真实图景，以不同的视角全方位描绘"宁大人"在艰难中前行、在奋进中崛起的全貌，诠释"沙枣树精神"的丰厚内蕴，为广大读者留存一份值得珍藏和回味的宝贵记忆。被采访（含补录）者以姓名汉语拼音字母顺序排列。全书"第一辑"收录25人，即将出版；"第二辑"将收录27人，编辑工作目前已基本完成，预计2021年上半年付梓面世。

"口述档案"是近年来兴起的一项新颖的档案编研形式，以清新自然、别具一格见长。宁夏大学此项工作能走在西部高校前列，离不开学校领导的重视关怀，得益于中国高校档案学会与兄弟高校的指导与支持，依托于我校档案人自身的孜孜进取。校党委书记李星于百忙之中撰写总序；郎伟、谢应忠两位副校长对我们的工作多次予以指导；自治区党委办公厅，自治区档案馆，宁夏大学发展规划处、计财处、离退休人员服务处、办公室、资产与实验室管理处、校友办等部门都给予我们有力的协作配合。特别是疫情期间，编辑们克服困难，仍赶往学校加班加点，笔耕不辍。在此，对各位领导、部门、个人的无私付出，一并表达真诚的感谢和深深的敬意！

本次采录工作邀请函、采访提纲、文稿撰写供稿、视频剪辑等，均由档案馆牵头制订、实施、定稿。在新闻传播学院朱俊松副教授指导下，人文学院硕士研究生黄思伶、辛婉怡、徐自立、牛露露以及新闻传播学院本科生马文梅、刘雪茹、于晨曦、刘文妍、郭晓雪、张彤彤等11名同学，电话联系、登门走访、查阅资料、撰写采访提纲与通讯稿，做了大量颇有成效的工作，值得表扬。全书由档案馆王海文馆长统稿，郎伟副校长最终审定。

根据工作计划，采录工作任务落实、文稿初审分工负责情况如下：王海文（李增林、陈育宁、夏森、张奎、陈若希）；马海龙（张秀林、张德山、徐兆祯、孙占科、杨新民、刘慧英、马友谅、华世献、张汉升）；张惠（朱光曜、田乃祥、马玉树、孙静、谢贤熙、王正华、王庆同、杨明）；褚文娜（杨圣诠、夏宗建、王天勇、郑金玉、郝德欣）；杜维民（陈晞昕、王晞昕、王希蒙、尹长安）；马健（吴家麟、汤翠芳、徐正敏）；贾国华（刘世俊、郭雪六、李玉鼎）；王斌（纪生荣、秦文忠、刘雅轩）；翟伟（李占松、杨秀珍）；陆为（周鹏起、周佩茹）；刘晔（左理）；韩勇（俞灏东）；胡彬（乔冶华）；赵芳红（王力行）；雍文娟（蒋振邦）；王翔（付森根）；马瑞（王世英）；张加琦（蒋振国）。此外，图片收集、编辑由王翔负责；退休教师张新民、新闻传播学院硕士研究生封宏砚，参与了文稿的编辑工作。在此，对上述同志的辛勤付出，予以充分肯定。

此项工作的顺利完成和丛书的如期出版，宁夏二元传媒有限公司，宁夏阳光出版社贾莉、李媛媛两位编辑，付出了大量心血，在此谨表谢忱！

因编撰经验不足、编者水平有限，书中难免有错漏不当之处，敬请广大读者批评指正。

王海文

二〇二〇年九月二十日于金波湖畔